合同风险119
合同审查与风险控制法则
（第二版）

朱柏彦　朱鹭　著

CONTRACT RISKS 119
RULES OF CONTRACT REVIEW AND
RISK CONTROL (2ND EDITION)

北京大学出版社
PEKING UNIVERSITY PRESS

图书在版编目（CIP）数据

合同风险119：合同审查与风险控制法则／朱柏彦，朱鹭著. -- 2版. -- 北京：北京大学出版社，2025.6.
ISBN 978-7-301-36233-4

Ⅰ. D923.64

中国国家版本馆CIP数据核字第2025D65K21号

书　　　名	合同风险119：合同审查与风险控制法则（第二版）
	HETONG FENGXIAN 119: HETONG SHENCHA YU FENGXIAN KONGZHI FAZE（DI-ER BAN）
著作责任者	朱柏彦　朱鹭著
策划编辑	陆建华
责任编辑	陆建华　李朤
标准书号	ISBN 978-7-301-36233-4
出版发行	北京大学出版社
地　　　址	北京市海淀区成府路205号　100871
网　　　址	http://www.pup.cn　http://www.yandayuanzhao.com
电子邮箱	编辑部 yandayuanzhao@pup.cn　总编室 zpup@pup.cn
新浪微博	@北京大学出版社　@北大出版社燕大元照法律图书
电　　　话	邮购部 010-62752015　发行部 010-62750672　编辑部 010-62117788
印　刷　者	北京鑫海金澳胶印有限公司
经　销　者	新华书店
	730毫米×980毫米　16开本　19印张　306千字
	2025年6月第2版　2025年6月第1次印刷
定　　　价	69.00元

未经许可，不得以任何方式复制或抄袭本书之部分或全部内容。
版权所有，侵权必究
举报电话：010-62752024　电子邮箱：fd@pup.cn
图书如有印装质量问题，请与出版部联系，电话：010-62756370

再版致读者

亲爱的读者：

虽《合同风险119：合同审查与风险控制法则（第二版）》与您见面略迟，但笔者的内心充满感激之情。本书初次出版以来一直受到年轻律师和企业法务的关注。比如，2024年5月，在内蒙古金亿言律师事务所，一位青年律师告诉我他有多么喜爱这本书，真是令人感动。

《合同风险119：合同审查与风险控制法则（第一版）》于2013年7月出版，至今已逾十年，共印刷五次。2020年5月，《中华人民共和国民法典》（以下简称《民法典》）颁布，这是我国民事立法空前的重大成就，对民法领域，特别是合同领域产生了重大影响。2020年12月，最高人民法院颁布《关于适用〈中华人民共和国民法典〉有关担保制度的解释》（以下简称《民法典担保解释》），2023年12月，最高人民法院又颁布《关于适用〈中华人民共和国民法典〉合同编通则若干问题的解释》（以下简称《民法典合同编通则解释》），对于法官判案、律师代理案件和企业法务实际工作具有重要引领作用。2023年《中华人民共和国民事诉讼法》（以下简称《民事诉讼法》）进行了第五次修正，《中华人民共和国公司法》（以下简称《公司法》）也作了新的修改，并于2024年7月1日实施。为了适应法律环境的深刻变化和社会规则的持续更新，原书相关内容也理应进行重新调整、补充。

与之前一样，本书再版主要是为了给年轻律师和企业法务提供参考。近十多年来，笔者为企业修改、审查了上万份合同，看到刚刚入职的年轻律师修改合同时不知所措，便开始给他们讲授合同修改与审查的方法，没想到很受他们的喜爱。有的年轻律师甚至把讲课的重点内容贴在电脑旁，以使合同工作操作有序。本书再版仍然希望读者在处理合同实务时能有所参考，提升实际工作能力，改进工作状态，促进企业建立安全合同环境。

本书的再版遵循原有的思路，结构上仍然为上下两篇：上篇为理论分析探讨，论述合同法律风险来源及产生的原因；下篇为实务操作，便于结合实践采取可行的方法防范合同法律风险。再版初稿列出合同法律风险一百五十三种，精选后缩减为一百一十九种，在数量上与第一版保持一致。再版沿用控制合同主体风险、控制合同签订风险、控制合同履行风险、合同法律风险救济措施的模式进行布局，结构未变，但内容却发生了重大变化，增加了合同异常条款、"六金"条款、对赌协议、高利贷合同、过桥垫资合同、合同转让、债务转移、确认合同效力、第三人赔偿等诸多新内容。关于掌握无效合同标准也有很大调整，且强调一审民事诉讼风险控制。本书力求理解法律的准确性、方法的可行性、风险的预测性、防控的有效性。控制合同法律风险的方法各有所长，有的简单叙述足矣，有的则需多加阐述方能清晰。

《民法典》博大精深，笔者边学习，边理解，难免行文粗浅甚至出现谬误，如果书中有些提法不稳妥，或者语言欠规范，敬希宽谅。好在本书重在探讨合同法律风险控制方法，只想在新的背景下为读者提炼新的方法和思路，以解决实际工作中遇到的问题。

《合同风险119：合同审查与风险控制法则（第一版）》出版后，全国各地的读者提出了非常宝贵的意见，笔者内心一直深受感动和鼓舞。本书再版之际，更新内容比原版更贴合当今法治环境，希望新调整的内容更符合读者的需求。如果企业需要提起诉讼、仲裁、申请再审、抗诉以及解除合同，实际情况远比书中所述复杂得多，解决方案也需企业自行重构优化。本书再版得到了清华大学崔建远教授、高俊杰律师、徐德明律师、董柏石律师、王成勇公证员的热心支持，在此一并致谢！欢迎读者批评指正。电话联系：15901301123、15811579445，邮箱：zhubaiyan999@163.com。

朱柏彦　朱　鹭
2024年5月23日

缔造合同的春天（第一版序）

本书的出版已经推迟了整整三年。"迟到"的出版也许是一种遗憾，但也正是因为"迟到"，才让本书的内容在合同法律风险课程提纲的基础上得到了重大提升。

1999年以来，笔者一直为企业讲授合同法律风险课程，形成了一个较为固定的讲课提纲，随着讲课次数的增多，提纲内容越来越丰富，也愈发受到企业的欢迎。北京大学出版社陆建华先生发现讲课提纲后，希望能将提纲改成书稿出版。由于多种因素，笔者一时很难满足出版社的要求。这些年，许多企业都在探讨如何防范合同法律风险，但笔者根据自己多年实践总结出的经验，只想以讲课的方式与企业交流，拿来出版确实有些不情愿。

2012年春季，北大纵横咨询管理集团企业商学院邀请笔者到天津海洋石油工程股份有限公司讲授合同法律风险课程。为了这次授课，笔者作了精心准备，只盼把课讲得生动有趣，让听课的人至少知道三十种合同法律风险防控方法，方不枉此行。从天津回来后，笔者对在北京、南京、吉林、山东、河北、深圳为企业讲授的上百场的课程"合同法律风险防范""合同法律风险防范战略安排""防范合同法律风险80秘籍""合同法律风险管理与控制"等六份提纲和十二份PPT进行了整理，结构上也进行较大调整。笔者把合同主体十六种风险、合同签订二十五种风险、合同履行二十八种风险、无效合同五十四种情形、企业经营八种法律风险、保护诉讼时效四十五种方法、合同风险七种救济措施、提醒企业不要签订的十种合同、合同审查十二个要点、修改合同必须注意的九个问题等防控合同法律风险的方法全部单列出来，经过反复对比筛选后，留下与企业更为贴近的合同风险管理及控制办法计一百一十九种。陆建华先生认为，这些归纳与总结很有出版价值，再次动员笔者把这些内容变成书稿。虽然他不好意思催我太紧，但我知道他为了一份书稿足足等了三年，可见他是何等真诚和执着。

后来，笔者又在北京理工大学法学院讲授合同审查与修改课程，得到学生们的热烈欢迎。中国人民大学一些民商法硕士研究生也纷纷表示希望得到讲稿的电子版，北京超星数字图书馆希望把合同法律风险讲课内容录制成节目，在北京各高校图书馆免费向学生、青年教师播放，这些都让笔者意识到这份书稿的受重视程度。

合同领域非常复杂，对合同风险全面、系统地总结并非易事。发现并找到控制合同风险的方法更是一个艰苦的过程。二十多年来，笔者坚持把每一个合同纠纷案例中的经验教训一点一滴地记录下来，反复思考和琢磨，这几年又进行了系统归纳。预防和控制合同法律风险的方法就是这样一点点积累起来的，实属多年心血的凝聚。

笔者1987年开始从事律师职业，对合同法律风险之所以高度关注，缘起于1993年长春电影制片厂（以下简称"长影"）与长春某公司签订的一份房地产开发合同。这份合同存在的问题给长影带来了长达十年的痛苦。后来，笔者帮助长影查找风险原因，在清理合同上下功夫，拟订合同范本，建立合同管理规范，实行合同签订规范流程。这些年为长影起草审查了一千五百多份合同，绝大多数合同得到了很好地履行。这除了得益于合同相对人的诚信外，与合同制作的周密性及笔者摸索的合同风险控制方法的运用也是不能截然分开的。

二十多年来，笔者逐步将更多的精力投入合同审查中，最初每年审查几十份合同，后来每年审查几百份，最多的一年审查了几千份。在浩瀚的合同海洋里，笔者看到了许多合同漏洞，自然也找到了一些防范方法，而且这些方法也越积越多，不但学会了修改合同，而且摸索出了起草对当事人更为有利的合同的方法。在笔者代理的近千起案件中，绝大多数都是合同纠纷，这为笔者在各地讲授合同法律风险课程提供了丰富的素材，也为撰写本书提供了充足的营养。

撰写本书，如果采用原有的讲课提纲会节省大量时间，但笔者还是宁愿多花费些工夫，争取在体例上创新。其实，大多数企业都清楚合同法律风险的危害性，企业更关心的是采用何种方法能更有效地控制合同法律风险。如果本书能把控制合同风险方法讲透，那就很有意义了。据笔者本人起草、审查合同之经验，深知详细列出一套有效的预防和控制合同法律风险的方法，对于现代企业管理是何等重要，这也可能是许多企业法务工作者梦寐以求的。为了防止合同法律风险的发生，成千上万的企业和同行已付出极大的努力，在人们期盼能够找到更加有效的方法的时候，这本书的出版或许能让企业家们找到一些新的良策。

在本书创作中，笔者发现北京市弘洲律师事务所朱鹭律师对合同很有鉴赏力，总能提出一些很好的想法，于是邀她一起合作，她在本书构思、修改、法律鉴别等工作上作了大量贡献。本书取名为《合同风险119》是陆建华先生的贡献，笔者很欣赏，也得到了朱鹭律师的赞同。"119"是火警的代号，可用以告诫人们警惕"风险"的发生，警示人们在签订、履行合同时要谨慎；更重要的是，本书中又恰好有加工提炼的一百一十九种预防和控制合同法律风险的方法。

每个企业都希望签订一份好合同，都希望顺利实现合同目的。但是，不测因素使许多合同在签订后仍处在风险之中。对合同随意反悔和践踏的行为人们已经司空见惯，运用法律制裁合同违约行为虽然有效，但时间过长，成本过高，有许多裁判甚至成了"马后炮"，官司打赢了也执行不了。与其在发生纠纷后打官司，还不如防患于未然，把合同风险消除在萌芽之时。笔者力图在书中对合同风险的源头与分布、合同风险的表现与规律进行论述，但本书重点不在于理论阐述，而在于告诫企业如何控制合同风险。为了帮助企业实现控制合同风险的目的，在合同管理上应先建立第一道防线，堵住第一风险源，用排除十九种主体的方法，控制主体风险；然后，建立第二道防线，通过六十九种方法，控制合同签订程序风险，把住第二道关；接着，再用十二种方法控制合同履行程序风险，把住第三道关。如此层层设防，就是要更有效地排除合同法律风险。经过三道关之后，如果还有合同风险没被排除，就用十九种方法进行补救，如此便可在防控合同风险布局上建立起一道又一道的防线。

合同领域千变万化，风险纷繁复杂，各种怪象层出不穷，以笔者的经验和能力，不可能提供所有的控制合同法律风险的方法，笔者虽有心列举归纳，却无力穷尽，只待大家共同建立守护合同安全的长城。本书力求采用大众化的语言表达法律的含义，尽量少使用法律专业术语。在注意通俗化的同时，有些提法和论述不一定完全准确。好在本书的目的不是寻求法理论述，而是提供行之有效的方法。如果本书所提供的方法能够对企业预防和控制合同法律风险有所裨益，笔者就达到了最初目的。

毋庸置疑，合同是一种合作，但同时又是一场战争。战争不可以懈怠，必须以足够的战略战术应对。本书提示合同当事人，要有合同战争意识，不打无准备之仗，不打无把握之仗，书中所列百余种排除合同法律风险的方法，有许多都是为提防对方而提出的对策，希望得到企业的采纳和运用。

个人之力，总有微弱绵薄之感，但愿有更多有识之士共同为合同安全出力，缔造合同永远的春天。

朱柏彦
2013 年 6 月 8 日于北京

目 录

上篇 合同法律风险概述

一、合同法律风险的危害 003
  (一) 引发讼争 003
  (二) 导致严重法律后果 003
  (三) 威胁企业的生存和发展 004
  (四) 导致企业市场地位下降 004

二、合同法律风险的分布及结构 005
  (一) 合同法律风险分布 005
    1. 合同签订前的法律风险 005
    2. 合同签订中的法律风险 006
    3. 合同履行中的法律风险 006
    4. 合同履行后的法律风险 006
  (二) 合同法律风险结构 007
  (三) 合同法律风险控制结构 008

三、签订合同时常出现的错误做法 010
  (一) 认知性错误 010
    1. 草率签约,后患无穷 010
    2. 急功近利,事与愿违 010
    3. 糊涂签约,招惹是非 011
    4. 弱势签约,任人摆布 011
    5. 强势签约,霸气冲天 011

6. 签约免责，不免不签 012
(二) 行为性错误 012
   1. 不分种类，盲目套用 012
   2. 合同双方权利义务错位 013
   3. 丢三落四，漏洞百出 013
   4. 格式签约，忘记选择 014
   5. 冒名顶替，风险潜伏 014
   6. 内容违法，一意孤行 014
   7. 签假合同，后悔莫及 014
   8. 委托签订，合同无影 015
   9. 倒签合同，时间不清 015
   10. 起草偷懒，处处被动 015
(三) 合同之贼 016
   1. 偷换页码，真假难分 016
   2. 心术不正，难成正果 016
   3. 不签合同，先斩后奏 016
   4. 附件埋伏，暗藏杀机 017

四、履行合同时常出现的错误做法 017
(一) 主体性错误 017
   1. 主体消失，扑朔迷离 017
   2. 主体分裂，义务落空 018
   3. 私转义务，对方懵然 018
   4. 错误履行，毫不相干 019
(二) 完整性错误 019
   1. 履约能力低，合同被搁置 019
   2. 中途解约，无所顾忌 020
   3. 部分履行，部分放弃 020
   4. 一方先履行，另一方无动于衷 020
   5. 先行垫款，血本无归 021

  6. 单方违约，层出不穷   021
  7. 双方违约，混合过错   021
  8. 连环违约，无所适从   022
  9. 一些不确定因素导致合同履行受到影响   022
 （三）合同大盗   022
  1. 产品低劣，耍赖纠缠   022
  2. 故意调包，黑心获利   023
  3. 恶意违约，花样翻新   023
  4. "一女二嫁"，多头开花   024
  5. 蚕食顶债，损人利己   024
  6. 拒不付款，无故赖账   025
  7. 节外生枝，损失惨重   025
  8. 拒绝履行，如狼似虎   026

五、合同法律风险的来源   027
 （一）合同主体是最大的风险来源   027
 （二）合同签订是最主要的风险来源   027
 （三）合同履行是最集中的风险来源   028
 （四）决策失误是合同偶发风险来源   028
 （五）贪腐是合同致命的风险来源   029

六、合同法律风险产生的原因   029
 （一）主观原因   029
  1. 受利益驱动   029
  2. 缺乏诚信理念   030
  3. 缺乏严谨的科学态度   030
  4. 对约束合同的法律、法规不甚了解   030
 （二）客观原因   031
  1. 合同瑕疵多、漏洞大   031
  2. 合同履行不规范   031

  3. 违约成本低   031
  4. 法律威慑力不够   031

七、合同法律风险引发的责任   032
 （一）民事责任   032
  1. 违约责任   033
  2. 赔偿责任   033
  3. 缔约过失责任   033
  4. 其他责任   033
 （二）行政责任   034
 （三）刑事责任   034

八、合同法律风险管理程序   035
 （一）法律风险识别   036
 （二）法律风险分析   036
 （三）法律风险评估   037
 （四）法律风险处置   037

九、控制合同法律风险方法研究的意义   038
 （一）应对合同风险   038
 （二）服务实践   039
 （三）助力企业成长   039

下 篇　合同法律风险控制

一、第一道防线：控制合同主体风险   043
 （一）应排除的合同主体   043
  1. 不与尚未登记注册的企业签订合同   043
  2. 不与没有经营资质的企业签订合同   044
  3. 不与歇业的企业签订合同   045

4. 不与实力差的企业签订合同　　045
5. 不与信誉差的企业签订合同　　046
6. 不与失联的企业签订合同　　047
7. 不与将被宣告破产的企业签订合同　　048
8. 不与被吊销营业执照的企业签订合同　　049
9. 不与被申请撤销的企业签订合同　　050
10. 不与被注销的企业签订合同　　050
11. 不与被责令关闭的企业签订合同　　051
12. 不与被解散的企业签订合同　　051
13. 不与虚假市场主体签订合同　　052
14. 不与无授权或超越代理权的主体签订合同　　053
15. 不与犯罪企业签订合同　　054
16. 不与骗子、无赖签订合同　　055
17. 不与无资格的主体签订担保合同　　059

（二）谨慎选择的主体　　060
18. 谨慎与经营异常的企业签订合同　　060
19. 谨慎与小公司、一人公司、自然人签订合同　　061
20. 谨慎与被兼并的企业签订合同　　062
21. 谨慎与企业分支机构、事业单位下属部门签订合同　　063

（三）应合作的主体　　064
22. 选择好的合同伙伴　　064

二、第二道防线：控制合同签订风险　　066
（一）把住制度预防关　　067
23. 建立合同管理规范　　067
24. 执行合同签订流程　　070
25. 使用正确的签约方式　　071
26. 遵循法律关于书面签约的要求　　073
27. 妥善保管合同　　077

（二）把住合同起草关　　079

28. 争取合同起草权 　　　　　　　　　　079
29. 选择好的合同范本 　　　　　　　　　079
30. 谨慎使用对方的合同文本 　　　　　　080
31. 起草合同应该有救济条款 　　　　　　081
32. 可以合理使用限制条款 　　　　　　　082
33. 起草合同基本要领 　　　　　　　　　083

（三）把住合同审查关 　　　　　　　　　　087
34. 审查合同基本要领 　　　　　　　　　087
35. 无效合同新识别 　　　　　　　　　　094
36. 合同中不得约定的内容 　　　　　　　099
37. 关注合同中的异常条款 　　　　　　　100
38. 关注合同中的定金条款 　　　　　　　102
39. 关注合同中的违约金条款 　　　　　　103
40. 关注合同中的"六金"条款 　　　　　104
41. 注意合同中的关键词、关键字 　　　　105

（四）把住合同修改关 　　　　　　　　　　107
42. 修改合同基本要领 　　　　　　　　　107

（五）提高合同警惕性 　　　　　　　　　　108
43. 防止合同陷阱 　　　　　　　　　　　108
44. 防止对方签约要招 　　　　　　　　　114

（六）不该签订的合同 　　　　　　　　　　117
45. 不签订霸王合同 　　　　　　　　　　117
46. 不签订违法涉刑合同 　　　　　　　　120
47. 不签订建设工程非法转包合同 　　　　121
48. 不签订建设工程违法分包合同 　　　　123
49. 不签订招标投标作弊合同 　　　　　　124
50. 不签订欺诈合同 　　　　　　　　　　126
51. 不签订空白合同 　　　　　　　　　　128
52. 不签订假合同 　　　　　　　　　　　128
53. 不倒签合同 　　　　　　　　　　　　129

54. 不签订应急合同	131
55. 不签订阴阳合同	131
56. 不签订晦涩难懂的合同	133
57. 不签订主体反复更换的合同	134
58. 不签订出借企业经营资质的合同	134
59. 不帮他人签订倒贷合同	137

（七）应该谨慎签订的合同　　　　　　　　　　　139

60. 谨慎签订保证合同	139
61. 谨慎签订抵押合同	141
62. 谨慎签订质押合同	143
63. 谨慎签订过桥垫资合同	144
64. 谨慎签订影视固定投资回报及挂标合同	145
65. 谨慎签订企业之间借贷合同	146
66. 谨慎签订名为联营实为借贷的合同	147
67. 谨慎签订高利贷合同	148
68. 谨慎签订媒体平台服务合同	149
69. 谨慎签订格式条款合同	150
70. 谨慎签订对赌协议	152
71. 谨慎签订背靠背条款	153

（八）把住涉外合同关　　　　　　　　　　　　　154

72. 涉外合同应当采用中文版本	154
73. 涉外合同应当争取选择中国仲裁机构解决纠纷	155
74. 涉外合同应当选择适用中国法律	159

三、第三道防线：控制合同履行风险　　　　　　　161

（一）全面履行合同　　　　　　　　　　　　　　162

75. 认真履行合同义务	162
76. 防止中途违约	163
77. 不擅自转移合同义务	165
78. 预约合同也不可随意毁约	166

79. 监督己方履行合同	167
80. 监督对方履行合同	168
81. 防止连环违约	169
82. 防止损失扩大	171
83. 防止无合同先履行	171
84. 防止履行对象错误	172
85. 注意遭遇不可抗力时应履行的相关义务	173
86. 纠正对方违约行为	174
87. 不要"以非制非"	175
（二）作好诉讼准备	176
88. 一审诉讼准备	176

四、第四道防线：合同法律风险救济措施　　　　179

（一）平和方式	179
89. 协商与互谅	179
90. 发出协商函、通知、律师函、回函	180
91. 变更合同	181
92. 转让合同	183
93. 请求撤销合同	184
94. 解除合同	187
95. 终止合同	191
96. 追究违约责任	192
97. 追究缔约过失责任	195
98. 要求违约方赔偿损失	197
99. 请求第三人赔偿	202
100. 行使先履行抗辩权	202
101. 中止履行	204
102. 请求确认合同效力	204
103. 请求撤销债务人放弃的债权	205
104. 请求撤销债务人低价转让财产、高价受让财产的行为	206

105. 请求返还财产	207
106. 请求确认调解协议	208
107. 债务转移	208
108. 债权转让	209
109. 双方相互抵销合同债务	210
110. 办理强制执行公证	210
（二）仲裁方式	**213**
111. 申请仲裁	213
（三）诉讼方式	**217**
112. 一审民事诉讼	217
113. 二审民事诉讼	226
114. 申请支付令	227
115. 代位诉讼	228
116. 申请再审	229
117. 申请抗诉	232
118. 执行异议	233
（四）债权保护	**235**
119. 妥善保护诉讼时效	235

附录一　推荐合同示范条款、范本和管理规范	**242**
附录二　法律规范对照信息表	**282**

合同法律风险概述

合同是企业经济活动的重要载体，在企业的生产经营中居于非常重要的地位。合同收益是企业的重要经济来源。合同收益与风险共存，成功与失败相伴。收益让企业日益强盛，风险让企业日益不安。合同风险源于市场的多元性和复杂性，也源于交易信用的不稳定性，企业始终面临着合同风险。

控制和排除合同法律风险，是现代企业管理的核心内容之一。要达到控制和排除合同法律风险的目的，首先要能够感知到合同法律风险的存在，认识其危害，掌握其动态；其次要分析其产生的原因，了解变化规律，寻求最有效的方法控制和排除这些风险；最终才能实现企业管理的核心目标。

一、合同法律风险的危害

合同法律风险是指与合同相关的各种不利法律后果。所谓不利法律后果，是指合同主体可能要承担的某种法律责任，如民事责任、行政责任或刑事责任。合同法律风险祸起隐微，却危害极大，不容忽视和放任。

（一）引发讼争

合同法律风险从潜伏到产生，会给企业带来很多困扰。如果风险转化为纠纷，很可能由于双方无法自行解决而发生诉讼。诉讼对于企业来说，不但耗费人力和财力，而且也耗费时间，短则几个月，长则几年，企业将长期在诉讼中疲于奔命。因此，合同法律风险对于企业破坏力较强，不但严重影响企业的正常生产经营活动，还会影响企业的生存。

（二）导致严重法律后果

合同法律风险归根到底是合同法律责任，有风险必有责任。合同法律风险不排除，在许多情况下会转化为实际的法律责任，主要是承担违约责任或者赔偿责任。承担违约责任或者赔偿责任的方式一般是支付一定数量的金钱，少则几十万元，多则几千万甚至过亿，如此责任使企业不堪重负，许多企业因重大诉讼失败而不复存在。

（三）威胁企业的生存和发展

合同法律风险是企业生存和发展的巨大隐患，风险不排除迟早会引爆。一旦进入诉讼程序，胜败难料，败诉方很可能被强制执行。强制执行总是使企业财产急剧减少，有的企业被强制执行后便会逐渐衰败。有的企业面临几十起强制执行案件，被多家法院轮流查封，生存极其艰难，破产是唯一的出路。合同法律风险已对企业生存构成严重威胁。

风险看似来源于不利判决，实则来源于企业自身。合同法律风险是现代企业管理面临的一大顽疾，无论国有企业还是民营企业，都希望采用有效的方法控制并排除合同法律风险，使企业平稳有序发展。

（四）导致企业市场地位下降

企业因合同纠纷诉讼受到法院判决后，相关诉讼信息可以在网上被查阅。许多企业在签订重大合同时，通常都会对合同相对人的信誉状况进行调查。如果企业诉讼信息被查阅到，无论胜诉还是败诉，其信誉都会受到影响。这时许多合同相对人在签订合同时，就会采取非常谨慎的态度。合同法律风险不降低，不排除，就始终伴随着企业生存的全过程，只要合同风险存在，就会影响企业的市场地位和评价。

二、合同法律风险的分布及结构

合同法律风险存在于合同领域的各个角落,主要分布在合同签订前、合同签订中、合同履行中和合同履行后四个环节。在合同签订和合同履行环节,合同法律风险尤为密集和突出,上述环节是合同法律责任的"重灾区",是合同法律风险防范的重点。

(一)合同法律风险分布

1. 合同签订前的法律风险

合同订立之前,合同当事人之间还没有建立合同关系,许多人会认为不产生合同权利义务关系,也不受合同约束,无风险可谈。其实不然,根据诚实信用原则,此时合同当事人已经负有法定的先合同义务,例如,协助、通知、保密、保护等义务,过去规定在《中华人民共和国民法总则》(已失效,以下简称《民法总则》)中,现在规定在《民法典》中。

如果合同一方当事人不履行先合同义务,即使没有建立合同关系,在给对方造成损失时,也应当承担法律责任。例如,在合同签订之前,一方通过洽谈,了解了对方的商业秘密,无论日后双方是否建立合同关系,都应该为对方保守秘密。如果没有尽到保密义务,泄露了商业秘密,给对方造成损失,则应当给予赔偿,这就是合同签订之前的法律风险。可见,在合同签订之前,合同当事人不是毫无法律义务。在实践中,许多合同当事人没有意识到合同签订前的法定义务,忽略了应当履行的先合同义务,但实际上合同法律风险是客观存在的。

2. 合同签订中的法律风险

合同签订中的法律风险主要是指在合同签订过程中，如果合同当事人存在缔约过失行为，给另一方造成财产损失，则应当承担赔偿责任。例如，在签订仓库租赁合同时，承租方通知出租方把仓库腾空，出租方按此要求执行，结果承租方又通知不承租，导致出租方无端受损。对于这种损失，承租方应承担赔偿责任。如果承租方不通知出租方腾空仓库，出租方就不必支付货物搬运的费用，这笔损失是由承租方的错误指令造成的，由承租方承担是公平的。合同签订中的法律风险无时不在，无时不有，应在签订时就加以预防。

3. 合同履行中的法律风险

在合同履行中，有的当事人没有履行合同的能力，不能履行合同所规定的义务，构成对合同的根本违约；有的合同当事人故意不履行合同义务，构成恶意违约；也有的合同当事人虽然有履行能力，但合同履行不充分、不完整或存在很多瑕疵，构成对合同的一般违约。无论是根本违约、恶意违约，还是一般违约，都要承担违约责任，只是责任的大小有所不同。

合同签订后履行是否符合合同约定，是衡量合同当事人是否违约的标杆。如果合同履行阶段出现违约行为，会给合同相对方带来不同程度的损害，因此要承担法律责任。任何一份合同在履行中，都有许多预料不到的情况，有的合同需要变更，也有的合同需要解除。如果变更没有得到对方的同意，单方变更会引发很大的风险。合同解除也是如此，如果不具备合同解除的条件，擅自解除一方同样要承担违约责任。合同履行阶段法律风险最为突出和明显，合同欺诈、合同无效、合同违约、合同解除等始终是合同风险的突出表现。

4. 合同履行后的法律风险

合同全部履行之后，合同当事人并没有与相对方完全脱离干系，还有后合同义务需要履行。后合同义务与先合同义务基本相同，包括保密、协助、通知、保护等义务。另外，《民法典》还规定了旧物回收的义务，后合同义务范围有所扩大。

保密义务要求合同当事人各方严守合同秘密,不能把合同相关内容泄露给第三方;协助义务要求当事人协助时,另一方当事人不得拒绝;通知义务也是如此,负有通知义务的合同当事人因怠慢而不予通知,从而使另一方当事人因此受到损失时,也应承担赔偿责任。总之,如果合同当事人没有尽到后合同义务,虽然不承担违约责任,但并不排除其他法律责任。

合同法律风险分布在合同签订前、合同签订中、合同履行中和合同履行后。可见,风险在每个阶段都存在,没有浪漫清静的避风港。因此,防止合同法律风险不仅要在签订环节和履行环节采取防范措施,而且在合同签订前和合同履行后也要有防范意识,这样才能在每个阶段都控制合同法律风险的发生。

(二)合同法律风险结构

合同法律风险结构是指合同法律风险的系统组成,包括主体风险、签订风险、条款风险、效力风险、履行风险和管理风险等。在各种风险中,主体风险和效力风险最为突出。主体风险直接关涉合同成败,如果主体存在风险,无论其他风险如何,都会导致合同失败;效力风险直接关涉合同效力状态,如果合同无效,条款内容再完备也无济于事。合同风险起源于合同主体,来源于合同签订,表现在合同履行中,这些都与合同管理和风险控制是否得当有直接关系。企业实行规范化管理,合同主体风险、签订风险以及效力风险都会得到有效控制。因此,规避合同风险的关键在于管理。疏于管理,合同风险必然层出不穷。实践证明,企业只要加强合同管理,合同风险就会大大降低(如图1所示)。

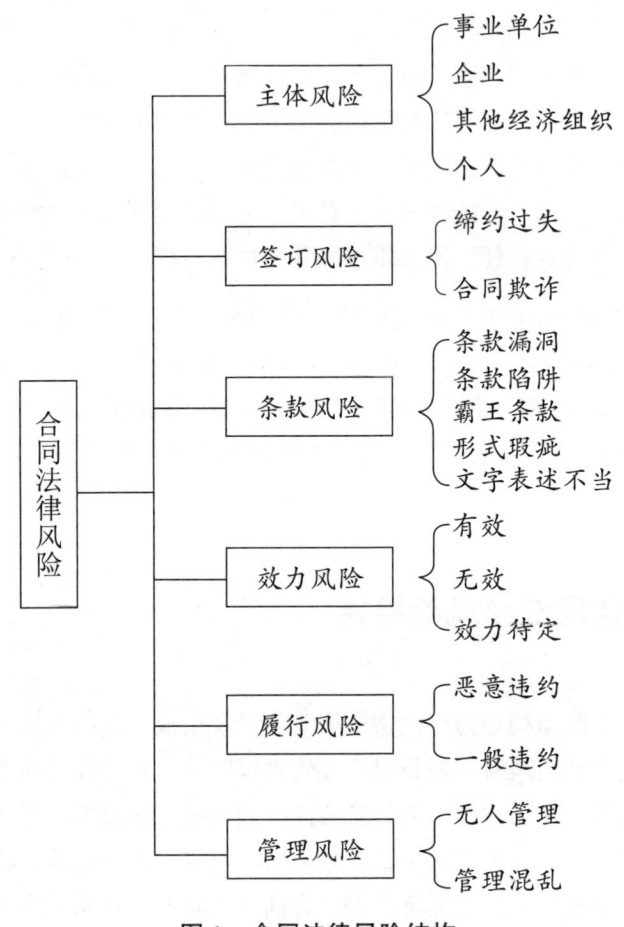

图1 合同法律风险结构

（三）合同法律风险控制结构

对合同法律风险疏于管理，合同就会处于无序状态。如果加强管理，合同就会保持有序状态。现代企业管理，突出了对风险的管理，特别是对法律风险的管理。法律风险来源于什么节点，就该在该节点采取切实可行的控制措施。合同法律风险控制结构与合同法律风险结构是对应的。（如图2所示）

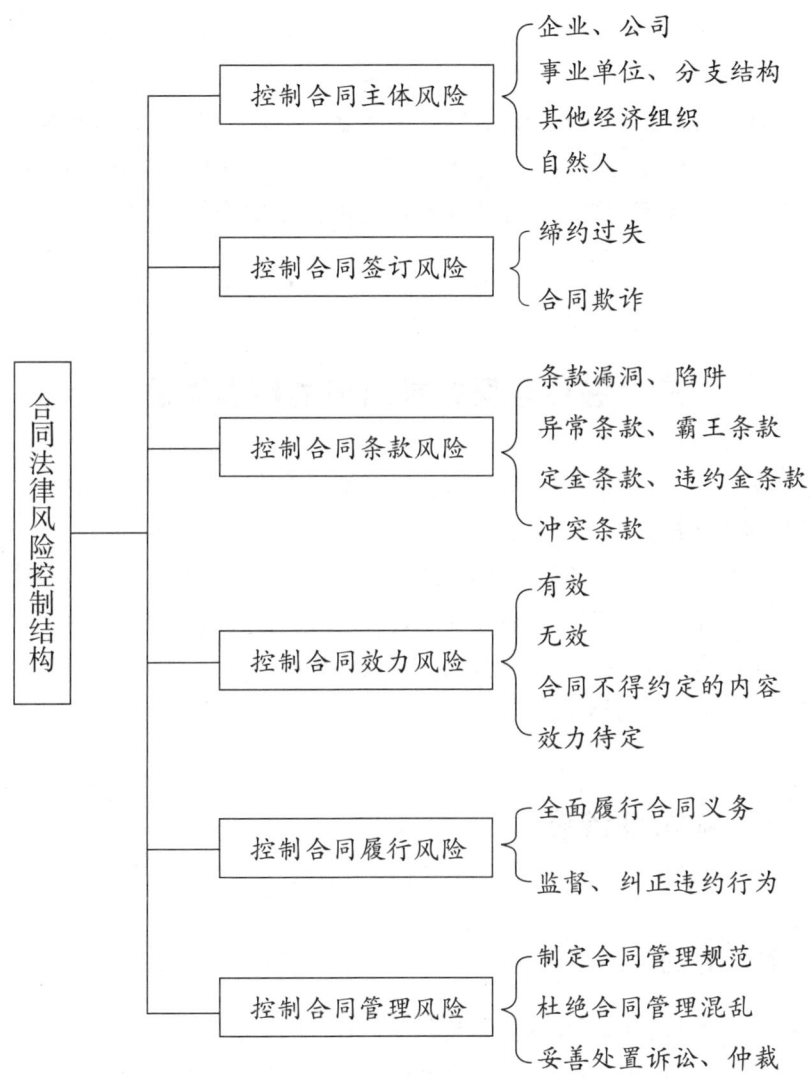

图2　合同法律风险控制结构

按照控制结构采取相应的措施，合同每个环节的风险都会有不同程度的降低。在控制合同主体风险上，一定要选择好合同合作伙伴，坚决不与有法律瑕疵的主体签订合同。合同签订时，一定要杜绝缔约过失行为，避免上当受骗。在控制合同条款风险上，一定要注意合同条款漏洞、合同陷阱，特别关注异常条款、霸王条款，重点关注定金条款、违约金条款、冲突条款、管辖条款。在控制合同效力风险上，应当保证合同不与现行法律相抵触。在控制合同履行风险上，要全面履行合同义务，监督、纠正对方违约行为及己方违约行为。在控制合同管理风险上，要全面制定合同管理规范，杜绝合同管理混乱现象，妥善处置合同所带来的法律风险。在合同法律风险控制结构中，各个环节相辅相成，控制好各个环节的风险，才能保证合同处于较为安全的状态。

三、签订合同时常出现的错误做法

合同是企业获得利润的重要渠道，只有签订无风险或低风险的合同，企业才能从合同中获益。由于各企业对合同管理的水平不同，采取的措施和方法也不同，进而合同效果也不同。采取正规有效的合同签订方法，合同风险会相对较低，反之则不然。实践中，企业在签订合同时，存在许多错误做法，这些做法具有反复性和持久性，使大量合同法律风险相继产生。了解这些常见的错误做法，可以让企业有所警惕，防患于未然。

（一）认知性错误

1. 草率签约，后患无穷

许多企业签订合同时表现得非常草率，对合同不看不审就直接签约。有的即便看过也不加修改，对方写什么就签什么，贸然签订，忽视合同风险的存在和可能会承担的法律责任。如此签订合同，埋下了大量的隐患，值得深思。

2. 急功近利，事与愿违

有的企业签订合同时，总是持急功近利的态度，上午拿来合同下午就签。还有的当场拿来当场就签，赶时间、抢速度，把签订合同看作无足轻重的小事。正是因为这种态度，才留下了许多隐患。也有的企业明知道合同存在对自己不利的条款也要签，结果吃了大亏。签订合同不克服急功近利的态度，合同风险就难以排除。

3. 糊涂签约，招惹是非

有的企业签订合同时，不管三七二十一，糊里糊涂签完。合同签订后，对合同都规定了哪些内容、权利义务是否平等、违约责任是否过重一概不知，为合同履行埋下祸根，此态度极不可取。

4. 弱势签约，任人摆布

许多合同当事人签订合同时非常懦弱，不敢向对方提出修改意见，违心接受对方的苛刻条件，非常不情愿地签下被动的合同。签订这类合同的企业，往往在市场中处于较弱的地位，要么有求于对方，要么委曲求全。弱势签约情形下，合同中往往存在许多不利于己方的条款，履行起来困难重重或处于被动的状态，更容易违约及承担法律责任。

【案例】

北京某公司与另一公司签订影片投资拍摄合同，合同约定如果北京某公司签订合同后反悔，所投1200万元不予退回。即便是这样风险巨大的条款，北京某公司领导却认为不改为好，唯恐对方不愿意，更怕失去签订合同的机会，因而委曲求全接受强势一方的霸王条款。后续一旦出现违约，1200万元便会丧失殆尽。

5. 强势签约，霸气冲天

有的合同当事人在签约时"霸气十足"，不允许另一方修改合同中非常明显的不合理条款，修改一处就拒绝签订，使另一方在合同签订初期就处于被动地位，用合同剥夺或限制对方的权利，奠定自己"霸王"的地位。例如，某网络平台合作合同约定，甲方被游客投诉或要求退票，乙方（平台方）有权从应为甲方支付的销售款中直接扣除，甲方不得提出异议；还如，某些合同约定，合同的解释权归甲方，对甲方的各种解释，乙方应接受并服从；又如，某些网络服务合同约定，甲方只可对本合同修改三次，其后修改无效。上述例证都排除或限制了一方当事人对合同的合意权。

6. 签约免责，不免不签

有的合同当事人在签订合同时以"老大"自居，合同中必须规定对己方有利的免责条款，如果不予免责，就拒绝签订合同，使得相对方无可奈何。市场条件下，有许多企业处于垄断地位，买方如果不答应卖方的条件，卖方就不出售产品，买方因别无它选，不得不答应卖方的苛刻条件。结果卖方利用优势地位，以合同方式免除了许多应该承担的责任。某些购销合同，卖方处于不利地位，买方采购量大，多家供应商相互压价，争取让买方采购自己的产品。于是，买方利用市场优势地位，要求在合同中不得规定买方的违约责任，否则将不采购卖方的产品，迫使卖方不得不屈从。

（二）行为性错误

1. 不分种类，盲目套用

个别企业把不同种类的合同混淆，所使用的合同文本既像加工合同，又像销售合同，既像联营合同，又像借贷合同。合同不伦不类，一旦产生纠纷，双方当事人各执一词，即便在诉讼中合同性质也难以界定。

【案例】
河南省某市两个公司签订的合同约定：鉴于甲方通过摘牌方式已取得××地块，甲乙双方同意签订本合作合同。（一）乙方投资3000万元，取得项目30%的股权。（二）乙方不参加管理，一切事务由甲方管理，后续投资也全部由甲方完成。（三）甲方使用乙方3000万元资金十五个月后，一次性返还乙方连本带利共6000万元。

> 合同签订后，乙方向甲方支付了 3000 万元。一年以后，乙方见楼市价格上涨，要求参与项目管理，甲方不同意。甲方认为已经还给乙方 1500 万元，等于乙方已经退股 1500 万元，只能占项目 15% 的股份。于是，乙方雇人每天在甲方售楼处搅闹，拦截顾客，干扰销售，致使甲方经营受到极大影响。这个合同既有投资入股的内容，又有借贷的内容，实质应为借贷合同。企业之间名为联营实为借贷的合同如今统一按借贷认定。但乙方并不认可，坚持要求甲方再给 6000 万元才退出，否则继续占领工地。双方诉至法院，耗时四年，二审判决时甲方胜诉，但甲方已临近破产，再无回天之力。

2. 合同双方权利义务错位

合同双方权利义务错位是指把甲方的义务写到乙方的名下，乙方的义务写到甲方的名下。权利义务错位有的是疏忽造成的，有的则是故意，往往一方发现错位，仍故意隐瞒下去，为未来纠纷埋下祸根。

3. 丢三落四，漏洞百出

有很多企业由于缺乏合同管理规范和监管程序，合同签订得非常粗糙，出现许多不该出现的问题，归纳起来有以下八种。

第一，一方盖章，另一方没盖章。出现这种情况，主要因为后盖章的一方控制主动权，想盖就盖，想不盖就不盖。

第二，以甲公司的名义签订合同，却盖乙公司的公章，造成合同主体混淆。

第三，以上级公司的名义签订合同，却盖下级公司的公章，公章混用。

第四，名章不符，合同主体为个人，却盖公司的公章。也有的合同主体写的是单位，签字却是个人。

第五，页码较多的合同不盖骑缝章，为篡改合同留下可乘之机。

第六，合同没有签订日期，无法判断何时签订。例如，某建设工程施工合同中约定的签订时间为 2019 年 1 月，但未写明详细日期，导致无法计算违约责任起始时间。

第七，先盖章，后写内容，为他人留下"作弊"的机会。

第八，合同不核对，缺文短字，表意不清。

合同签订在形式上存在的这些问题，有的出于疏忽，有的则是故意，以便为日后违约或不承担责任寻找理由。有的公章混用现象背后存在深层次原因，甚至具有不可告人的目的，这些都成了货真价实的合同隐患。

4. 格式签约，忘记选择

许多格式合同具有选择条款，企业应该在签订时作出具体选择，不能留下空白。但一些合同当事人在签订合同时未进行选择，使选择条款处于空白状态，致使对方当事人不知应按哪个条款执行。

5. 冒名顶替，风险潜伏

建筑业和电影业是冒名顶替签订合同的重灾区。有的投资商没有摄制电影资格，寻找电影厂替自己签订电影拍摄合同，然后由该投资商自己出资拍摄、管理、发行和收益，电影厂只挂名，也就是挂标合同。建筑行业中冒名顶替的合同也非常普遍，有的房地产公司以自己的名义中标后，让没有资质的企业用自己的名义进行房地产开发，也有的建筑公司为了收取管理费，出卖公司资质，替别人签订合同，即挂靠合同。挂靠合同和挂标合同中隐藏着一场又一场合同危机。

6. 内容违法，一意孤行

有些合同签订时，企业领导人十分任性，不管合同内容是否违法，一味只求结果，即使经提示已知悉合同违法，企业领导仍会签下此类不合法的合同。

7. 签假合同，后悔莫及

实践中假合同也经常出现，签假合同并不是为了履行，有的是为了应付审计、税务部门，也有的是为了一方帮另一方开发票，还有的是为了利用假合同骗取第三方的信任。总之，假合同被个别企业采用，背后都有不同的目的。

8. 委托签订，合同无影

有的企业委托其他公司代替自己签订合同，合同签订后受委托人并不把合同交给委托人，委托人一方不关注合同现状，当然也未存档，有用之时，受托人却拒绝提供。

> 【案例】
>
> 海南某公司委托上海某公司签订消防咨询服务合同。上海某公司一手操办消防咨询服务，并为委托人取得消防验收合格意见书。委托人认为取得验收合格意见书已经万事大吉，负责施工的天津某公司认为海南某公司尚欠消防工程施工费用90万元，海南某公司不认可。天津某公司起诉至法院，提供了消防施工合同和施工记录，而海南某公司认为这个合同不存在，双方只签订了一份70万元的施工合同，双方应依照哪份合同结算工程款为本案争议焦点。海南某公司遂向受托人上海某公司核实情况并索要90万元的合同，但上海某公司拒绝提供合同，最终海南某公司因不能提供合同败诉。

9. 倒签合同，时间不清

有的公司担心签订合同可能违约，故意先履行，后补合同，然后把日期提前到原来的时间点，这就是倒签合同。实践中，倒签合同为个别企业采用，包括国有企业也采用这种方式签订合同。倒签合同的最大危害是，一旦假戏真做，就难以逃脱法律责任。

10. 起草偷懒，处处被动

在合同谈判结束后，许多企业应该起草合同却不愿起草，有意把合同起草工作推给另一方，以示大度。还有的企业不具备合同起草知识或者起草能力，起草合同完全依赖对方，殊不知这一行为会给企业带来许多不利后果。合同是各方权利义务的载体，放弃起草权就是放弃主动权，甚至是公平权利。合同当事人不应指望相对方会起草一份对自己有利的合同，懒惰同样是合同法律风险的来源之一。

（三）合同之贼

1. 偷换页码，真假难分

个别公司在合同签订后，利用合同没盖骑缝章的疏漏，偷换第一页或其他页以达到篡改合同内容的目的，造成合同内容混乱，发生纠纷时各执一词，给法院判断合同真伪留下谜团。

2. 心术不正，难成正果

在签订合同过程中，有的合同当事人缺乏诚意，处处耍心眼，故意做手脚，把对自己有约束力的条款去掉，偷换成对自己有利的内容。还有的合同当事人以盖章为由将合同带走，其实根本没有盖章，让对方先履行，利用合同双方盖章生效的条款控制合同生效时间，如果自己履行不好，就说合同没生效，为自己的违约行为进行开脱。

3. 不签合同，先斩后奏

有的合同当事人，合同还没正式签约，双方就开始履行。履行中发生纠纷，乙方说应按照合同某一条执行，而甲方认为合同没有签订，不具有约束力。

> 【案例】
> 某电视剧拍摄时，制片人与投资公司并没有签订制片人合同，制片人开始按双方口头协商的内容进行拍摄，后因缺乏资金停止拍摄，制片人要求投资公司支付报酬，双方发生纠纷。制片人起诉到法院，要求给付报酬265万元，法院判决只给付80万元，因为双方并没有就单集报酬达成共识，只能参考行业一般价格确定。

4. 附件埋伏，暗藏杀机

有的合同当事人提供合同文本时，利用人们对合同附件的忽视，把约束对方的条件全部放在附件中，在合同附件中埋下杀机，另一方稍不注意，就会被追究违约责任，合同附件变成了"潜伏杀手"。

> 【案例】
>
> 某设备采购合同，乙方为供货人提供合同文本。合同附件约定，甲方逾期验收货物超过三日，货物归乙方所有，甲方承担乙方往返运费、装卸费外，还应向乙方赔偿金额为货款双倍的赔偿款。

实践中，合同签订中存在大量千奇百怪的错误做法，给合同带来了极高的法律风险。与各种合同当事人打交道，防人之心不可无，提高警惕才能保住合同的平安。

四、履行合同时常出现的错误做法

合同签订后，各方都应全面、认真履行，确保合同目的的实现。但许多合同签订后，在履行环节经常出现问题，其中最突出的问题就是履行合同不符合约定，造成违约，以下每种错误都非常值得警惕：

（一）主体性错误

1. 主体消失，扑朔迷离

许多合同在履行中，当事人突然消失，有的办了注销手续，有的从此下落不明，音信全无。消失的目的可能是躲债，由原班人马重新注册一个新公司，新公司与原公司完全脱钩，债权人即便是打官司，也只能面对一个空壳公司，没有任何执行能力，财产早已经转移完毕。

2. 主体分裂，义务落空

有的项目在谈判时，双方难以预料一年半载后，需要履行重要义务的一方由于内部不和突然分裂了，造成合同义务难以履行。

> **【案例】**
> 东北某个旅游娱乐大项目总投资 15 亿元人民币。设计公司收取设计费 200 万美元，进行概念设计后，该公司股东之间矛盾冲突激烈，几个股东分道扬镳，主要设计人员离开公司，剩下的人员无法完成设计任务，项目公司只好与之解除合同，重新寻找合作伙伴，致使设计成果不能如期交付。合同履行中主体发生变更的情形并不少见，守约的一方不得不采取补救措施。

3. 私转义务，对方懵然

有许多合同签订后，一方当事人自己并不履行合同，而是私下把合同义务转移出去，让合同外的第三方履行，造成合同相对人懵然，不知所措，为合同埋下隐患。

> **【案例】**
> 北京某燃气公司与某银行签订开发燃气充值卡合作合同，合同约定由银行负责充值卡开发，燃气公司付给银行 2000 万元，银行没有开发能力，将充值卡软件开发业务转给另一家公司，这家公司开发成功，但拒绝把充值卡源代码交给银行，因为它与银行的合同规定，源代码归该公司所有。燃气公司有八万户居民用充值卡交费，使用三年后，燃气公司认为充值卡需要升级，要求银行履行合同，但银行认为合同期限只有两年，两年后己方没有义务进行升级。燃

> 气公司找到充值卡开发公司,该公司认为自己与燃气公司没有合同关系,源代码不能给燃气公司。六年过去后,燃气公司一直解决不了该合同的遗留问题。银行将合同义务私自转移,导致燃气公司合同目的无法实现,祸根起源于银行私自转移合同义务。
>
> 擅自转移合同义务,本是一项违约行为,但转移者却理直气壮,漠视法律约束,致使守约方受到巨大财产损失。

4. 错误履行,毫不相干

在合同履行中,有的当事人马马虎虎,错误向合同外的第三方履行,其实合同与该第三方没有任何关系。例如物流公司在送达货物时,把本该送到甲公司的货物送到了乙公司。这类现象的发生,有的是承运人的过失,有的是合同当事人自己写错地址造成的。物流公司错误向第三方履行屡见不鲜。

(二) 完整性错误

1. 履约能力低,合同被搁置

有许多合同当事人在合同签订后并没有实际履行的能力,致使合同履行出现严重障碍。

> 【案例】
>
> 北京某集团公司在郊外有个环保项目,项目内容是建设一个处理工业和医疗垃圾的厂房,这也是北京的一个低碳项目,总投资5000万元。设计和工程招标时,北京某设计院中标,厂房建成验收时,环保不达标,超出设计要求的4倍,施工单位无论如何努力也

> 降不下来指标。建设单位与设计院采用多种措施，还是达不到验收标准，造成项目长期不能投入使用，给建设方造成巨大损失。究其原因，主要是施工单位的技术能力较低，无法完成施工任务。中标后不能完成较高要求项目的企业并不少见，导致招标方不得不采用补救措施。

2. 中途解约，无所顾忌

出于多种原因，许多合同在履行中会遭遇厄运。法律并不禁止中途解约，但要依照法律规定或合同约定，不可以擅自解除合同，否则要承担违约责任或赔偿责任。实践中，有许多当事人对合同无所顾忌，想解约就解约，完全不计后果。个别居于市场强势地位的大公司，对小公司不屑一顾，习惯用命令的口吻要求解除合同，好像小公司是它的下属。例如，某集团公司解聘中介服务机构，只发了解除通知，不讲理由。凡是服务超过三年的，一律解除。许多中介服务机构具有依附性，只能不了了之。但如果提起诉讼，解除方应承担相应法律责任。

3. 部分履行，部分放弃

有的合同当事人签订合同后，只想履行一部分，而对另一部分不予履行，对于放弃履行也毫不在意。例如，某旅游景区修建第二停车场，施工单位因发包方拖欠2万元工程款而停止施工，撤走人员和施工机械，扬长而去，发包人不得不另寻新的施工方。实践中，小公司或个人公司很容易意气用事，不满足条件就甩手不干，视合同为无物。

4. 一方先履行，另一方无动于衷

合同履行有先有后为常态，但实践中经常发生先履行的一方履行合同义务后，后履行的一方并不履行，先履行一方受到损失的情况。例如，某旅游景区建设期间，负责道路施工的一方完成了自己的合同义务，而负责修建景区房屋

和护栏的另一方迟迟不开工，致使负责道路施工的一方白白投入了 700 万元，景区搁置到完全荒芜。

5. 先行垫款，血本无归

有许多建设工程项目在建设时，需要承包方垫付工程款，否则发包方不把工程交给承包方施工。为了承揽工程，承包方不得不垫款，有的一垫就是几百万元甚至几千万元。工程结算时，有些发包方无力偿付，造成承包方血本无归。

> **【案例】**
>
> 东北某县建设住宅三栋，发包方要求承包方垫付工程款 3000 万元。工程结算时，发包方无款可付，同意以其中的一部分楼房抵债，承包方同意接受。但发包方抵给承包方的房屋同时又卖给了七十多家住户，住户起诉时，法院查封了这些房屋，最后法院将房屋判决给住户，承包方垫付的 3000 万元归还无望，承包方可谓欲哭无泪，痛心疾首。

6. 单方违约，层出不穷

合同履行中，单方违约的情形层出不穷，致使守约方苦不堪言。例如，某市小区开发建设，被拆迁户按合同如期腾退了房屋，开发商将小区建成后，不按合同交房，将应该回迁的门市房全部卖掉，多卖几千万元，对回迁户不管不顾，亦完全不惧讼争，纠纷案件频发，回迁户苦不堪言，即便是打官司胜诉，判决亦无法得到执行。许多开发商正是看到了这种势态，才会铤而走险选择单方违约。

7. 双方违约，混合过错

许多合同在履行中，双方都存在这样或那样的过错，有的违约严重，有的违约轻微，但都存在不同程度的混合过错，双方均应承担违约责任。例如，某开发商销售房屋，买方逾期付款两个月，开发商却晚交房屋十二个月，互相追究违约责任时，开发商的违约责任更大。合同履行混合过错，往往为合同常态，完美履行应为合同当事人首选。

8. 连环违约，无所适从

有些合同的履行环环相扣，合同与合同之间具有非常紧密的联系，上一个合同履行情况不佳，会直接影响下一个合同的履行。有的合同在履行中，由于一方违约，另一方也随之违约，结果一个接一个地被追究违约责任。例如，一份贷款合同约定，银行应在签订合同十日内为甲公司发放贷款2000万元，但银行迟迟未能发放，逾期履行两个月，导致甲公司无法向乙公司支付煤炭货款，乙公司不能获得甲方支付的货款，亦无法向丙公司履行运输款转账义务。

9. 一些不确定因素导致合同履行受到影响

有的公司签订合同后，发生了分立、合并、解散、破产等情形，影响了合同的履行，导致合同不得不终止。有的合同权利义务转让后，新的当事人不能如期履行合同，合同履行飘摇不定。

（三）合同大盗

1. 产品低劣，耍赖纠缠

许多合同在履行中，供方明知自己的产品质量存在问题，仍坚持发货，对方发现就换货，没发现就蒙混过关。还有的货物本身质量不合格，供方却千方百计狡辩，不退货、不换货，即使退货换货也要附加苛刻条件。例如，张某从网上购买沙发，收到后发现沙发与样品完全不符，要求退货，厂家起初不同意，后声明退货须买方自己承担运费1200元，完全无视自己的法定义务，毫无信誉可言。

2. 故意调包，黑心获利

有少数合同当事人在履行合同时，不讲诚信，故意调包，偷换合同标的的品种或等级，以次充好。特别是在网购中，厂家用精品做广告宣传，发货时故意调包；还有的生产厂家把马上过保质期的产品邮寄给买方，买方不注意拆开后便不予退货，以坑害买方的方式获利。

3. 恶意违约，花样翻新

有的合同当事人在合同违约上特别下功夫，挖空心思，只为坑害对方，种种花招层出不穷，堪称"违约专家"。

【案例】

北京某影视公司长期开展电视剧拍摄业务，销售前景非常好，每年可获利上千万元。为了"借鸡下蛋"，利用别人的资金拍摄电视剧，然后把利润留在自己腰包里。该公司想出了一个"好"主意，将95%的股权以8000万元转让出去，然后用新股东的股权受让款拍摄电视剧。

广东某公司得知此事后，认为与其签约每年有1000多万元利润可赚，便与北京影视公司洽谈，并同意出资8000万元收购95%的股权，由广东某公司委派人员出任董事长，北京某影视公司原负责人出任总经理，公司日常经营由北京某影视公司原班人马负责。

为了不让每年1000多万元的利润落入广东某公司腰包，北京某影视公司精心设计了一套方案，即北京某影视公司三名高管作为出资股东，又成立了一家A公司。然后把北京某影视公司每年拍摄的电视剧出售给A公司，再由A公司向电视台销售电视剧，电视台直接与A公司结算，这样每年可以将1000多万元利润款全部截留在A公司，而广东某公司则被彻底架空了，8000万元白白被使用。

北京某影视公司的这一"发明"，实质上就是认为可以不守信誉，所以精心设计了违约方式，让合作伙伴丧失获利机会。

诚信是市场基本准则，也是交易的命脉，这种交易规则人人都应当遵守。但许多人在经营中不断"发明"新花样，与法律博弈、与诚信博弈，认为市场有机可乘，就采取投机取巧的方法赚钱。人性的弱点和法律的盲区滋生了五花八门的违约伎俩，给合同履行带来了巨大障碍，给市场秩序造成了极大的破坏。乱中取胜，正是一些公司奉行的错误经营理念。

4. "一女二嫁"，多头开花

在商品房销售中，有的开发商为了多赚钱，明知门市房已经安置了拆迁户，却还要将此房卖给其他人，一房两卖甚至一房三卖，明目张胆地故意违约。由于违约成本太低，一些开发商无所顾忌。"一房二卖"中的卖方虚构该房没有销售的事实，目的是非法占有他人财产，已构成合同诈骗罪。2024年8月，内蒙古某法院作出有罪判决。"一房二卖"作为一种招数，已被许多开发商采用，如果法律不加打击，会愈演愈烈。

5. 蚕食顶债，损人利己

个别房地产开发商在开发项目时没有资金，要求承包方垫资。承包方垫付几千万元甚至上亿元，开发商故意不给结算，以房顶账，以较少的房抵顶高额的欠款，巧取豪夺占对方便宜，即便采用诉讼方式，最后也还是以房抵债。

【案例】

某小区开发时，开发商要求承包方垫资 4000 万元，工程结束时，承包方要求结算工程款。开发商以没钱为由拒绝结算，一拖就是三年。承包方交涉几十次都没有结果，开发商提出用房子抵债，承包方无奈只能接受。开发商的房屋市价为每平方米 5660 元，却以每平方米 8050 元的价格抵给承包方，不接受就不偿付工程款。以房抵债、低价抵债，是许多开发商损人利己的老套路，非常值得警惕。

6. 拒不付款，无故赖账

许多合同当事人在合同履行后，本应该向对方付款，但由于存在资金困难，在无力付款的时候就采取无赖的办法，久拖不还，有的还倒打一耙。

> 【案例】
>
> 辽宁省某市某商场从广西桂林某公司处购进彩色电视机两万台，尚有1800万元货款未支付，卖方在合同履行地广西起诉，该商场经理在应诉时给桂林某公司又带去200万元货款，要求撤诉。回到本市后，该商场经理咨询时，有人让该公司在辽宁省某市中级人民法院起诉，称广西桂林某公司因诉讼保全查封了被告账户，给被告造成损失，按侵权行为地立案审理。法院立案后，竟然违法判决广西桂林某公司赔偿辽宁某商场1800万元，企图把欠款全部抹掉，案件打到最高人民法院才得以纠正。

7. 节外生枝，损失惨重

有的当事人在合同履行中，并不老实地履行合同。人为地节外生枝，给自己造成巨大财产损失。

> 【案例】
>
> 东北某省煤炭材料供应公司向山东某公司采购设备材料，欠下山东某公司货款1600万元。山东某公司又欠东北大通公司1600万元。东北大通公司依法行使代位权，起诉东北某省煤炭材料供应公司，要求偿还1600万元，并查封该公司账内存款1600万元。东北某省煤炭材料供应公司明知账内存款已被法院冻结，却还故作聪明地给山东某公司开具承兑汇票1200万元。山东某公司收到承兑汇票后背书给第三人。东北某省煤炭材料供应公司被法院查封的1600万

> 元在判决生效后被划走，该公司额外损失了 1200 万元。东北某省煤炭材料供应公司明知东北大通公司已经起诉自己，也明知法院已经冻结账号，却还节外生枝付款，自酿苦果，难以挽回。

8. 拒绝履行，如狼似虎

有的合同在履行中违约一方未能如期履行，当继续履行时，遭到对方拒绝，目的就是利用法院判决巧取豪夺。

【案例】

> 北京某公司在某直辖市建设工程中标后，与该直辖市某公司签订小区开发建设工程施工合同，工程总造价 49 亿元，需交付定金 7 亿元。签订合同后，北京某公司转付定金 7 亿元，对方出具收款证明。在合同履行过程中，北京某公司未能按时开工，拖延工期两个月。经过多次协商，双方同意继续履行合同，北京某公司需再向对方转款 8 亿元。在北京某公司再次转款之际，对方公司已经设计好了拒绝履行的计划，发出指令停止支付，随即北京某公司接到了解除合同通知书。北京某公司不同意解除合同，提起诉讼，要求返还定金 7 亿元。某市中级人民法院受理此案，认定北京某公司构成违约，7 亿元定金不予返还，上诉后二审法院驳回上诉，维持原判。被告拒绝履行合同，完全出于精心谋划。尽管一审、二审法院判决存在适用法律错误，但再审在当地翻案的希望极其渺茫，不得不向最高人民法院申请再审，增加了无尽的讼累。合同履行中常有巧取豪夺发生，破坏了社会公平交易环境，令当事人痛苦万分，有时履行合同如同过关斩将。

五、合同法律风险的来源

（一）合同主体是最大的风险来源

签订合同的主体不符合法律要求，会使合同无法产生法律效力。合同主体不认真履行合同义务，会产生大量的合同违约。合同主体信誉不良会破坏合同交易秩序，使守约者无所适从。合同主体发生歇业、吊销、破产、合并、注销等情况，都会给合同的履行带来不确定因素。合同主体在合同履行中非常关键，主体选择不好，则风险无尽。因此，主体的选择就成了合同法律风险控制最关键的一步。中国有句古语：成也萧何，败也萧何。合同也是一样，成功与失败都与合同相对人直接相关。防范合同法律风险，首先要防范的就是合同主体风险。

（二）合同签订是最主要的风险来源

合同签订在合同全生命过程中最为关键，是合同的第一步，签订合同最容易出现的问题就是合同不严密、漏洞多，给合同履行留下隐患，从而引发纠纷。最常见的问题是合同存在矛盾条款、合同不盖章、没有签订日期和履行期限、没有违约条款或解除条款、合同存在霸王条款或陷阱，以及合同规定的违约责任畸轻畸重等。

如果存在矛盾条款，双方又不能协商一致，必然导致纠纷产生；合同不盖章会使合同无法生效；没有签订日期，则无法知道合同何时生效；没有履行期限，则不知道合同何时结束；没有违约条款，一旦出现违约时不知如何追究违约责任；没有解除条款，则会导致合同需要解除时解除不了；霸王条款使一方在合同中处于被动地位，合同权利义务被损害；合同陷阱使一方上当受骗，利益受到侵害。

由于合同签订最容易产生风险，是合同法律风险的主要来源。因此减少或排除合同法律风险，必须把住合同签订这一关。

（三）合同履行是最集中的风险来源

履行是合同的关键环节，合同签订得再好，如果不按合同履行，合同目的也实现不了。合同履行最容易出现的问题是无诚意履行和无能力履行。无诚意履行是指在合同开始履行时，一方当事人对履行合同就没有诚意，漠视合同权利义务，要么质量不合格，要么延期交付，要么拖欠工程款。无能力履行主要表现为资金短缺，技术力量不可靠或缺乏经验，心有余而力不足。合同履行中最可怕的是恶意违约，故意不履行，而后又"歪打官司斜告状"。合同履行中暴露的千奇百怪的违约行为，使合同履行成为合同法律风险爆发的最集中环节。签订合同埋下隐患，履行合同必定爆发冲突。

（四）决策失误是合同偶发风险来源

企业决策不当，同样会给合同带来风险。企业决策可分为损害性决策和失误性决策。损害性决策是指企业决策人员明知签订合同会损害企业利益，为了个人得到好处，故意签订这类合同，从而能捞取一笔巨大利益。失误性决策是指企业决策人员判断有误，签订了损害企业利益的合同。企业签订合同如果存在损害性决策或者失误性决策，可能会损失几百万、几千万甚至上亿元。某企业集团明知向某项目投资有一定风险，却还要投资5000万元，项目进行中又追加4000万元，结果9000万元全部打了水漂。

（五）贪腐是合同致命的风险来源

合同法律风险不仅来源于外部主体，有时还来源于"家贼"。"家贼"有时是企业的销售人员或其他员工，有时是企业高管人员甚至董事会、监事会人员。他们利用签订合同的机会，吃里扒外，损公肥私，有的签一笔合同非法获利几万、几十万，有的甚至达到几百万、几千万，给企业留下难以收拾的烂摊子。

合同法律风险来源广泛，具有长期性、复杂性、破坏性等特点。

长期性表现在两个方面：一是合同从签订到履行完毕，始终存在法律风险，风险伴随合同始终；二是只要合同存在，风险就始终存在，合同存续多久，风险就存续多久。有的合同履行需要一年、两年甚至更长的时间，风险会持续到合同结束。复杂性表现在合同无论大小，都具有独立性和自身的特点，合同背景千变万化、合同要求千差万别、合同关系千丝万缕，这些都使合同风险表现极为复杂。合同法律风险的破坏性不言而喻，一旦合同失误，满盘皆输。

六、合同法律风险产生的原因

合同法律风险的产生，既有主观原因，也有客观原因。

（一）主观原因

1. 受利益驱动

所有在合同签订中的欺骗行为和在合同履行中的违约行为，几乎都受利益驱动。合同签订中的种种欺骗手段和行为都是为了骗取对方的信任以赚取钱财，根本目的是获得非法利益。为了追求利益，在权衡违约与守信的时候，许多合同当事人选择了违约，宁可遭受谴责或败诉，也不愿放弃利益。利益永远是一些合同当事人冒险的动力。因此，产生合同风险的根本动因还是利益的诱惑。

2. 缺乏诚信理念

无论是商品交换时代，还是现代市场经济时代，诚信都是维护交易秩序的准则，是千百年来商业活动所恪守的规则，现代市场交易出现的大量合同违约，主要是由于合同主体缺乏诚信理念，一切以赚钱为出发点和归宿，只要能赚钱，就敢冒天下之大不韪。诚实守信是市场交易不可动摇的规则，它是依靠道德和法律的力量维系的。道德是发自内心的自我约束，以信誉和良心为核心，是人们自我维护的内心力量，信誉维护甚至比法律维护更重要。法律是强制干预力量，在信誉可以维护的时候，法律不予干预，在信誉不能维护的时候，法律予以强制干预。道德是行动指南，法律是行动底线，在任何时候都不可以突破底线。

3. 缺乏严谨的科学态度

签订和履行合同，是一套完整的工作程序和法律程序，不可以有任何缺失和遗漏。然而有许多企业在签订和履行合同时，缺少严谨的科学态度，对合同表面很重视，实则不然，想签就签，想悔就悔，致使大量缺陷合同或者无效合同产生。

4. 对约束合同的法律、法规不甚了解

合同从签订到履行，要受一系列法律、法规的约束，签订合同出现过失要承担责任，履行合同出现违约也要承担责任。就绝大多数签订合同的当事人而言，都希望签订一份好的合同，也懂得应遵循法律的相关规定，但对法律如何规定、哪些合同有效、哪些合同无效，当事人了解和掌握的程度差别很大，存在的盲区不小。在对法律法规不甚了解的情况下，一些合同当事人签订了大量的低质量的合同，致使合同潜藏着很多风险。

（二）客观原因

从客观上说，也有许多产生合同法律风险的直接原因。

1. 合同瑕疵多、漏洞大

合同瑕疵多、漏洞大的主要原因是签订合同的主体缺少专业人员把关。其实，签订合同不是企业普通事务性工作，合同涉及商务、财务、税务、技术、法律等相关领域，专业性要求较强，没有专业技能的人不能胜任合同风险防控工作。

2. 合同履行不规范

合同履行得不好，除了技术原因和客观不可抗力因素外，更多的是人为因素造成的，主要是缺乏全面履行和认真履行的责任意识。合同意识是法律意识在交易中的体现，合同履行得好与坏，与人的主观努力有很大的关系。主观上努力，人就会想尽一切办法完成合同义务。主观上不努力，放任合同随意履行，必然使合同履行出现许多不足和遗憾，这也是合同产生瑕疵的主要原因之一。

3. 违约成本低

虽然我国法律规定违约方应承担违约责任，但在实践中，司法机关对违约方几乎很少惩罚，违约赔偿一般只限于所造成的损失，甚至不能弥补守约方的损失，致使违约方不必付出更高的代价，违约成本低廉。由于违约成本低，违约方不害怕承担违约责任，这是产生大量违约的重要原因。

4. 法律威慑力不够

为了规范市场，严肃合同规则，法律必须对违约行为严厉制裁。但在实践中，对合同违约的行政监管和司法惩罚力度都明显不足。

一是法院判决缺少惩罚性，只判承担违约责任，没有惩罚性赔偿，法律应有的威慑力明显不足，致使许多违约者不怕打官司，不怕败诉，不怕强制执行。如果对违约行为给予司法惩罚，违约人就会有所收敛。

二是对守约人司法保护力度不够。审判机关本来应对违约行为立即采取措施进行制止，防止损失进一步扩大。但当守约方请求保护时，司法机关的保护往往流于形式，没有积极保护意识，很少及时采取紧急措施，使违约者有时间转移财产。即便是转移了财产，也很少受到严厉的处罚，客观上纵容了违约者，使其敢于铤而走险，导致许多财产损失无法控制。东北某公司拖欠某集团公司房屋租赁费600万元，原、被告经过两年的时间打完了一审和二审，最终法院判决被告应给付租金600万元及利息。但在两年诉讼中，原告不知法院是否支持解除合同，房屋不能重新出租，又发生新的租金700万元，审判时间拖得越长，原告损失越大。如果法院全力支持原告的合理主张，被告就不敢轻易违约。

三是市场监管不力，《中华人民共和国行政诉讼法》颁布后，行政机关被诉可能性变大。为了减少诉讼的发生，有的合同管理机关得过且过，弱化行政监管，使合同签订、履行混乱的状态不能得到有效规制。

市场的维护靠三种力量：一是道德的力量，以诚信为核心；二是行政的力量，以监管为主导；三是法律的力量，以惩治为重点。由于市场监管和法律惩罚力度较小，违约者才敢于向守约者挑战，向法律挑战，市场规则被严重践踏，这也是合同法律风险产生的重要原因。

七、合同法律风险引发的责任

合同法律风险引发的责任，主要是民事责任、行政责任、刑事责任。

（一）民事责任

因合同引起的民事责任，主要有以下几种形式。

1. 违约责任

是指合同当事人违反合同约定或法律规定而应承担的责任。违约责任带有惩罚性和补偿性，惩罚是指对不履行合同或履行合同失约的行为予以制裁，让失约者额外付出一定的代价，通过审判或者仲裁实现。补偿是指给对方造成损失时应当予以补偿。根据《民法典》的规定，当事人一方不履行合同义务或者履行合同义务不符合约定的，应当承担违约责任，违约责任包括继续履行、采取补救措施或者赔偿损失，也包括修理、重作、更换、退货、减少价款或者报酬，同时还可适用定金规则。

2. 赔偿责任

赔偿责任是指合同当事人由于违约给对方造成损失而应承担的赔付责任，是民事责任最重要的承担形式，只要造成损失，就应当赔偿。而违约责任则不然，有违约行为的发生，就应承担责任。赔偿责任主要依据违约人给对方造成损失的大小来确定，是合同责任中最核心的内容。《民法典》在《民法总则》（已失效）、《中华人民共和国合同法》（已失效，以下简称《合同法》）的基础上沿用赔偿责任，遵循民事责任的一贯规定，而且越来越细化，越来越便于确认合同责任。

3. 缔约过失责任

缔约过失责任是指合同主体在合同缔约时存在过错而导致对方损失时应承担的赔偿责任，但这种责任的承担，以缔约过失为前提。《民法典》第500条规定，当事人假借订立合同恶意进行磋商或者故意隐瞒与订立合同有关的重要事实或者提供虚假情况，给对方造成损失的，应承担赔偿责任。该条规定的赔偿责任是订立合同过程中存在过错应承担的责任，与合同履行阶段存在过错应承担的赔偿责任有所不同。合同民事责任贯穿于合同的全过程，任何阶段都不可以出现过失。

4. 其他责任

这主要是指违反保密、通知、协助等义务时应承担的民事责任。即便是合同履行之后，也不免除上述义务，造成损失也应当赔偿。

综上可见，合同民事法律责任表现形式不同，但紧密相连，归根到底是赔偿责任。

（二）行政责任

行政责任是指合同当事人因为违反行政法律、法规的规定而应承担的法律责任。根据《民法典合同编通则解释》第 16 条，合同违反法律、行政法规的强制性规定，由行为人承担行政责任。例如，《中华人民共和国招标投标法》（以下简称《招标投标法》）第 59 条规定，招标人与中标人不按照招标文件和中标人的投标文件订立合同的，可以处中标项目金额 5‰ 以上 10‰ 以下的罚款。罚款即属于行政处罚，是当事人承担合同行政责任的一种方式。

依照法律、行政法规的规定，有的合同生效应当经过批准程序，合同的变更、转让、解除等也应当经过批准程序。如果合同当事人违反法律、行政法规的规定，由行政机关予以处罚。处罚包括警告、通报批评、罚款、没收违法所得、没收非法财物、暂扣许可证件、降低资质等级、吊销许可证件、限制开展生产经营活动、责令停产停业、责令关闭、限制从业等。就绝大多数合同而言，合同属于当事人意思自治的范畴，实行契约自由原则。但有的合同并不属于契约自由范畴，程序上必须经过批准，属于国家强制管控范围。如果所签订的合同需履行批准程序，当事人未办理批准的，由行政法律、法规调整，可以追究当事人的行政责任。合同当事人为了避免合同行政责任，合同的签订、审批、履行都应符合法律、行政法规的要求。

（三）刑事责任

根据《中华人民共和国刑法》（以下简称《刑法》）的规定，国有公司、企业、事业单位直接负责的主管人员，在签订、履行合同过程中，因严重不负责任被诈骗，致使国家利益遭受重大损失的，应承担刑事责任，即构成签订、履行合同失职被骗罪。刑法设立此罪名，就是要对签订、履行合同失职被骗行为严加管制，以刑事责任为惩罚手段。除此之外，刑法还规定了合同诈骗罪。合同诈骗罪是以签订、履行合同为诱饵，虚构事实，骗取合同当事人钱财的行为。合同诈骗罪完全是针对合同领域里的诈骗行为规定的罪名，目的是对此种诈骗行为予以惩戒，减少因合同犯罪的几率。与合同有关的其他罪名有贷款诈骗罪、骗取贷款罪和保险诈骗罪。贷款诈骗罪是指以非法占有为目的，使用欺骗方法，骗取银行或者其他金融机构的贷款，数额较大的行为。而骗取贷款罪是指以欺骗手段取得银行或者其他金融机构贷款，给银行或者其他金融机构造成重大损失的行为。两个罪名非常接近且容易混淆，但在主观意图、情节和手段等方面都有差别。诈骗的情节更为严重，最高承担无期徒刑的刑事责任，而骗取的情节略轻，最高可承担有期徒刑七年的刑事责任。保险诈骗罪是指当事人通过签订保险合同，采取虚构保险标的、保险事故等手段，骗取保险金数额较大的行为。签订、履行合同失职被骗罪、合同诈骗罪、贷款诈骗罪、骗取贷款罪和保险诈骗罪都通过合同来实施，上述罪名规定的刑事责任是合同责任中最严厉的责任。

从合同责任总量看，民事责任最多、最广泛，而刑事责任和行政责任相对少些。从合同责任后果看，刑事责任最严厉，民事责任最繁重，而行政责任较轻，但也可以吊销营业执照，以达到监督和规范市场的目的。当事人只要在实施合同中存在不当行为，就会引起一系列的法律后果。因此，降低合同风险，必须规范合同行为。

八、合同法律风险管理程序

合同法律风险管理有序可言，程序的排列组合体现了合同管理的一般规律，合同风险管理应予遵循，其顺序为：法律风险识别、法律风险分析、法律风险评估、法律风险处置。上述四步共同构成了合同法律风险管理基本体系。

（一）法律风险识别

合同法律风险管理中，识别法律风险是第一步。没有识别，就不能对法律风险作出分析和评估，也不会有相应的对策产生。法律风险识别是指依据法律、法规的规定，对可能存在的合同责任隐患进行认知、预测。认知、预测依靠法律、法规和经验，只有对法律充分了解和掌握，才能识别风险和判断风险的大小，而经验对认知、预测合同风险有很大影响。合同法律风险种类很多，表现又极其复杂，有的一目了然，有的扑朔迷离。风险识别一般应由企业的法务部门完成，如果企业的法务部门无法完成，也可由外部法律专业人士提供咨询意见。但在风险识别上，仁者见仁，智者见智。

（二）法律风险分析

合同法律风险管理中，法律风险分析是第二步，即指依据法律规定对已经发生的法律事实进行分析判断，从而得出基本结论。分析的结果来源于事实本身。事实清楚，可以为分析打好基础；事实不清，分析也无法得出正确的结论。法律分析是一个寻找法律规定的过程，也是比较判断的过程，可以运用比较法，也可以运用综合法。法律风险分析只是一种判断，分析得出的结论不一定会变成现实，但分析可以为企业决策提供依据。在很多情况下，基于专业人士的分析，基本结论是可靠的，因为就同一事实、同一法律关系，多数专业人士的判断趋于相同。法律风险分析是一项专业性很强的工作，企业只有具备法律素养较高的人，才能独立完成法律风险分析。企业在法律风险分析遇到困难时，应该请外部法律人士共同分析，以求结论的可靠性。

（三）法律风险评估

法律风险评估是指对已经发生的法律事实作出的预测性估计，这种估计建立在良好的认知水平和合理的法律分析之上。法律风险评估属于企业法务部门的重要工作，也是管理的任务之一。如果法律事实比较复杂，那么法律风险评估的难度会较高。法律风险评估须将评估结果报告给企业领导者，由领导者根据评估结果作出决定。法律风险评估是企业法律风险管理的重要环节，也是企业决策的依据。如果法律风险评估失当，会直接导致企业的决策失误，从而造成损失。例如，在内蒙古发生的一起企业破产案件中，某公司与破产企业投资设立目标公司，双方共同给自然资源局土地收储中心转汇土地补偿费8000万元，其中某公司占2800万元，但目标公司并未成立，导致8000万元土地补偿款存放于第三方自然资源局土地中心账户。关于某公司主张权利的方式，第一种意见，破产管理人要求某公司申报债权，某公司的法务主任认为不应申报，而应另行主张权利。第二种意见，某律师主张行使破产取回权。第三种意见，北京某法院退休的法官主张要求土地收储中心返还投资款2800万元。第四种意见，某律师主张8000万元债权为合伙人共有。第五种意见，主张债权按份共有，其中2800万元为某公司所有。这些专业人士提出的意见，差别很大，关系到企业重大利益，公司法务和老板也难以拍板决策。一般情况下经验丰富、理论功底扎实的专业人员给出的意见基本方向比较准确。法律风险识别，就在于分析是否准确无误，如果给出的代理方案有误，该公司就会损失2800万元。该案经反复斟酌，提出8000万元为共同共有的诉讼请求，最终法院依据最高人民法院关于合伙设立企业未成，其财产归合伙人所有的指导性意见，判决确认了原告某公司的请求。

（四）法律风险处置

法律风险处置是指企业在法律风险评估的基础上作出解决法律问题的应对

策略和方案。法律风险应对方案众多，妥协让步是一种方案，激烈对抗也是一种方案，请主管机关或有关部门协调又是一种方案。具体采取哪种应对方案，完全根据实际情况灵活决定。法律风险应对策略性极强，应对不好就会导致全盘皆输。法律风险应对既是一种决策，也是一种战略，战略的产生和安排来源于专业人士或专业团队的意见或建议，茫然应对不会有好的结果。战略的安排不但要看到第一步，还要看到下一步，从全局出发，作出整体安排，确保全局没有失误。法律风险应对是企业法律风险管理的重要环节，也是关键步骤。有了识别、分析、评估，还得有好的处置方法。只有采取正确的应对策略和方法，企业才能在合同风险管理中处于主动地位。

尽管合同法律风险存在于合同签订和履行整个过程之中，具有艰巨性、复杂性，但通过合同风险管理程序，合同风险是完全可以得到有效控制的。如果企业没有合同风险管理程序，合同管理必然处于无序状态，风险也会相伴而生。

九、控制合同法律风险方法研究的意义

（一）应对合同风险

合同法律风险大量、普遍地存在，很多企业非常关注并推进关于防范的研究，通过对合同法律风险成因、来源、分布的研究，改进合同风险环境。《民法典》列出十九种典型合同，实际常用的有八十多种，笔者了解到有律师总结出三百四十余种合同，并对每一种合同的出现、存在、风险表现进行研究。除此之外，也有一些电子软件开发企业以更丰富、更实用的产品将研究成果推广给用户。研究控制合同法律风险的方法、措施已引起人们广泛的关注，行之有效的方法为建立有效的合同风险管理体系提供了坚实的保障。

（二）服务实践

理论的研究是为实践服务的。合同法律风险控制方法研究，从实践中来，再到实践中去，研究的目的在于应用。正确的、科学的研究方法能够改善合同风险管理状态，提高合同法律风险管理水平，从根本上改善合同内部和外部环境。

（三）助力企业成长

企业可以结合实际研究探索出适用于自身的合同法律风险控制方法，也可以借鉴吸收其他企业的优秀成果。谁研究的方法多、起步快，谁就会先受益。谁学习得好、吸收得快，也同样会得到好的效果。许多大中型国家投资企业在合同风险管控制度建设上处于领先地位，制度完善、操作规范，值得借鉴和学习。

下 篇

合同法律风险控制

一、第一道防线：控制合同主体风险

我国市场主体多元化，形式多样化，有国家出资设立的企业，也有合伙企业，还有一人公司。合同签订和履行依靠主体来完成，主体有风险，合同必然有风险。因此，控制合同主体风险，是抵御合同法律风险的第一道防线，主体风险控制得好，合同风险就会大量减少。因此，控制合同主体风险，就要在签订合同时将一些存在重大法律缺陷的主体予以排除，严把入口，使其不能成为合同相对人。签订合同应排除的主体有十七种，谨慎合作的主体有四种，每一种都需谨慎对待。

（一）应排除的合同主体

1. 不与尚未登记注册的企业签订合同

尚未登记注册的企业是指设立中的企业。企业设立需登记注册，设立中的企业还没有办理登记注册，没有获得企业法人营业执照。企业法人营业执照是企业的法定标志，营业执照签发日期为企业的成立日期，成立后方能获得企业法人资格，享有民事权利，承担民事义务。尚未登记注册的企业，还没有独立的法律人格和独立财产，不具备市场主体资格，不能成为合同当事人。尚未登记注册的企业在法律上存在以下缺陷。

（1）没有自己的名称

设立中的企业还没有自己的名称。受法律保护的企业名称应该是依法核准登记注册的名称，《企业名称登记管理规定》和《企业名称登记管理规定实施办法》都对企业名称作了规范性规定。签订合同要选择有名称的主体。

（2）没有独立财产或经费

企业的财产在开办时由开办人投入或者在以后的生产经营中逐步形成，拟设立的企业没有独立的财产或经费，不具有履行合同的经济能力。

（3）法律主体不存在

主体是合同的基本要素之一，设立中的企业不具备《民法典》规定的法人条件。《民法典》第57条规定，法人是具有民事权利能力和民事行为能力，依法独立享有民事权利和承担民事义务的组织。《民法典》第58条第2款又规定，法人应当有自己的名称、组织机构、住所、财产或者经费。尚未登记注册的企业还不具备上述法定条件，不属于民事法律主体。因此，不应与尚未登记注册的企业签订合同，这是控制合同主体法律风险的首要选择。签订合同前，当事人应对相对人的企业名称、住所、注册资本等主要登记事项进行查询，如发现未登记注册则不予签订合同。

2. 不与没有经营资质的企业签订合同

经营资质是指企业从政府主管机关取得的从事某种行业或实施某个项目的资格。在取得这种资格之前或丧失之后从事生产经营的，则涉嫌违法。例如，企业从事消防器材生产，必须在消防机关办理批准许可手续，未经批准，企业不得从事消防器材生产活动。在我国，有许多行业生产经营必须取得政府主管机关的批准，这是从事该项经营的法定前提条件。印刷、图书期刊出版、货运代理、农药生产经营、种子生产经营、部分化肥生产、金融证券、房地产开发、工程设计、施工建设、保险、有毒化学品生产经营、矿产资源开采、煤炭生产经营、食盐生产批发、医疗器械经营、典当经营、电子音像制品出版、网络媒体等行业都必须获得批准。企业经过批准获取经营资质，被授予资质证书或许可证，证件从批准之日起生效。特殊行业登记前必须取得主管机关行政审批手续，集中在商业银行、信托、保险与证券等行业。

许多合同的签订涉及国家许可经营，需要提供经营资质证明才可以签订。如果合同相对人不具备许可经营资质，合同效力会受到影响，也很可能会受到行政处罚。《民法典》第153条第1款规定，违反法律、行政法规的强制性规定的民事法律行为无效。但是，该强制性规定不导致该民事法律行为无效的除外。根据此款规定，在一般情况下违反法律、行政法规的强制性规定的民事法律行为无效，例外属于特别情形。因此，当事人签订国家许可经营项目合同，必须具备经营资质。不具备经营资质的，不能与其签订合同。

3. 不与歇业的企业签订合同

歇业的企业是指在生产经营中，出于某种原因暂时停止生产经营活动而保留企业法人资格的企业。歇业由企业自主选择和决定，一旦情况好转，可以申请恢复营业，恢复营业也要办理登记。企业歇业可能由缺乏资金或者产品没有销售渠道或者投资失败等多种原因引起。依据《中华人民共和国市场主体登记管理条例》，企业歇业需要办理歇业登记，歇业期间停止经营活动，如果歇业期间开展经营活动的，视为恢复营业。企业歇业期限最长不得超过三年，歇业结束后企业可以申请恢复经营，也可以直接申请注销。歇业的企业存在以下瑕疵。

第一，企业经营处于停滞状态，无力进行生产经营活动。

第二，歇业企业一般处于最困难时期，很难正常履行合同。

第三，企业歇业后，可能会进入注销程序，作为合同主体随时可能消失。

从法律意义上讲，歇业企业作为民事主体尚存，但能力已经受到极大削弱，与其签订合同必然风险很高。值得注意的是，歇业的企业尚未上缴公章，企业的银行账户、营业执照也还存在，外在表现使之仍然可以冒充正常企业签订合同，这会给合同相对人带来难以预料的风险。因此，为了合同的安全，要主动识别企业是否歇业，可以通过国家企业信用信息公示系统了解企业状态，如确属歇业，断然不与其签订合同。

4. 不与实力差的企业签订合同

企业的规模有大有小，技术有强有弱，规模不同，资金不同，实力也不相同。实力强的企业与实力差的企业在履行合同能力上差别巨大。在签订合同时，挑选有实力的企业作为合同伙伴，合同安全性会较高。反之，合同安全性会较低。实力差的企业无论从技术，还是从资金、产品等方面都可能缺乏履行能力。在签订合同过程中，经常会遇到实力差的企业，这些企业签订合同后，不能很好地履行合同义务，容易出现问题。例如，上海某设计单位在一项娱乐项目改造中中标，承担项目改造设计工作，从概念设计到初步设计，再到施工设计，都达不到发包人的要求，几经反复也不能交付设计成果。造成这种结果，设计单位经验不足和缺少尖端设计人员是很重要的原因。设计单位在最初投标时就不具备设计能力和水平，虽然中了标，但由于实力不够，不能如期完成设计任务，耽误了项目改造的工程进度，拖延了项目开工时间，造成大批游客不能游览体验新项目，其损失难以估量。

履行合同需要以技术、设备、人员、经验、资金为坚实后盾，有些项目并非企业有经营资质就能承担，还需要很强的实力支撑，特别是技术、装备、专业人员等，这些都直接关系到合同履行的完好程度。重大建设工程项目对此要求更为严格。如果一个没有实力的公司进行地铁项目施工，将很难达到项目要求，甚至出现安全隐患。因此，在签订任何一份合同前，都应考察对方是否具有相应的履行能力，是否具有匹配的技术、装备、专业人员、经验、资金等优势条件，如果实力较差，则不能与之签订合同，以杜绝隐患的发生。

5. 不与信誉差的企业签订合同

信誉差的企业是指在签订和履行合同过程中没有信誉或信誉较低的企业。信誉差与实力差往往相伴而生，凡实力差的，信誉也可能不好。在当前市场条件下，信誉差的企业并不少见，它们的存在给合同带来了较高的风险。而大中型国家投资企业或股份有限公司信誉相对比较好，履行合同基本平稳可靠。在签订合同选择主体时，尽可能选择信誉有保障的，规避信誉较差的。信誉差的企业在签订和履行合同过程中存在以下瑕疵。

第一，合同签订后不能全面履行，总是存在一些问题，给合同相对人带来不利的影响；

第二，合同出现问题后，不积极妥善处理或弥补，而是找各种理由推脱，令守约方蒙受损失；

第三，无论有无资金都拖欠债务，甚至怕承担责任而转移财产，资金收支不及时入账；

第四，履行合同反复违约，纠正困难，顽劣性较强；

第五，缺乏履行合同的实力，心有余而力不足；

第六，无视商誉，不惧讼争，走投无路就把企业解散，或者留下空壳企业对付债权人。

信誉差的企业是市场的一大祸患，为合同交易秩序所难容。它们有的因为资金不足造成信誉评价不好，有的是因为不具备技术实力而导致履约不能。但最重要的是企业的经营理念出现偏差，置信誉于不顾。辨别信誉差的企业，主要是看产品、看客户评价，在签订合同过程中对这类企业应谨慎提防。信誉差的企业与实力差的企业一脉相承，实力差信誉必然受损，二者都属于应该尽力避开的合同相对人。

6. 不与失联的企业签订合同

我国市场庞大纷杂，各种大小企业在市场中求生存，形态各异，个别企业骗取钱财后常常下落不明，故意与合同相对人失去联系。失联的企业主要表现为在签订合同后，并不准备实际履行，骗取一点好处后便东躲西藏，唯恐合同相对方找到自己，有的长时间关闭电话，有的离开本地。守约方为履行合同费尽苦心寻找对方，最后找不到时也只得放弃。与失联的企业签订合同的危害如下。

第一，合同签订后找不到相对人，失联一方放弃合同履行。

第二，守约的一方损失较大，为让对方履行合同苦苦追寻，却无结果。

第三，留下"后遗症"多，处理时间长。

【案例】

广州市某燃气炉具公司，在广州市郊区设立了小工厂，专门生产燃气节能炉具。该公司为了开拓北京市场，结识了北京的王经理，王经理经过对产品的考察，认为该产品在北京一定会有较大销量，决定向对方购买一千台燃气节能炉具。销售三百台后，要求退货的客户日益增多，主要是产品质量存在问题。王经理与广州市某燃气炉具公司联系退货事宜，广州市某燃气炉具公司答应协商。当王经理派人到广州时，广州市某燃气炉具公司认为产品质量没问题，炉具不好用是用户操作问题，拒绝退货。协商中，广州市某燃气炉具公司拒绝第二次见面并失联。后来得知，该公司没有办公场所，生产场地也是在郊区临时租用的，公司为夫妻开办。为了躲避王经理，二人早已跑到佛山去了。王经理先后去了四次广州，找寻未果，只好认赔上百万元。

与失联的企业签订合同，会给合同履行带来很大的风险。针对这种情况，企业在签订合同时，一定要先了解对方的存续情况，具体包括对方是否正常登记、是否正常经营、是否有固定场所、是否信誉良好。如果对方主体存在问题，可能会日后失联，便最好不与其签订合同。

7. 不与将被宣告破产的企业签订合同

被宣告破产的企业是指企业资产不足以清偿到期债务，通过法院宣告破产，从而退出市场的企业。我国自建立企业破产制度以来，大多数都是企业自己申请破产，也有许多是债权人申请破产。法院受理破产案件后，企业进入破产程序。此时与将要破产的企业签订合同在法律上存在以下障碍。

第一，企业破产立案后，由人民法院进行破产公告，企业停止生产经营活动，等待破产清算。

第二，破产企业由人民法院指定管理人，各种大小债权人需向管理人申报债权，进行债权登记。管理人除了登记外，还需向企业的债务人清收欠款，清收回的欠款列入破产财产。

第三，企业破产时，已签订的合同是否履行，由破产管理人根据需要决定，可以继续履行合同，也可以解除合同。即便解除合同，破产企业也不属于违约，无需承担违约责任，这是法律赋予破产企业的免责权。破产企业合同相对人始终处于被动地位。

有鉴于此，与破产企业签订合同的风险很高。无论是哪类合同，也无论破产进度如何，破产企业都很难再继续履行合同。就买卖合同来说，如果破产企业是买方，会出现支付困难、不能按期如数付款的问题；如果是卖方，由于资金链断裂，很可能出现原材料采购困难、材料供应不足，进而造成不能正常生产，从而影响供货的问题。在这种情况下，如果买方把资金支付给破产企业就会出现风险，很可能得不到货物，货款也收不回来。企业一旦进入破产程序，通常偿债率很低，许多只能登记债权。按照《中华人民共和国企业破产法》（以下简称《企业破产法》）的规定，破产企业应在法院的指导监督下开展相应工作，清算组的职责不是组织企业生产经营，而是进行清算，制订债权分配方案、召开债权人大会，企业被法院裁定破产后，其民事主体地位消亡。因此，在签订合同时应将破产企业排除在外。

【相关规定】

《中华人民共和国企业破产法》

第二条 企业法人不能清偿到期债务，并且资产不足以清偿全部债务或者明显缺乏清偿能力的，依照本法规定清理债务。

……

第十八条 人民法院受理破产申请后，管理人对破产申请受理前成立而债务人和对方当事人均未履行完毕的合同有权决定解除或者继续履行，并通知对方当事人。管理人自破产申请受理之日起二个月内未通知对方当事人，或者自收到对方当事人催告之日起三十日内未答复的，视为解除合同。

管理人决定继续履行合同的，对方当事人应当履行；但是，对方当事人有权要求管理人提供担保。管理人不提供担保的，视为解除合同。

8. 不与被吊销营业执照的企业签订合同

企业长期停止经营活动，市场监督管理机关可以吊销其企业法人营业执照。企业被吊销营业执照后，具有以下法律瑕疵。

第一，企业法人主体资格仍存在，但不能再从事生产经营活动。

第二，将要面临注销程序。

第三，被吊销营业执照的企业可以清理债权债务，但这仅仅是对既有合同关系的清理。

第四，被吊销营业执照的企业，可以以原告或被告身份出庭。但这只是允许起诉或应诉，而非允许进行经营活动。

个别企业在被吊销营业执照后，拒不上缴公章和营业执照，利用公章继续从事经营活动，这会给合同相对方带来很大危害。

第一，无力再支付合同价款或履行合同其他义务，使合同处于危险状态。

第二，企业即将走向消亡，合同履行随时都有中断的可能。

第三，即便有的企业要求举行听证或者提出行政复议，绝大多数也不能恢复正常经营。

识别企业是否被吊销企业法人营业执照，仅仅要求对方提供企业法人营业执照还不够，不讲诚信的企业会把应上缴的营业执照原件或复印件提供给合同相对人，隐瞒事实。为了确保合同相对方不存在法律重大瑕疵，合同当事人应该主动查询。可以到市场监督管理部门查询，也可以委托律师查询，更便捷的是在国家企业信用信息公示系统查询。通常情况下，市场监督管理部门都会在一定时期内公布被吊销营业执照企业的名单，如果拟签合同的相对方在国家企业信用信息公示系统公布的吊销名单之内，最好不要与之签订合同。

9. 不与被申请撤销的企业签订合同

被申请撤销的企业是指企业投资人向市场主体登记管理机关申请撤销其所开办的企业。申请撤销可以由经营不善、资金周转困难等多种原因引起，该企业已不宜继续经营，投资人决定令其退出市场。投资人申请撤销后，登记机关予以注销，民事主体归于消灭，企业丧失签订合同的法定资格。

申请撤销与撤销登记有所不同。申请撤销是由投资人自主提出申请，登记机关根据申请办理注销手续。而撤销登记可以由利害关系人申请，也可以由登记机关依照法律、行政法规的规定进行。撤销的起因不同，但都会引起企业法人主体消亡的后果。

10. 不与被注销的企业签订合同

注销是相对注册登记而言的，企业开办时实行注册登记，消亡时应进行注销登记，这是企业法人从生到死的流程。企业被注销可以因开办人申请而被注销，也可以因解散、破产、责令关闭而被注销。从法律意义上讲，被注销的企业不再具有法律主体资格，不再享有民事权利和承担民事义务。被注销的企业类似于因死亡被注销户口的自然人。被注销的企业丧失了一切法律证件和手续，所以应停止一切生产经营活动，也不再具备签订和履行合同的资格和能力。企业注销分为申请注销和强制注销。强制注销是市场监督管理部门依法行使职权的内容之一，《中华人民共和国行政许可法》第70条为此提供了法律依据，主要是方便市场监管部门清理市场上大量存在的僵尸企业，有利于市场主体规范化管理。

实践中，识别企业是否已经被注销非常重要。一般情况下，在签订合同时，可以要求对方提供企业法人有效证照，如果对方不能提供，很可能该企业存续状态存在问题，应引起足够的注意。

值得注意的是，企业被注销与被吊销营业执照有着很大区别。

第一，被注销的企业主体已经不存在，而被吊销营业执照的企业主体还存在，主体状态不同。

第二，被注销不能再恢复，而被吊销营业执照的企业可以申请复议，有恢复的可能。

第三，注销程序依开办人申请启动，而吊销营业执照的程序是市场监督管理部门依职权启动的。

第四，被吊销营业执照的企业，吊销期间可以处理债权债务，而被注销的企业一切活动全部停止。

无论企业是被吊销还是被注销，都不是应选择的主体。

11. 不与被责令关闭的企业签订合同

责令关闭是指企业违反了法律、法规的规定，被政府主管部门责令停止生产经营并关闭的行政处罚措施。通常企业之所以被采取如此行政措施，是因为违反了法律、法规的规定，实施了危害社会公共利益的行为或存在违反安全生产规定的情形。如果不采取责令关闭的措施，企业实施的行为可能会给社会造成越来越大的危害。例如，企业违反环境保护法，造成环境严重污染，政府主管部门有权责令关闭。企业生产造成重大责任事故时，继续生产会引发新的事故，也可以责令关闭。

企业被责令关闭期间停止了生产经营活动，合同签订和履行都会受到重大影响。企业关闭后恢复生产经营的时间难以预料，也可能长期关闭后予以注销。因此，与被责令关闭的企业签订合同无疑会给合同履行带来难以预料的后果，将被责令关闭的企业列为应排除的合同主体在情理之中。

12. 不与被解散的企业签订合同

被解散的企业，是指出于某种原因不适合在市场存续而被解散的企业，这是企业消亡方式之一。企业解散分为自行解散和强制解散。《公司法》第229

条规定，公司因下列原因解散：第一，公司章程规定的营业期限届满或者公司章程规定的其他解散事由出现；第二，股东会议决议解散；第三，因公司合并或者分立需要解散；第四，依法被吊销营业执照、责令关闭或者被撤销；第五，人民法院依照《公司法》第231条的规定予以解散。《公司法》第218条第2款规定，一个公司吸收其他公司为吸收合并，被吸收的公司解散。两个以上公司合并设立一个新的公司为新设合并，合并各方解散。

强制解散是人民法院根据当事人申请作出裁定解散。《公司法》第231条规定，公司经营管理发生严重困难，继续存续会使股东利益受到重大损失，通过其他途径不能解决的，持有公司10%以上表决权的股东，可以请求人民法院解散公司。

无论企业自行解散还是强制解散，企业的民事主体资格都将面临消亡，不再具有民事权利能力和行为能力，所以不宜与其签订合同。但对拟进行合并的企业可以考虑延后签订合同的时间。企业兼并、破产、撤销、吊销执照、注销、解散出登记机关发布公告，可以通过国家企业信用信息公示系统查询得知，这为合同签订选择合格的主体提供了有效帮助。

13. 不与虚假市场主体签订合同

虚假市场主体是指通过提交虚假材料或者采用欺骗手段隐瞒重要事实取得登记的企业主体。公司、非公司企业法人及其分支机构、个人独资企业、合伙企业及其分支机构、个体工商户、外国公司分支机构等都有可能是虚假市场主体。虚假市场主体与未登记注册的企业不同，它们已经获得了登记，但是通过造假或者欺骗手段取得登记，本身并不符合登记的条件，原本就不应该予以登记。与虚假市场主体从事经营活动，受影响的自然人、法人和其他组织可以请求登记机关撤销登记，该机关应当依照规定撤销登记。《公司法》第39条规定，虚报注册资本、提交虚假材料或者采取其他欺诈手段隐瞒重要事实取得公司设立登记的，公司登记机关应当依照法律、行政法规的规定予以撤销。《公司法》第250条规定对提交虚假材料或者采取其他欺诈手段隐瞒重要事实取得公司登记情节严重的，吊销营业执照。从上述两条规定看，虚假市场主体一旦被发现，有被撤销或者吊销营业执照的风险，不宜与其签订合同。

14. 不与无授权或超越代理权的主体签订合同

签订合同属于民事法律行为，可以由企业的法定代表人签订，也可以由被授权的代理人签订。授权以委托书形式呈现，应载明代理人的姓名或者名称、代理事项、权限和期限，并由被代理人签名或者盖章，代理人应当在授权范围内签订合同。如果代理人没有获得授权，不能代表合同主体签订合同。即便是获得了授权，代理人也不得超越授权范围签订合同。例如，单位授权某人签订房屋租赁合同，该人不可以签订房屋买卖合同。没有代理权或超越代理权，未被代理人追认的，对被代理人不发生法律效力。《民法典合同编通则解释》第21条第2款规定，法人、非法人组织的工作人员在订立合同时超越其职权范围的情形有：第一，依法应当由法人、非法人组织的权力机构或者决策机构决议的事项，而未决议的；第二，依法应当由法人、非法人组织的执行机构决定的事项，而未决定的；第三，依法应当由法定代表人、负责人代表法人、非法人组织实施的事项，法定代表人、负责人、非法人组织未授权的；第四，不属于通常情形下依其职权可以处理的事项。

为了保证合同效力和安全，合同当事人不应当与无授权或超越代理权的主体签订合同。

【相关规定】

《中华人民共和国民法典》

第一百六十一条　民事主体可以通过代理人实施民事法律行为。

……

第一百六十二条　代理人在代理权限内，以被代理人名义实施的民事法律行为，对被代理人发生效力。

第一百七十一条　行为人没有代理权、超越代理权或者代理权终止后，仍然实施代理行为，未经被代理人追认的，对被代理人不发生效力。

……

15. 不与犯罪企业签订合同

犯罪企业是指违反刑法而被立案侦查或追究刑事责任的企业。有的企业在生产经营中，由于违反了我国刑事法律规定而被追究刑事责任。《刑法》除了追究自然人刑事责任，也追究企业刑事责任。《刑法》第30条规定，公司、企业、事业单位、机关、团体实施的危害社会的行为，法律规定为单位犯罪的，应当负刑事责任。刑法规定的单位犯罪罪名主要包括：生产、销售伪劣产品罪，生产、销售、提供假药（劣药）罪，妨害药品管理罪，生产、销售不符合安全标准的食品罪，生产、销售有毒、有害食品罪，生产、销售不符合标准的医用器材罪，生产、销售不符合安全标准的产品罪，生产、销售伪劣农药、兽药、化肥、种子罪，生产、销售不符合卫生标准的化妆品罪，走私淫秽物品罪，走私废物罪，走私普通货物、物品罪，虚报注册资本罪，虚假出资、抽逃出资罪，欺诈发行证券罪，违规披露、不披露重要信息罪，隐匿、故意销毁会计凭证、会计账簿、财务会计报告罪，对非国家工作人员行贿罪，对外国公职人员、国际公共组织官员行贿罪，背信损害上市公司利益罪，擅自设立金融机构罪，伪造、变造、转让金融机构经营许可证、批准文件罪，高利转贷罪，骗取贷款、票据承兑、金融票证罪，非法吸收公众存款罪，伪造、变造金融票证罪，伪造、变造股票、公司、企业债券罪，违法发放贷款罪，吸收客户资金不入账罪，违规出具金融票证罪，对违法票据承兑、付款、保证罪，逃汇罪，洗钱罪，集资诈骗罪，保险诈骗罪，票据诈骗罪，信用证诈骗罪，虚开增值税专用发票、用于骗取出口退税、抵扣税款发票罪，虚开发票罪，伪造、出售伪造的增值税专用发票罪，逃税罪，逃避追缴欠税罪，非法购买增值税专用发票、购买伪造的增值税专用发票罪，非法制造、出售非法制造的用于骗取出口退税、抵扣税款发票罪，假冒注册商标罪，销售假冒注册商标的商品罪，非法制造、销售非法制造的注册商标标识罪，假冒专利罪，侵犯著作权罪，销售侵权复制品罪，侵犯商业秘密罪，为境外窃取、刺探、收买、非法提供商业秘密罪，损害商业信誉、商品声誉罪，虚假广告罪，串通投标罪，合同诈骗罪，组织、领导传销活动罪，非法经营罪，强迫交易罪，伪造、倒卖伪造的有价证券罪，非法转让、倒卖土地使用权罪，提供虚假证明文件罪，逃避商检罪，侵犯公民个人信息罪，非法利用信息网络罪，帮助信息网络犯罪活动罪，虚假诉讼罪，掩饰、隐瞒犯罪所得、犯罪所得收益罪，拒不执行判决、裁定罪，非法采矿罪，破坏自然保护地罪，非法占用农用地罪，污染环境罪，单位受贿罪，单位行贿罪，私分国有资产罪等。根据《刑法》规定，还有其他涉及企业犯罪的罪名。企业涉嫌刑事犯罪时，侦查机关可能会扣押企业财产或财务凭证，查封、冻结企业银行账号、股票、有价证券等。这对合同签订、履行都会产生非同小可的影响。与涉嫌犯罪企业建立合同关系，一是容易受牵连，二是合同存在较大风险。例如，河北省某公司委托黑龙江省某公司非法印刷出版物，前者被公安机关侦查后，后者也被列为侦查对象，电脑和账本被公安机关扣押，法定代表人被多次传唤。与涉嫌犯罪企业签订合同，风险极高，必须避开此类企业，因此识别极为关键。

16. 不与骗子、无赖签订合同

尽管刑法打击合同犯罪行为，但合同骗子很难绝迹。合同骗子通过欺骗的手段签订合同，让相对人上当受骗。

（1）利用合同"钓鱼"

双方先正式签订合同，程序上看不出漏洞，取得对方的信任后，再骗取一大笔钱款或货物后逃之夭夭。

【案例】

河北某公司去新疆库尔勒购买棉花，河北某公司先与对方小额成交，一笔一结算，从不拖欠，博得对方的信任。一年后，河北某公司又派人去库尔勒购买棉花，由于双方已经打过交道，河北某公司付了60万元货款，得到80万元货物，不超一周便将余款打入库尔勒公司账户。连续进行三笔交易，库尔勒公司认为河北某公司比较可靠，生意可以常做。时隔三个月，河北某公司携带120万元货款再次来库尔勒购买棉花，库尔勒公司在信任的基础上提供了400万元的货物，河北某公司同意按400万元结算。货物运回后，河北某公司以低价销售，很快将货物销售一空，公司里的几个人分款后按不同的方向分别逃跑。库尔勒公司半年内多次与之联系却联系不上，派人到公司所在地才发现已经人去楼空，所有人员都下落不明，只能报警。

(2) 用空头支票骗人

用空头支票骗人是指买货时交给卖方的是不能兑现的支票，这是个别人经常玩弄的老把戏，几十年来，这种老把戏仍在上演，也仍有人不断上当受骗。

(3) 盗用公章骗走货物

许多骗子兜里揣着私刻的公章到处骗人，合同相对方不知道公章是假的，实际上骗子所说的单位一开始就不存在。

【案例】

长春的赵某到辽宁省鞍山市L公司签订汽车配件买卖合同，合同约定赵某购买价值168万元的货物，先付款30万元，余款回到长春后再付，L公司收款30万元并同意供货。赵某收到汽车配件后始终不予付款，L公司到赵某合同上所写的上级公司索要货款，上级公司告知L公司，本公司根本就没有赵某这个人，赵某所称的分公司根本不存在，赵某使用的公章是私刻盗用的。L公司发现上当后，将赵某所谓的上级公司告上了法庭。被告发现公章被伪造私刻，向本地公安机关报案，公安机关经过一年侦查，将赵某抓获，赵某承认签订合同所使用公章系其个人所刻，货物被其卖掉，所得赃款被其挥霍一空，赵某因诈骗罪被判刑八年，L公司损失了100余万元。

(4) 编造故事骗人

许多骗子在合同签订时采用编造故事的办法骗取对方的信任，故事说得天花乱坠，没有经验的人很容易上当。利用合同诈骗，是骗子玩弄的把戏之一，诈骗手段之高明，编造的故事之曲折，通常都不会引起对方怀疑。签订合同若想不上当，首先就要学会识别骗子，识别有一定困难，但只要注意，骗子总有露出马脚的时候。

【案例】

北京某医院的一位副院长结识了果某，果某称自己的叔叔也是医生，某局长妻子得了乳腺癌，想让副院长亲自给做手术，副院长很

> 快答应。几个月后，果某将某局长妻子带到北京请副院长做手术。经过半年的交往，副院长认为果某是个很不错的年轻人。果某知道副院长很忙，总想买一套房子又没时间，主动答应为副院长找房。很快他找到了一套新房，让副院长把60万元房款汇给他。副院长毫不犹豫地如数汇出。一周后，果某拿来购房合同让副院长签字，副院长完全信以为真。半年过去，果某并没有将房子交给副院长，而是称开发商携款逃跑了，要等一段时间看警方是否能破案。如果能破案，钱款可以要回来，否则不好说。一年后，果某又说，房款只追回40万元，让副院长再支付20万元。副院长认为果某追款不容易，一年多跑了很多趟公安局，又给他打款20万元。六个月后，果某拿来房屋钥匙给副院长看，并约副院长去看房，副院长和妻子非常高兴，到一个小区看了新房。看房之后，果某又劝副院长再买一个车位，副院长又给他23万元现金。不久，果某又拿来购买小区地下车位的合同，副院长像往常一样签了字。两年后，果某下落不明。副院长发现自己上了当并报案，警方在广州将其抓获。经过警方调查，果某从来没有为副院长买过房子和车位，合同也全是假的。

骗子总善于编造假话骗人，只要提高警惕，不轻易付款，就会减少被骗的可能。为了避免被骗，有必要推荐几种识别骗子的方法。

第一，第一次打交道时，应到对方公司考察，看办公场所和企业法人营业执照，如果办公场所混乱或仅有一间小屋，则为皮包公司的可能性极大。

第二，查明对方真实身份，不清楚来历则不与之合作。

第三，骗子的目的是骗钱，签合同时，有的迫不及待要求另一方付款。如果对方总是迫切要求付款，就要谨防上当。

第四，骗子善于编造谎话，用诱人动听的故事骗取信任，故事越动人，越有骗人的可能性。

第五，骗子善于虚晃一枪，分散当事人的注意力，当被骗人被成功吸引注意力时，骗子很可能逃之夭夭了。

第六，少交钱，让供方多供货，也很有可能是骗子。

骗子以合同为幌子进行欺骗或者诈骗屡屡成功，除了骗子善用骗术外，与合同当事人缺乏警惕有很大的关系，如果处处提防，总会识破一些骗子的阴谋。

合同领域骗子、无赖都是蛀虫，防合同骗子时，也要防合同无赖。无赖的破坏力不亚于骗子。

【案例】

某电影摄制组到农村拍摄电影，为了拍摄爆炸镜头，向当地农户租用一个即将倒塌的破房子，租金为2000元，双方签订合同后，摄制组支付2000元，该农户同意爆破。拍摄结束时农民看到房屋窗户被炸坏，要求摄制组把剩下的木料留给他，摄制组答应并离开。一年后，该农户到当地法院起诉，要求摄制组再给付租金3000元，理由是为了让摄制组拍摄爆炸镜头，他们夫妻二人搬到邻村居住一年，租金3000元，村委会出具了租房证明。摄制组认为不欠原告钱，没有出庭应诉，法院按缺席判决，判令该摄制组挂靠的电影制片厂再付3000元租房款。半年后法院执行本案，从电影制片厂账户划走人民币3万元。电影制片厂不服，向上一级人民法院提出申诉，认为2000元已是对损失的补偿，农户租房所花费的3000元与本案无关，同时认为就算农户租房，拍摄爆炸镜头只需一天时间，该农户没必要租用房屋一年。执行法院认为，判决支付3000元没有自觉履行，应再对电影制片厂罚款2.7万元。电影制片厂申诉尚未有结果，该农户又起诉，要求电影制片厂将房屋推倒重建，如不能重建，支付建房费18万元。荒诞离奇的诉讼，只因农户意欲利用诉讼敲诈勒索。该农户买的旧房只花800元，得了2000元，划走3万元，又要18万元，毫无底线。但是在许多情况下，无赖的行径没有得到法院的整肃，反而使他们变本加厉，让合同相对人叫苦不迭。

合同无赖很难识别，在签合同之时，看不出对方有无赖痕迹，甚至很谦虚和殷勤。防止合同无赖最有效的方法就是少与个人打交道。如果必须与个人打交道，在签订合同时应当列明所有条款，权利义务规定清晰，并且一定要加上限制条款，限制损失赔偿范围，防止狮子大张口。还可以在管辖条款中约定到己方所在地法院起诉或选择外地仲裁委员会作为仲裁机构，避开地方保护主义。还可以加重对方的违约成本，一旦违约，要承担责任。采用这些补救方法，或许能在一定程度上减少损失。

17. 不与无资格的主体签订担保合同

签订担保合同必须具备法定资格，无资格的主体不得签订担保合同。机关法人和以公益为目的的非营利法人、非法人组织不得为保证人，都不具有担保资格，所签订的保证合同无效。机关法人资金来源是财政拨款，如果允许提供担保，等于由国家承担保证责任，必须从法律上予以禁止。以公益为目的的非营利性学校、幼儿园、医疗机构、养老机构等，资金来源也依靠财政拨款，对外担保势必加重财政负担，同样不适合提供担保。排除这些单位主要是为了防止其因为承担保证责任而削弱了公益地位和作用，从而影响应担负的社会责任。但是，登记为营利法人的学校、幼儿园、医疗机构、养老机构等提供担保，依据《民法典担保解释》第6条规定，当事人以其不具备担保资格为由主张保证合同无效的，其理由不成立，需要承担担保责任。

实践中，有的地方以开发区管理委员会名义或财政局名义担保，甚至有的以市、县、区政府的名义担保，这在法律上不被认可。开发区管理委员会是政府的派出机构，财政局是政府的职能部门，都不得提供担保。《民法典》第682条规定，保证人签订保证合同有过错的，应承担民事责任。也即无论以政府名义签订保证合同，还是以管理委员会名义签订保证合同，如果存在过错，责任不可免除。

企业分支机构不是独立法人，没有独立的财产，也不具有担保资格。但经企业法人授权可以提供担保。小的企业分支机构可能只有几个人或十几人，财产也不过几万元或几十万元。而大的分支机构人员可达几百人甚至上千人，财产也可能多达几千万元甚至几十亿元。像这样庞大的企业分支机构履行担保合同从财产总量上说没问题，但也必须经过企业法人授权。因此，与企业分支机构签订担保合同，企业法人授权是前提。

【相关规定】

《中华人民共和国民法典》

第六百八十二条 ……

保证合同被确认无效后，债务人、保证人、债权人有过错的，应当根据其过错各自承担相应的民事责任。

第六百八十三条 机关法人不得为保证人，但是经国务院批准为使用外国政府或者国际经济组织贷款进行转贷的除外。

以公益为目的的非营利法人、非法人组织不得为保证人。

（二）谨慎选择的主体

18. 谨慎与经营异常的企业签订合同

经营异常的企业是指处于不正常经营状态的企业。按照市场监督管理部门的要求，企业应当履行市场主体义务，如果不履行市场主体义务或履行存在重大缺陷，可以视为经营异常。企业经营异常主要表现如下。

第一，未按规定报送年度报告；

第二，未按规定进行即时信息公示；

第三，公示信息时隐瞒真实情况或弄虚作假；

第四，企业失联，下落不明；

第五，未及时报税缴税；

第六，发生重大诉讼案件、被查封企业资产或者被冻结银行账户；

第七，被刑事立案调查，主要负责人被刑事拘留；

第八，资金出现严重困难；

第九，处于破产或者撤销状态或者被吊销营业执照等。

我国市场庞大，经营异常的企业随处可见。这些企业处于不稳定的经营状态，削弱了企业履行合同的能力，隐藏着较高的合同风险，在企业恢复正常经营之前，应当谨慎与其签订合同。

19. 谨慎与小公司、一人公司、自然人签订合同

小公司是对小型有限责任公司的口语化称谓。从规模上说，小公司规模小、人员少、资金薄。小公司成立后要经历很长时间才能发展起来，在发展过程中，往往变数很多，履行合同会出现许多困难，特别是资金困难。在资金不足的情况下，小公司可能无力支付货款或无力购买材料，有时全靠对方先垫付资金才能运转起来，如果对方不予垫付，自己就会陷入困境。许多小公司由于实力较弱，信誉难以保证，在履行合同时会出现许多意想不到的违约情形。有的背信弃义甚至公然耍赖，无论如何催促和提出要求都不履行合同义务。所以，与小公司合作千万不可粗心大意。

【案例】

内蒙古自治区呼伦贝尔市某小区要安装三十部电梯，包头某小公司得知后积极联系江苏某电梯生产厂家，厂家将电梯供货给包头某小公司，包头某小公司再供应给呼伦贝尔市某小区。包头某小公司需承担安装费60万元，该公司只有三个人，不想垫付安装费，一拖再拖，过了半年才给安装三部电梯，住户十分不满，经过多次交涉，该公司仍然无动于衷。呼伦贝尔市某小区作为买方不得不垫付60万元，才将电梯安装上。

一人公司是指只有一个股东的有限责任公司，可以是一个自然人，也可以是一个法人。一人公司是国外公司的组织形式之一，我国公司组织形式最初没有一人公司。2005年修订《公司法》后，将一人公司组织形式引入。2014年2月，国务院印发了《注册资本登记制度改革方案》，取消了对一人公司最低注册资本10万元的限制，继续推动一人公司的发展。2023年，新修订的《公司法》进一步放宽了一人公司的范围。一个自然人可以设立一个或多个一人公司。一人公司成立后，还可以再设立另外的一人公司。一人公司主体正在大量迅速增加，合同的总量会越来越多，但风险也在增加。

一人有限责任公司因投资主体的不同,可以分为三类。一是国家出资的一人有限责任公司,以国家授予其经营管理的财产承担民事责任;二是法人单位独资设立的一人有限责任公司,即由一家公司或者集团投资设立的一人有限责任公司;三是自然人独资的一人有限责任公司。上述三种一人有限责任公司,虽然称谓上相同,但在经营中,其实力相差巨大。一个自然人开办的一人有限责任公司,注册资本可仅为 10 万元。而国家出资设立的一人有限责任公司,注册资本可达几千万元甚至上亿元。因此,它们在市场上的运作能力和地位有天壤之别。国家出资设立的一人有限责任公司,由于资金雄厚或者居于较强的市场地位,其市场信誉更为可靠,履行能力更强。而自然人独资的一人有限责任公司则市场信誉不高,履行能力较弱,其中隐藏的合同风险也较高,与自然人一人有限责任公司签订合同需持谨慎态度。

有行为能力的自然人是民事主体之一,也可以正常签订合同。商品房买卖合同中,大量的买方都是自然人,是当之无愧的合同主体。房屋租赁合同中,大量的自然人也是合同的主体,可以是出租人,也可以是承租人。著作权、专利权转让合同中,许多自然人都可以成为适格的主体,签订和履行这些合同时,自然人的法律地位并不受排斥。但对于有些合同的签订和履行,自然人就显得力不从心,很难做到全面完整地履行。例如,影视拍摄合同中,有的制片人承诺为影片筹集资金 2000 万元,实际上融资 100 万元都非常困难,与投资方必然产生纠纷。又如民间借贷合同,借款数额较大时,无力偿还是非常普遍的现象。从各式各类合同主体来看,毫无疑问自然人是合同风险较高的主体之一。因此,在签订合同时应尽可能地避开自然人。

20. 谨慎与被兼并的企业签订合同

企业兼并(合并)是指一个企业购买其他企业的全部资产,使被兼并企业失去法人资格或改变其法人实体的一种行为。《公司法》规定,公司合并可以采取吸收合并或者新设合并。无论是吸收合并还是新设合并,都是将两个企业合并为一个企业,被兼并的企业不再保留原企业名称和企业法人地位。发生企业兼并的原因很多,有的是经营不善,有的是整合资源,也有的是为了做大做强。无论什么原因引起的,被兼并的企业已经丧失法人资格,不可能再签订和履行合同。

企业兼并是资产重组的一种交易方式，原企业的债务由实施兼并的企业承担，包括金钱债务和履行债务。如果与正在被兼并的企业签订合同，合同要么继续履行，要么中止或者解除，其前景难以预估，合同可能履行得更好，也可能履行得更差。

因此，应谨慎与被兼并的企业签订合同，防止产生不确定性。

21. 谨慎与企业分支机构、事业单位下属部门签订合同

企业分支机构是企业的派出机构，代表企业开展业务、开发市场，以使产品或服务延伸到各地及各个领域，最典型的分支机构就是分公司、办事处。企业分支机构虽然也进行登记注册，但不是独立的企业法人，不具有法人主体资格，也没有独立的财产，它按照企业的指令办理业务，一切后果由企业承担。

事业单位下属部门是指事业单位内设机构。例如，各大学设立的各种商学院、信息学院、工程学院、文法学院、体育学院、数学学院、哲学学院、材料学院等。医院下属的总务处、医务处、药房、科室、血液中心、康复中心、诊疗中心等。事业单位的内设机构不具有独立性，不具有民事法律主体资格。

企业分支机构和事业单位下属部门所占有的资产分别是企业的资产和事业单位的资产，它们有使用权，没有处分权。分支机构得到企业授权后，也可以签订合同，属于公司的业务组成部分。如果分支机构没有得到授权，其所签订的合同超越了主体能力。有的企业分支机构以自己名义签订合同，但其不具有独立的民事权利能力。有的以总公司的名义签订合同，实际上构成了表见代理。实践中，也有许多事业单位下属部门对外签订合同，例如，大学中的商学院、研究中心、信息学院等以本学院的名义对外签订房屋租赁合同、建筑工程装修合同、技术开发合同、购销合同、版权许可合同、股权转让合同等。这些事业单位下属部门本应通过该事业单位对外签订合同，但由于它们占有事业单位的资产，许多合同未经事业单位同意就直接签订了。在许多情况下，这些合同也能够按约履行，但许多合同无法独立完成，造成履行缺陷，增加了合同风险。因此，与这类主体签订合同应持谨慎态度。

【相关规定】

《中华人民共和国民法典》

第七十四条 ……

分支机构以自己的名义从事民事活动,产生的民事责任由法人承担;也可以先以该分支机构管理的财产承担,不足以承担的,由法人承担。

(三) 应合作的主体

22. 选择好的合同伙伴

合同的签订和履行,合作伙伴的选择至关重要。在合同签订之前,究竟应该选择谁作为合同关系的当事人,双方都有选择权。合同是契约自由的反映,自由首先就表现在选择合同对象的自主性方面。在货物买卖中,买方可以选择买甲的产品,也可以选择买乙的产品,选择合同伙伴是签好合同的第一关。关于好的合作伙伴,并没有统一的标准,但通常应该具备以下条件。

第一,依法成立的企业,具有相关行业的经营资质。

第二,企业依法合规管理,各项规章制度健全,企业没有不良记录,也不存在经营异常现象。

第三,信誉好,能严格按合同约定履行各项义务。信誉好的企业无疑是履行合同最安全的伙伴。

第四,实力强,履行合同有安全保证,包括资金实力雄厚,技术先进,设备优良,产品质量过硬。

第五,服务好,合同在履行中或履行后都能提供优质服务。例如,设备安装后的技术传授与培训。服务好就是在对方需要服务时,能很快满足对方的需要,不但时间快,而且服务态度好,能迅速解决相关问题。

信誉好、实力强、服务好,是好的合同伙伴的突出特点。选择好的合同伙伴，主要是为了提高合同安全率，减少合同纠纷，顺利实现履行合同的目标。选择合同伙伴的方法如下。

第一，对于没有打过交道的企业可以派人实地考察，考察对方的生产技术条件、产品质量和售后服务。如未经过考察或选择市场知名度不高的合同伙伴可能会隐藏风险。

第二，对长期客户而言，如果信誉较好，自然在首选之列。

第三，重视品牌知名度，我国市场经济经过四十多年的发展，有许多产品的质量为市场所公认，这些品牌产品经过艰难创业，在市场逐渐确立了自己的地位。各行业都有本行业的知名品牌，品牌是在市场环境中形成的客观评价，选择知名品牌作为合作伙伴无疑是最佳的选择。有些品牌虽然知名度不高，但是市场评价较好，这样的伙伴也值得考虑。合同的需求涉及方方面面，合同伙伴的选择空间又非常广泛。但在许多情况下，产品供应渠道狭窄，有时会出现"仅此一家"的情况，几乎没有选择余地。选择合同伙伴范围越广越好，选好合同伙伴，合同就成功了一半。合同伙伴选择不好，不但合同履行中会出现许多问题，而且有时甚至会抢夺公司股权，产生不可估量的损失。

【案例1】

西部某市嘉怡房地产公司通过招投标竞拍一块土地，准备开发建设住宅小区，缺少资金2.4亿元，于是向北京某公司借款。北京某公司借给嘉怡房地产公司2.4亿元，约定每年利息8000万元，嘉怡房地产公司将借来资金全部用到该工程上。后来嘉怡房地产公司还不上借款，也无力支付两年利息1.6亿元，本息合计欠北京某公司4亿元。北京某公司要求嘉怡房地产公司用股权偿还，嘉怡房地产公司无奈同意转让51%的股权给北京某公司。嘉怡房地产公司原法定代表人乔某母亲病重抢救时，乔某在医院陪护无法脱身，北京某公司夜里11点突然在嘉怡房地产公司召开股东会议，修改公司章程，更换公司董事长，由北京某公司人员担任董事长，罢免了乔某的董事长职务，并马上办理了工商变更登记。乔某从医院出来方知此事，她要求撤销股东会决议，北京某公司断然否决。于是乔某以股东名义起诉，请求确认股东会决议无效，结果败诉。乔某又起诉企业登记机关，要求确认变更登记无效，仍是败诉。乔某母亲再次病危时，北京某公司背着她将持有的嘉怡房地产公司51%的股权以7.2亿元转让给了北京另一家公司。乔某又起诉转让合同无效，结果仍然是败诉。乔某前后打了六场官司，场场败诉，几乎崩溃。

【案例2】

A公司与B公司联合开发某小区房地产，为了争夺公司的管理权，A公司举报B公司法定代表人崔某在获得土地时，向有关领导行贿70万元，经检察机关查证属实，批准逮捕了崔某，因崔某还有其他罪行被查出，被判处有期徒刑十一年。崔某入狱后，B公司"树倒猢狲散"，A公司彻底掌控了房地产开发项目。

为了利益，甚至有公司以武力威胁，组织几十人械斗，互相伤害，指挥者和参与者都逃脱不了法律的制裁。合同伙伴的选择是合同安全最关键的一步，伙伴选择错了，灾难就到来了。

二、第二道防线：控制合同签订风险

合同签订是把住合同法律风险的第二关，这一关把握得好，合同风险自然会减少，反之就会增多。把住合同签订关，首先从建立合同风险控制制度做起，规范合同签订流程，熟练掌握修改和审查合同基本技能，减少合同失误，为合同的履行创造前提条件，争取将合同法律风险降到最低。

（一）把住制度预防关

23. 建立合同管理规范

合同管理规范是企业制定并实行的关于合同管理的一系列规范性文件及制度的总称。合同管理规范是企业管理合同的制度性约束，使合同签订和履行按制度执行。因此，制度的制定既应当是迫切的，又应当是完美的。企业通过制定合同管理规范，提高合同管理水平，控制合同法律风险，预防合同纠纷。如果合同各方当事人都能建立合同管理规范，合同签订、履行就会提升到另一个层级。

企业管理千差万别，每个企业制定的合同管理规范也各不相同，各有各的特点。尽管各企业合同管理规范呈现出多样性，但许多科学的合理规范都被广泛地吸收和应用。大型国有企业需要实行合同审查制度，小型企业也会实行合同审查制度。大型国有企业实行合同履行跟踪制度，有的小型企业也关心合同履行跟踪制度。合同管理规范的共性，反映了企业的客观要求。

合同是企业对外交往的载体，是企业经济输出、输入的通道。一套良好的合同管理规范主要包括：合同签约对象合作制度、合同签批流程、合同文本使用制度、合同审查制度、合同公章使用制度、合同担保制度、合同履行监督制度、合同风险补救制度、后合同义务管理制度以及合同档案保管制度等。这些制度的建立和完善，共同构成了合同管理规范。

（1）合同签约对象合作制度

主要是指以制度的方式确立什么样的合同对象可以合作，什么样的不可以合作，对合作对象有一定的条件限制。例如，规定合作对象需要具备一定的经济实力、技术实力、产品质量、企业信誉等，从而把不合格的合同主体排除在合作对象之外。合同签约对象合作制度，实质是对合同主体资格的筛查和认定。如果企业制度规定有的主体不应该作为合作对象，那么在合同签订之前，这类主体就被淘汰了。在主体资格筛查上坚持零风险，这对控制合同法律风险至关重要。

（2）合同签批流程

企业无论大小，也无论行业差别，基本能坚持合同签批流程，履行内部工作程序。有的企业尽管走了流程，但出现的问题还是非常多，究其原因主要是合同签订之前欠缺尽职调查，合同签订和履行存在一定的盲区。

(3) 合同文本使用制度

不同的企业有不同的合同文本，企业应尽可能坚持使用自己的文本，但文本必须是优良的、规范的。如果自己的合同文本不成熟，不规范，合同相对方也不会认可使用。对己方已经成熟的合同文本，不要轻易放弃使用，使用对方的合同文本，许多条款还要重新审查和修改，工作量很大，除非对方的文本比自己的更优秀。

(4) 合同审查制度

是指企业无论使用自己起草的合同文本，还是使用对方提供的合同文本，或者使用双方共同选定的合同范本，都应对合同文本进行审查，不可以不审查就签订。审查制度既是签订过程的内部流程，也是合同管理的重要环节。

(5) 合同公章使用管理制度

是指企业规定在什么情况下可以使用合同公章，在什么情况下不可以使用，对合同公章使用实行审批制度。企业合同公章保管人对合同公章负有保管的责任。必须严格按照公章使用管理制度加盖合同公章，绝对不可以乱盖乱补。在任何情况下，都要严格限制将合同公章带到企业外部的行为。

(6) 合同担保制度

合同担保制度以制度的方式规定在什么情况下企业可以提供担保，在什么情况下不可以担保。用企业制度确定担保范围、担保方式，防止企业高管人员滥用职权对外提供担保，给企业带来灾难性风险。合同担保制度对企业来说特别重要，担保稍有不慎就会招来横祸，轻则企业承担保证责任，重则导致企业难以生存。如果以制度的方式规范担保行为，就减少了企业担保行为的发生，从而使风险降低。

(7) 合同履行监督制度

合同签订后，应按照合同约定的内容监督履行状况，不可错过时间滞后履行，也不可履行义务不符合合同约定，以从根本上避免违约。

(8) 合同风险处理制度

也称合同风险救济制度，是当企业出现合同风险时依法依规处理的制度。它是企业管理的重要组成部分。合同风险包括合同违约、合同损失、合同免责、合同诉讼、合同救济、对方当事人下落不明、不可抗力因素、重大项目谈判破裂、合同转让等。在合同风险处理制度中一般会规定发生风险的情形和处理办法，如果发生了这些风险，采用规定的办法处理和应对，防止遇事处没有头绪或滥作决定。

(9) 合同档案管理制度

是指在合同履行结束后，由专门部门和专门人员保管合同，包括电子文档和纸质文档。合同档案保管主要可以为合同的查阅提供便利，如果产生纠纷，合同档案就成了打官司的极为重要的证据。如果档案保管不好，合同不知去向，不了解合同内容就无法判断合同的权利义务关系，很容易在诉讼中败诉。因此，合同档案管理对合同纠纷案件处理有着举足轻重的作用。企业没有合同档案管理制度，合同管理就会出现混乱，产生合同丢失、合同泄密和合同被滥用等问题。疏忽合同档案管理，同样会给企业带来法律风险。控制合同档案风险管理的主要方法就是明确合同管理人员的职责，规定合同借阅的审批流程，实施合同管理责任追究制度，对合同保管情况实施定期和不定期检查等，使合同档案管理处于安全有序状态。

(10) 后合同义务管理制度

企业应制定后合同义务管理制度。合同履行结束，标志着合同各方权利义务关系终止。但此时合同当事人并非高枕无忧，而是仍然肩负着合同履行后的附随义务，即在合同终止后的通知、协助、保密、说明、保护等义务，这是合同当事人依据诚实信用原则所应负担的义务。合同当事人违反附随义务给对方当事人造成损失的，也应当承担损害赔偿责任。通常合同都设定履行期限，履行期限届满，合同即告终止。合同终止以后，保密义务并不终止，如技术培训合同，接受培训的一方，在掌握了技术后，不能私自将技术传授给他人。提供技术或设备的一方，在合同结束后，如果购买设备的一方对设备使用还有不解之处，提供方应该给予说明，而不能以合同已经结束为由加以拒绝。

企业制定合同管理规范，上述内容不可缺少，并需不断在实践中完善，使之更加科学、合理、实用。

建立合同管理规范，可以由专人负责起草各项合同管理制度，包括草拟文本，也可以借鉴其他企业的相关制度。各种合同管理制度在起草过程中，应征求企业有关部门的意见，使其符合交易规则和市场需要。如果合同管理各项规章制度被通过，应当进行公示，使全体人员都知道和了解这些制度，必要的时候也可以举办制度实施说明会，让合同管理规范深入人心。

建立合同管理规范，应对合同管理的分析、策划、组织、履行、检查、清理等作出明确规定，确立企业合同管理的标准，着力构建科学、实用、合理的合同管理规范，使合同管理不仅达到程序化，同时达到标准化、常态化。

24. 执行合同签订流程

执行合同签订流程，就是在合同签订时，按照企业制定的流程办理签订事项。规范合同签订流程是预防合同法律风险的重要措施，合同签订的一般流程可参见图3。

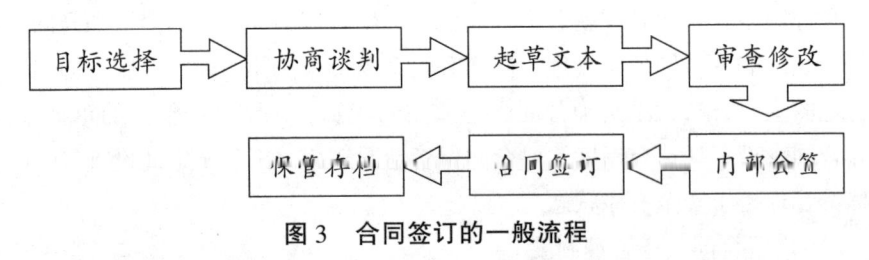

目标选择 ➡ 协商谈判 ➡ 起草文本 ➡ 审查修改 ⬇
保管存档 ⬅ 合同签订 ⬅ 内部会签

图3 合同签订的一般流程

（1）目标选择

目标选择指在合同签订之前，首先选择合同签订对象，根据市场供需情况，寻找目标方，有的需要临时寻找，有的属于长期合作对象。如果是长期合作对象，双方合同关系相对稳定。选择合同签订对象一般考虑以下因素：其一，产品好，产品在同行业居于领先地位，长期使用的客户普遍反映良好；其二，信誉好，市场信誉一贯稳定，履行合同很少出现差错；其三，有实力，资金实力雄厚、技术先进；其四，服务好；其五，以往合作一直良好，很少发生摩擦；其六，结算快，发票正规等。

（2）协商谈判

合同签订时协商与谈判交叉进行，协商以商量的方式进行，互谅互让。而谈判则是讨价还价，甚至有时是激烈争吵。协商与谈判都是过程，目的是要达成一致，达成各自利益目标。

（3）起草文本

文本可以独立起草，也可以选择合适的文本作参考，根据本企业业务情况对文本进行加工制作，使每一条款都符合双方协商或谈判的结果，文本和条款齐备后才可进入下一环节。

(4) 修改和审查合同

合同起草后，要进行修改和完善。修改完成后交给合同管理部门审查。合同审查流程中，有的企业仅有内审，有的实行内审和外审。内审一般是把合同的结构、条款、内容基本布置好，合同大体已经没有明显缺陷。外审就是请外部专业人士对合同加工把关，对每个条款精雕细刻，防止合同出现漏洞。聘请外部人员审查合同，必须是合同领域的行家里手，应具有丰富的合同阅历和风险控制经验。企业合同经过内审和外审后，风险会明显降低。

(5) 审批会签

现在绝大多数企业都有自己的合同签批流程，业务人员拟好合同后，由经办人签字，再由部门负责人签字，然后主管领导签字，最后由法定代表人签字。也有很多单位在法定代表人签字之前，先由聘请的律师签字。尽管各公司签批流程略有不同，但一般都遵循企业内部签批流程。

(6) 签订

合同签订有两种方式，一种是合同各方签字、盖章，在各方盖章有先有后的情况下，一般以后盖章的日期为合同成立或生效日。另一种是双方举行合同签订仪式，重大合同往往采用这种方式，双方当场签字、盖章。

(7) 保管存档

合同保管存档是企业管理合同的重要组成部分，保管存档分为短期、中期和长期，重要合同的保管应该在中期以上。

实行合同签订规范流程，既是企业管理合同的重要环节，也是对合同风险进行防控的过程，主要是要控制合同签订随意性所带来的风险，把单人管理变成集体把关。实行合同签订规范流程最大的好处是各司其职，层层把关，减少风险的发生。

25. 使用正确的签约方式

现代通信技术的发展，为合同的签订创造了极为便利的条件，合同当事人再也不用像过去那样非双方当场签订不可。现在签订合同可以当场签约，也可以电子签约、传真签约、邮政快递签约。各种各样的签约方式给合同当事人带来了极大的便利，提高了效率。但是，数额较大或者内容复杂的合同，采用当场签约或电子签约更为稳妥。

(1) 电子签约

电子签约的最大好处是双方当事人不用见面，无论相隔千山万水，还是远在异国他乡，双方在电子平台既可以谈判，也可以签约，这无疑是最快速的签约，只要双方对合同内容认可，签字就可履行。电子签约的前提是信誉，没有信誉就谈不上交易。电子签约主要是通过互联网等信息网络订立电子合同，最为普遍的是网上购物，电子合同实际是纸质合同的转化形式，网上购物已经成为人们生活和交易的重要组成部分。在国际贸易买卖合同中，也经常采用网上交易，只要买方支付货款，卖方就按买方要求发货。人们越来越喜欢采用互联网等信息网络方式订立电子合同。跨境电商、跨境购买平台、跨境物流的蓬勃发展，都为合同开辟了广阔前景。

网上交易的优势是方便，但同时也有许多网上交易合同得不到履行或履行不完整，有的甚至利用网络交易进行诈骗。

电子签约应注意以下两点：其一，对方是否具有相关资格；其二，对方信誉是否可靠，如果对方信誉不好，网上交易会不安全。

网上交易也存在弊病，一是快递公司送货后，货物质量有可能与网上确定的产品有较大出入，产品质量不能满足客户要求；二是退货或换货的程序过于麻烦，给买方带来不便。但现在绝大多数商家特别注意网上评价，退货和换货也趋于便捷；三是好评并不真实。

(2) 传真签约

尽管现在网络很发达，但传真签约仍属被保留的必要签约方式，只是使用率越来越低并逐渐被淘汰。

(3) 书面签约

书面签约仍然是日常最为主流的签约方式，以最传统的方式延续至今。书面签约便于记载合同的权利义务，便于核验合同的真实性，也便于合同的履行和存档。没有书面合同，各方当事人对合同的内容很容易产生争议。特别是当合同内容发生变更时，更要签订书面合同。

(4) 信件签约

信件签约也属于签约的一种方式，通过往来信件，双方可以达成合意确定合同的内容。尽管信件也是签约的一种方式，但采用信件签订合同的实属少数。

(5) 微信签约

微信直接将大量的用户资源作为流量，不断有新的商业营销渠道诞生并被展示，数以亿计的人关注微信，使用微信，微信也成了新的签订合同的方式，其便捷、高效无与伦比。

(6) 招标签约

投标人与招标人经过招标程序，投标人中标的，双方应签订招标合同。建设工程合同和政府采购合同，一般都采用招标签约方式。

(7) 拍卖签约

包括现场拍卖签约和网络拍卖签约。现场拍卖以拍卖师落槌为合同成立，网络拍卖以电子交易系统确认成交时为合同成立。

上述都是签约的常规方式，使用这些方式签约，不但方便各方当事人，也使合同更为安全稳妥。

【相关规定】

《中华人民共和国民法典》

第四百六十九条　当事人订立合同，可以采用书面形式、口头形式或者其他形式。

书面形式是合同书、信件、电报、电传、传真等可以有形地表现所载内容的形式。

以电子数据交换、电子邮件等方式能够有形地表现所载内容，并可以随时调取查用的数据电文，视为书面形式。

26. 遵循法律关于书面签约的要求

合同订立有两种主要方式：一是口头方式；二是书面方式。

口头合同快速方便，凡能即时清结的都使用这种方式。但有的合同不能即时清结，需要履行一段时间，如果这种合同不以书面方式记载，时间长了就不便于记忆，容易出现混乱而发生纠纷。

书面合同便于记载合同各方的权利义务，即使履行时间长也可以此为遵循。《民法典》第469条对书面形式进行了充分的认可和高度的概括，采用了商业习惯日常所使用书面合同的各种方式，便于合同当事人签订和履行。合同书自当事人各方签名、盖章或者按手印时合同成立，后签名盖章或者按手印的地点为合同成立的地点，另有约定的除外。采用数据电文形式订立合同的收件人的主营业地，为合同成立的地点。当事人采用信件、数据电文等形式订立合同，要求签订确认书的，签订确认书时合同成立。除此之外，《中华人民共和国广告法》（以下简称《广告法》）、《中华人民共和国建筑法》（以下简称《建筑法》）、《招标投标法》《中华人民共和国政府采购法》（以下简称《政府采购法》）、《中华人民共和国著作权法》（以下简称《著作权法》）、《中华人民共和国商标法》（以下简称《商标法》）、《中华人民共和国专利法》（以下简称《专利法》）、《中华人民共和国保险法》（以下简称《保险法》）、《中华人民共和国劳动合同法》等，都对合同使用方式作了明确规定，要求签订和履行这些合同必须采用书面方式。

归纳法律对书面合同的要求，当事人签订以下合同时，应当采用书面方式：建筑工程勘察合同，建设工程设计合同，建设工程施工合同，建设工程监理合同，著作权转让合同，保证合同，租赁合同期限六个月以上的融资租赁合同，借款合同，技术开发合同，技术转让合同（包括专利权转让、专利申请权转让、技术秘密转让、专利实施许可），委托拍卖合同，广告合同，农村土地承包合同，招标投标合同，政府采购合同，技术进出口合同，国际货物销售合同，注册商标转让合同，抵押合同，质押合同，保险合同，保理合同，土地转包、出租、互换、转让或以其他方式流转合同，著作权许可使用合同，商标许可使用合同，信托合同，民用航空器所有权转让合同，民用航空器租赁合同，劳动合同，合伙合同，个人独资企业委托他人经营管理合同等。

鉴于法律对合同订立方式作了明确要求，企业签订上述合同时，不能采用口头方式或其他方式，应当采用书面方式，这是法律对合同载体的强制规定。就实践而言，绝大多数企业在签订合同时，能够遵循法律关于对合同书面形式的要求，也能对合同进行妥善保管。但也有一部分企业或个人，为了方便，对本应该签订的书面合同，用口头方式代替，日后产生很多纠纷。

【相关规定】

《中华人民共和国民法典》

第六百六十八条　借款合同应当采用书面形式，但是自然人之间借款另有约定的除外。

……

第六百八十五条　保证合同可以是单独订立的书面合同，也可以是主债权债务合同中的保证条款。

……

第七百零七条　租赁期限六个月以上的，应当采用书面形式。……

第七百三十六条　……
融资租赁合同应当采用书面形式。

第七百六十二条　……
保理合同应当采用书面形式。

第七百八十九条　建设工程合同应当采用书面形式。

第七百九十六条　建设工程实行监理的，发包人应当与监理人采用书面形式订立委托监理合同。……

第八百五十一条　……
技术开发合同应当采用书面形式。

……

第八百六十三条　……
技术转让合同和技术许可合同应当采用书面形式。

第九百三十八条　……
物业服务合同应当采用书面形式。

《中华人民共和国招标投标法》

第四十六条　招标人和中标人应当自中标通知书发出之日起三十日内，按照招标文件和中标人的投标文件订立书面合同。招标人和中标人不得再行订立背离合同实质性内容的其他协议。

……

《中华人民共和国广告法》
第三十条　广告主、广告经营者、广告发布者之间在广告活动中应当依法订立书面合同。

《中华人民共和国政府采购法》
第四十四条　政府采购合同应当采用书面形式。

《中华人民共和国建筑法》
第十五条　建筑工程的发包单位与承包单位应当依法订立书面合同，明确双方的权利和义务。
……

《中华人民共和国商标法》
第四十二条　转让注册商标的，转让人和受让人应当签订转让协议，并共同向商标局提出申请。受让人应当保证使用该注册商标的商品质量。
……

《中华人民共和国专利法》
第十条　……
转让专利申请权或者专利权的，当事人应当订立书面合同，并向国务院专利行政部门登记，由国务院专利行政部门予以公告。……
第十二条　任何单位或者个人实施他人专利的，应当与专利权人订立实施许可合同，向专利权人支付专利使用费。……

《中华人民共和国著作权法》
第二十七条　转让本法第十条第一款第五项至第十七项规定的权利，应当订立书面合同。
……

27. 妥善保管合同

妥善保管合同就是对合同保管采取必要的措施或方法，保存合同的完整性。各企业采取的方式不同，其结果也有所不同。绝大多数企业都能够采取有效的方法保管合同，使合同处于良好状态，但也有少数企业在合同保管上凌乱不堪，需要的时候找不到合同或者是缺张短页。

保管合同经常容易出现以下问题，应当予以防止和纠正。

（1）合同丢失

合同丢失在个别企业时有发生，丢失的原因是多种多样的，有的是因为企业或科室搬家，有的是人员交接出现差错，也有的是因为其他保管不当。一旦发生合同纠纷，当需要向法院提供证据时，如合同因丢失而不能举证，就会给企业带来巨大的诉讼风险。

（2）水渍

个别企业对合同的保管不当，合同上出现水渍的现象时有发生，这些合同，往往字迹不清，辨别困难，当需要证明有关事项时，说服力很弱。

（3）失火灭失

极个别企业防火意识薄弱，一旦发生火灾，合同被尽数烧毁。合同灭失后，无论是查档还是举证，都会产生困难。

（4）被盗

合同被盗并不多见，但有几类情况值得注意。一是仅盗窃特定合同，盗窃人一般为合同利害关系人。合同利害关系人发现合同对自己不利后，用盗窃的方法消灭合同文本，以免将来承担合同责任。二是窃贼入室盗窃其他物品时，一并将合同盗走。由于合同对盗窃人员无用，他们会随意将合同丢掉或撕毁。合同被盗，对于企业来说无疑是一种难以弥补的损失。

（5）被抢

有的合同刚刚签完，就被不明真相的人抢走。合同被抢后，合同当事人丧失了保存合同的可能，为履行合同和处理合同留下隐患。

（6）借阅不还

合同存档后，有的企业和其他相关人员借阅后不能按时归还，需要再次查阅时，借阅人员可能因不知合同下落而无法归还。

（7）混合保管

有的企业保管合同的部门并不统一，一部分合同在法务部门，一部分合同在业务部门，还有的合同在行政或人事部门。当需要合同时，时有互相推诿的现象，最终合同下落不明。

（8）未留存合同原件

有的合同签订后，企业没有留存合同原件，需要的时候无法提供。

合同保管出现的种种问题，都是保管不善造成的。忽视合同保管，必然会给企业带来诸多不利。首先是当需要证明合同关系或者查找合同内容时，无法满足工作需要，为履行合同带来不便。其次是发生纠纷时，无法分析和判断己方违约或对方违约的有关情况，处理纠纷失去重要证据，导致诉讼不利。

妥善保管合同，对于企业意义重大，是企业控制合同法律风险的方法之一。只有将合同妥善保管，才能发挥合同的作用，当发生纠纷时，合同便成了重要的证据。

妥善保管合同应当做好以下工作。

（1）将合同装订成册，妥善存档保管

合同保管可以分为长期、中期和短期三种。对重大合同应长期保管，对小型合同可以短期保管。保管纸质版合同，更能显示原文的重要性，不能认为有了电子版就可以不保管纸质版。电子版本只能体现双方往来的合同内容，但不能体现双方盖章确认的情况，合同的生效有很多时候是以双方签字盖章为准的。因此，电子版合同不能取代纸质版合同，保管纸质版合同仍然很重要。

（2）保管好电子版

合同的电子版无论是否履行完毕，都不要随意删除，保留电子版是保存合同的主要方式之一。电子版经多次修改，有多个版本，应当以最后确认盖章的为准。

（3）由专人保管

保管合同看似简单，但经常更换保管人会给保管合同带来许多不确定因素。保管人员发生变动时，要做好合同档案的交接工作。

（4）实行借阅制度

合同借阅要经过领导审批，借阅人员不宜将合同带出档案室，更不能带到公司之外。在工作需要的时候，可以对合同进行复印，但不能出借原件。

（5）防火防盗

在任何情况下都要时刻重视合同的安全性，不要忽视合同被盗的可能性和其他风险。做到妥善保管并不难，关键是要建立起合同保管制度，以制度确保合同的安全，从而减少因保管不当而发生的合同法律风险。

（二）把住合同起草关

28. 争取合同起草权

争取合同起草权，就是指在合同谈判后争取由己方来起草合同。合同到底由哪方起草，一般在合同协商或谈判时，由双方协商确定。但在商定时，不能随意放弃起草权。

合同起草时，起草人自然而然地会站在自己的立场，根据需要设立条款。实践证明，提供文本的一方往往都占主动地位，另一方则相对被动。许多合同有文本可供选择，也有许多合同是临时起草的，临时起草的合同无论从权利义务，还是从付款或交付成果方面而言，多数都有利于起草方。起草方一般把自己一方的利益考虑得相对周到，或者根本不考虑另一方的利益。所以，有的合同一看便知是哪方起草的，因为起草的合同或多或少带有倾向性，有的甚至凌驾于对方之上，处处制约对方，设立许多限制条款或非常苛刻的违约条款，即便允许对方修改，工作量也很大，难以调整或大面积废除。因此，为了保有主动权，不要轻易放弃合同起草权，不要指望对方的公平与仁慈，合同关系既是相辅相成的关系，又是对立的关系。

29. 选择好的合同范本

选择好的合同范本对于签订合同而言非常重要。在很多情况下，双方谈判后都要确定使用哪方提供的合同范本，即便是起草合同，不免也要借鉴一些合同的常用条款，借鉴就是一种选择。现在合同范本比较多，在网上可以下载，在相关书籍中也可以找到，虽然合同范本大多大同小异，但有时差异是很明显的，选择一个好的合同范本既可以保证条款质量，又可以提高工作效率，一份好的合同范本应该具备以下特征。

第一，条款比较齐全，合同应当具备的条款基本上全都具备。

第二，结构完整，所选择的合同范本结构良好，不存在结构缺陷。

第三，标准化程度高，用语规范、准确无歧义。

第四，权利义务条款周全、平等、公平，不偏不倚，双方容易接受。

选择好的合同范本，可以节省起草时间，修改起来也相对容易。在一般情况下，许多条款可以直接使用，但也有许多条款必须根据实际情况予以适当修改，以适应合同双方具体的需求。

目前好的合同范本并不少见，以建筑行业来说，建设工程施工合同、建设工程设计合同、建设工程勘察合同、建设工程监理合同都很规范，把当事人能够预想到的条款几乎都列出来了，多数情况下只要填写清楚具体信息即可。但由于是范本，所以有的条款不能完全满足双方的需要，需要加以调整和补充。例如，建设工程施工合同范本最大的弊病是通用条款与专用条款重叠的地方太多，在合同中反复表述部分内容，使合同当事人感到很烦琐、很啰嗦。此外，还有商标权许可合同、商标权转让合同、版权转让合同、广告代理合同、商品房买卖合同、融资租赁合同、设备采购合同、贷款合同、保险合同等众多范本，这些范本的内容都比较全面，条款基本应有尽有。

一般来讲，合同范本兼顾了双方的权利义务，对于稳定合同双方的关系和预防纠纷起到了很好的作用。如果没有这些合同范本，每次都需要重新起草，不但工作量大，而且由于起草人的水平各异，合同的周全性缺乏保证。因此，选择好的合同范本对于合同双方都有一定的益处。许多企业在长期交易过程中已经形成了自己的范本，应该坚持不动摇地使用。《民法典》第470条规定，当事人可以参照各类合同示范文本订立合同。法律倡导符合商业交易习惯的合同，这也可保障合同安全。

30. 谨慎使用对方的合同文本

合同文本是合同内容的载体，合同签订前，总会有一方提供合同文本供双方签订使用。由哪一方提供合同文本，完全由当事人自己决定。就购销合同而言，有时是卖方提供合同文本，有时是买方提供合同文本。建设工程合同一般是发包方提供合同文本，但也有时是承包方提供合同文本。如果对方提供的合同文本是全行业通用的文本，一般没什么问题。例如，建设工程施工合同文本不管由哪一方提供，大体上都是制式合同。但在许多情况下，双方所签订的合同，往往是由一方制定的，例如，有的企业对外销售产品，要求买方必须使用己方提供的合同，对于这样的合同，买方就应该谨慎使用，至少应该在使用前进行审查和修改。卖方在拟制合同时，必然要使合同符合自己的流程并从己方利益考虑，争取回款快并少承担义务。以支付条款为例，卖方在任何情况下都希望买方一次性付款，不希望留有尾款。买方在任何情况下都希望分批次付款，在货物验收合格后支付部分款项，超过质量保证期再付尾款。由于双方都是站在自己的立场考虑问题，提供合同文本的一方把对自己有利的条款早已拟制好，如果另一方对对方提供的合同文本不加思考地使用，就会出现受制于人的后果。

谨慎使用对方合同文本，首先要看合同内容是否合理，是否有苛刻的条款，对方所提出的条件己方是否能够接受。同时还要特别注意定金、违约、解除等敏感条款，如果全部条款都比较公平合理，合同风险会大大降低。如果有一部分条款不愿接受，就应提出修改意见，修改后再签订。如果对方拒绝对合同作合理修改，就应考虑放弃签订。

31. 起草合同应该有救济条款

在任何一份合同中，救济条款都处于非常重要的位置。救济条款是当合同出现违约和无法预料的情况时所采取的补救措施条款。救济条款一般应在合同签订时确立，而不是在纠纷后。发生纠纷时，再订立救济条款会比较困难。双方应先把救济条款写在合同中，出现纠纷或违约时，用这些救济条款引导双方解决发生的争议。没有救济条款，当合同出现风险需要救济时，双方意见很难统一。有了救济条款，问题就迎刃而解了。救济条款通常指合同中的定金条款、违约条款、解除条款、终止条款、保证条款、争议管辖条款等。救济条款具有修补与救济的功能，为签订合同所必备，它是对合同主要条款履行的监督和救助，虽属备用，又不得不备。如果合同中没有违约条款，当发生违约时，就会出现不知道如何追究违约责任，也不知道应该承担多少违约金的情况。如果有了违约责任规定，特别是规定了违约金计算方法或承担违约金比例时，问题就迎刃而解了。如果合同没有解除条款，当需要解除合同时，不能依据合同约定来解除，而只能依据《民法典》的规定解除合同。依据《民法典》解除合同，往往双方要对簿公堂，这在程序上是漫长的。如果双方在合同中设定了解除条件，当条件成就时，享有解除权的一方就可以依约解除合同。例如，房屋租赁合同约定，如果承租人拖欠租金达一个月，出租方有权解除合同，这就给出租人减少了许多麻烦。

合同的救济条款，是对合同出现的意外情况采取的救济方法。如何设定救济条款，由当事人协商确定，但不可缺少。

32. 可以合理使用限制条款

合同中可以有限制条款，可以为一方设定，也可以为双方设定。限制条款比较敏感，但并非不可使用。限制条款是在合同中设定的对某一方权利或义务的限制性规定。限制条款主要为了防止权利滥用或不合理地加重对方的义务。合同中如果没有限制条款，被赋予的权利就有滥用的可能，从而侵害另一方的利益。在知识产权转让合同、许可使用合同中，限制条款经常被使用，主要是规定被许可方不得超出许可使用的范围和期限，这一限制对于双方都是合理的。在房屋租赁合同中，出租人限制承租人的转租行为，这一限制也是合理的。在网络技术服务合同中，提供技术服务的一方可以使用对方企业的名称、商标，但不得用于其他场合，不得复制、出租、转让、许可第三方使用等，这些限制都属于合理范畴。在商标权许可使用合同中，许可人可以只允许被许可人使用，被许可人不得转许可或出租、转让。在担保合同中，对担保时间、担保范围、担保事项也要进行限制，在很多情况下限制条款体现的是公平原则。限制条款的使用，关键是把握合理合法的界限。在任何一份合同中，当事人都可以约定违约金，但违约金的约定也必须适当，不可无边无沿。实践中，有许多合同当事人在约定违约金时，认为违约金约定得越多越好，谁违约就重罚谁，有的把违约金约定到合同标的额的100%或200%，如此约定超出了法律的合理界限。

商标权、专利权、著作权体现的是人类智力劳动成果，在许可使用合同中，必须对许可使用时间、地域和范围作出限制，主要是为了保护知识产权的连续性和完整性，防止侵权的发生。但也有许多当事人签订许可使用合同时，无视限制条款的约定，超时间、超地域、超范围使用，此时如果存在限制条款，追究违约责任就有了合同依据。

法律允许使用限制条款，但对权利限制必须合理，不应当通过限制条款来剥夺合同当事人应当享有的权利，否则可能导致合同不成立或者无效。

33. 起草合同基本要领

起草合同要体现双方的意愿，条款要接近双方的要求，而不是单方的意愿，更不能想当然。起草合同应平衡双方关系，考虑到双方利益，保持双方权利义务对等，不能利用合同欺压对方，甚至掠夺对方利益。合同的灵魂是公平、合理、平等，通过合同的履行实现双赢，共同获得利益。合同是经济活动的精华，是经济交往的手段，目的是获益。

起草合同有诸多要求，要把握合同的核心内容，保持结构完整，条款齐全，内容合法，前后有序，上下照应，权利义务平衡。同时注意字词的用法，切忌使用生僻字，合同语言既要符合法律规范，也要符合商业交易习惯。

起草合同非常考验水平，起草人的合同经验、合同知识对起草合同影响很大。水平越高，合同自然越好用，反之合同有可能瑕疵过多。起草合同一般有两种方式，一种是在范本的基础上加以修改，保留好的条款，去掉无用或不符合实际的条款，使之适应双方的需要。这种起草方式快捷，结构条款基本齐全，但有的时候借助的文本过于简单或缺少项目，合同的灵活条款全靠起草人自己拟定。另一种是不参考文本独立起草，即便是独立起草，也不是起草人主观杜撰出来的，合同的内容很多是通过谈判、协商和基于交易习惯确定下来的，起草人不能违背双方谈判、协商的意愿和所达成的合意。凡是双方讨论确定下来的，起草人都应给予尊重和适当的描述，在合同中明确体现出来，特别是关于技术要求和质量要求的条款更应该清楚、准确。起草合同表明双方谈判接近结束，合同可以进入文本商榷阶段。

如果双方就起草合同达成一致，一方起草文本，另一方负责修改，起草方应掌握起草合同基本要领，以求合同的完整和实用，以下内容可供参考：

（1）确定合同名称

合同命名准确，能够反映双方签订的是什么种类的合同。例如，设备买卖合同、房屋租赁合同、著作权许可使用合同、企业委托经营管理合同等。确定合同名称可参考《民法典》合同编已有的合同名称或者在实际中经常使用的合同名称。例如，广告代理合同、广告发布合同、管道维修合同、装修施工合同、设备安装合同、招标投标代理合同、房屋买卖合同、拆迁合同、版权许可合同、版权转让合同、土地承包合同、土地转让合同、演出合同、股权转让合同、质押合同、财产抵押合同、印刷合同、进出口代理合同等。命名合同有时会出现张冠李戴的情况，明明是企业委托管理合同，却写成企业租赁合同，明明是加工承揽合同，却写成产品销售合同等。实践中，出现许多合同内容和合同名称不相符的情况，并不是合同命名错误，而是有意规避法律、法规的限制，使用假合同名称敷衍监管机关，这样的做法绝不可取。

（2）设计合同结构（常见合同结构见图4）

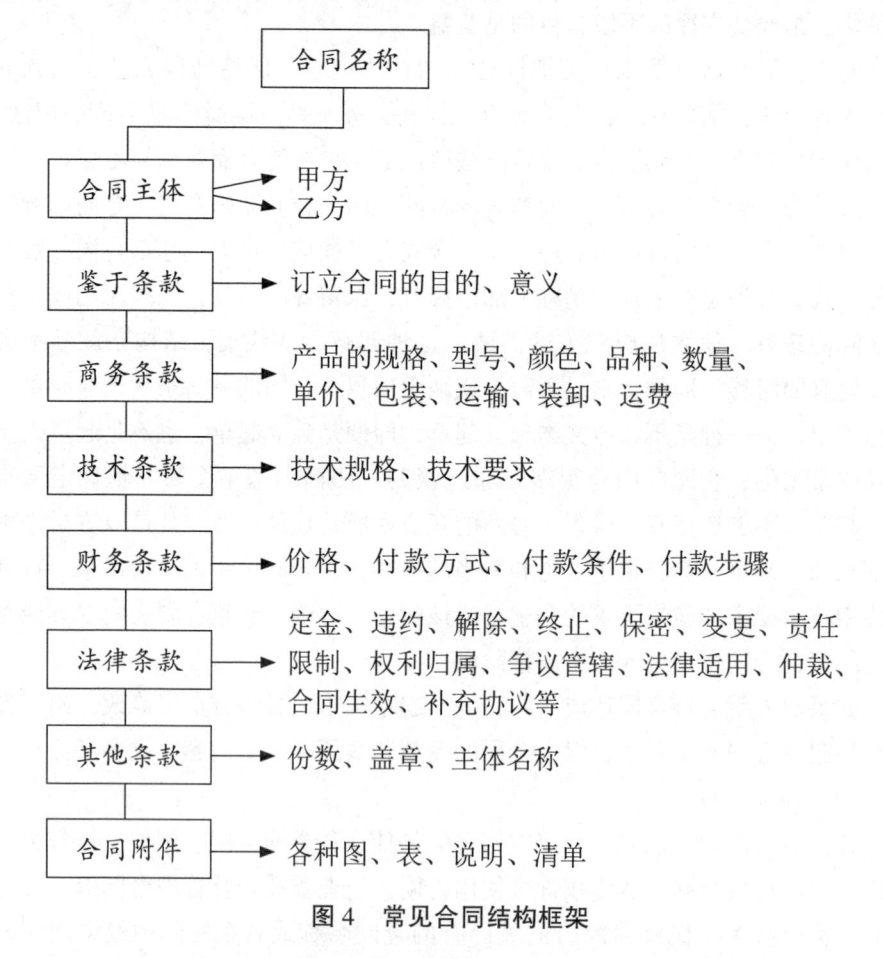

```
                    ┌─────────┐
                    │ 合同名称 │
                    └─────────┘
                         │
        ┌────────┐    ┌─► 甲方
        │ 合同主体 │────┤
        └────────┘    └─► 乙方

        ┌────────┐
        │ 鉴于条款 │────► 订立合同的目的、意义
        └────────┘

        ┌────────┐       产品的规格、型号、颜色、品种、数量、
        │ 商务条款 │────►
        └────────┘       单价、包装、运输、装卸、运费

        ┌────────┐
        │ 技术条款 │────► 技术规格、技术要求
        └────────┘

        ┌────────┐
        │ 财务条款 │────► 价格、付款方式、付款条件、付款步骤
        └────────┘

        ┌────────┐       定金、违约、解除、终止、保密、变更、责任
        │ 法律条款 │────► 限制、权利归属、争议管辖、法律适用、仲裁、
        └────────┘       合同生效、补充协议等

        ┌────────┐
        │ 其他条款 │────► 份数、盖章、主体名称
        └────────┘

        ┌────────┐
        │ 合同附件 │────► 各种图、表、说明、清单
        └────────┘
```

图4　常见合同结构框架

设计合同结构要分清合同的组成部分，并判断这些组成部分的划分是否合理，并将不同层级的内容按一定秩序标出不同层级的标题，形成合理的结构框架。

合同附件是合同的组成部分，合同附件很容易被忽视，起草时不应忘记。

(3) 安排合同条款

合同条款一般是按合同结构顺序安排的。商务条款在前，主要反映合同一方对产品的要求，包括产品的名称、规格、型号、颜色、品种、数量、单价、运输、包装、装卸、运费、验收时间、验收方法、验收标准、异议时间、异议方式、质量标准、质量要求、售后服务、质保期等。

商务条款之后是财务条款，一般是指对财务资金的安排，包括总价款、付款方式、付款条件、付款进度、币种、账号、逾期付款滞纳金、付款限制、开具发票事宜、税费承担等。

然后是技术条款，技术条款主要反映对产品技术的要求，包括技术性能、技术参数、技术标准、操作规程、技术方法、技术保密、技术使用限制、技术培训等。技术条款主要由技术人员负责起草或提出要求，非技术人员由于对技术不了解或知之甚少，容易描述不到位或提法不准确。

接着是法律条款，主要是拟定合同效力条款、法律责任以及发生合同风险的救济方法。主要包括定金、违约责任、违约情形、违约金数量、违约金计算方法、违约金支付方式、违约金支付时间、赔偿责任、赔偿范围、赔偿时间、赔偿方式、赔偿限制、责任限制、权利限制、义务限制、担保、承诺与保证、保证时间、保证范围、授权、许可、专利转让、专有许可、非专有许可、知识产权归属、侵犯知识产权责任、财产所有权归属、商标、专利、版权、商业秘密、商业秘密保护办法、商业秘密侵权责任、合同变更、转让、撤销、解除、终止、继续履行、补充协议、不可抗力、免责条款、保密责任、保密期限、纠纷解决方式、管辖选择、仲裁、法律适用、诉讼费承担、律师费承担、合同效力、生效时间、生效条件、合同期限、通知等。

其他条款包括合同的语言文本、合同份数、签字盖章、附件份数、附件效力等。

最后是合同附件，合同附件种类繁多，都是根据需要列出的。实践中，合同附件主要有：会议记录、附录清单、图表、工程勘察报告、使用说明书、廉政协议等。

(4) 反复审查修改草稿

这是合同起草后的必经步骤之一，无论合同起草得多么好，也要对草稿审查修改，通过审查修改发现合同的不足，改进不适宜的条款。

（5）校对合同

合同起草后总会有一些表述不准确或出现错别字的情况，应通过校对纠正合同存在的问题。

（6）发送给对方并征求意见

如果对方对合同没有较大修改，可以继续后面的合同签订工作；如果对方对合同有较大修改，还需起草方进一步斟酌，只有双方完全达成一致，合同起草才算结束。

起草合同是一个完整的过程，也是对提供合同文本一方起草水平的测试，起草合同如同合同谈判一样，不可须臾放松。掌握起草合同基本要领，可以在需要的时候担负起合同起草的责任。起草合同不是生搬硬造，也不是合同条款的机械堆砌，它是文字、经验、法律、商业智慧的综合运用。

合同起草前，熟悉合同背景尤为重要。合同背景是指合同双方基于什么目的签订合同，要实现什么合同目标，是否有过良好的合作基础，双方的实力如何。起草人了解和熟悉背景可以更好地反映双方的意见和要求，使起草的合同能够为双方所接受。起草合同是合同岗位人员的重要工作之一，也是十分需要法律技能的工作。

起草一份对自己更为有利的合同，是许多企业所希望的，可以尝试以下内容。

第一，如果是涉外合同，起草时应主动选择我国境内的仲裁机构，可以选择中国国际经济贸易仲裁委员会，也可以选择国内的其他仲裁机构。

第二，如果是涉外合同，起草时应主动选择适用中华人民共和国法律。

第三，如果合同没有仲裁条款，案件管辖地应尽最大努力选择本公司住所地。

第四，如果己方可能会出现违约情况，最好降低违约金数额或比例，以免出现违约情况时支付高额违约金。

第五，如果己方签订合同后有不履行的可能性，可以把定金改为预付款。定金交付后不履行合同的一方无权要求返还；变成预付款后，可以要求返还预付款。

第六，删除对自己不利的限制条款或将限制条款修改到比较合理的程度。

第七，不接受霸王条款，将霸王条款完全删除或修改其中不合理的内容。

第八，为自己一方多设定一些解除条件，当出现解除情形时，可以灵活运用，如果不希望继续履行，随时可以依据解除条款解除合同，充分掌握合同履行的主动权。

第九，在仲裁与法院管辖问题上，如果仲裁对自己有利，就选择仲裁；如果法院管辖对自己有利，就选择法院。

第十，如果自己一方是付款方，在付款上应争取分期付款。分期付款不但可以缓解财务压力，也可以根据对方的表现情况决定是否继续付款，对方违约时有更多的可控余地。

第十一，如果涉及知识产权归属，尽可能争取权利归己方所有。

第十二，合同条款约束对方的规定要细致，违约金条款规定明确，做到"先小人后君子"。如果违约条款有灵活空间，在选择处罚时，可以灵活掌握，既可以继续履行合同，也可以解除合同。

第十三，对己方的违约责任和赔偿责任作合理限制，防止责任无限扩大。

第十四，如果己方履行合同义务在时间上比较紧张，应尽最大努力放宽合同履行期限，以免开局不利出现违约。

第十五，不要为自己设置陷阱，无法履行的不要写到条款里。

每份合同的具体情况不同，但都应设定有利条款便于己方履行或减少违约的可能性，减少合同风险和责任。起草一份对自己有利的合同需要起草人员费心思量，它是一个精心设计的过程，只有精心设计才会写出好合同。因此，无论公司多么着急，都不要催促起草人员在极短时间内把合同草拟出来。

（三）把住合同审查关

34. 审查合同基本要领

审查合同是签订合同过程中不可缺少的步骤。通过审查可以发现合同中存在的问题，弥补合同漏洞，完善合同不足和修改对己方不利的条款，保证合同的公平性、合法性，提高合同的履约率。审查合同与起草合同有时交叉进行，但审查的过程并不等同于起草的过程，而是判断、识别、思考的过程。审查合同主要审查合同主体是否具备相应资格，合同结构是否完整，内容是否合法，形式是否符合法律要求，条款是否齐全、严密，权利义务配置是否公平合理，这些都属于合同审查的基本内容和重点对象，以下方面可供参考。

(1) 审查主体

①审查合同主体是否具备法律资格

A. 对法人单位进行资格审查：包括审查企业是否依法设立，证照是否合法有效，是否有被关闭、歇业、吊销、解散、注销、破产等情形。

签订合同时，可以要求对方提供统一社会信用代码作为合同附件，同时要求对方提供公司及法定代表人的相应授权文件。

B. 对非法人单位进行审查：包括审查其营业执照、上级企业法人资格、是否具有签订合同授权文件等。

C. 对外国企业进行审查：包括审查其是否合法存续、登记地、国别、英文名称、简写、是有限责任还是无限责任、企业信誉、企业技术实力和履约能力等。

D. 对保证人进行审查：包括审查保证人是否依法设立、是否自愿担保、担保能力、财产状况、担保是否经过内部股东会决议等。

E. 对自然人进行审查：包括审查其是否为成年人、是否具有民事行为能力、个人信誉是否可靠。

F. 对代理人进行审查：包括审查是否得到授权、授权范围、代理期限等。

②审查合同主体是否具有经营资质

经营范围、经营方式是否与合同相适应，涉及经营许可的是否有批文、申报、验证、证明等。也要审查经营资质证书及证书等级是否与合同相匹配，例如，设计资质证书及等级、动漫制作、音像制作、电影及电视剧制作、建筑工程施工资质证书及等级、卫生经营许可证、网络经营资质证书等。

③审查资信状况和资金实力

包括财务状况是否良好、信誉是否良好、履约能力如何、是否有重大诉讼、是否有资产被查封或冻结的情况等。

(2) 审查合同结构

审查合同结构是否完整，一份完整的合同通常包括合同主体称谓、基本信息、商务条款、财务条款、技术条款、法律条款、合同尾部、合同附件等内容。

(3) 审查形式

包括两方面，一是合同是否具备书面形式，凡法律要求采用书面形式的必须采用，例如，广告经营合同、建筑工程设计合同、政府采购合同等；二是合同外观表现形式是否完整，是否页码连续、标题层级无误、序号连续、字体一致，是否翻译一致，是否加盖骑缝章等。

(4) 审查内容

主要看双方权利义务条款是否齐全、合理，这是合同的核心和关键内容。如果权利义务约定不平等，应当调整到平等。如果发现权利义务条款不完整，应当作出相应补充。

(5) 审查合法性

合同约定的权利义务应当符合法律、法规的规定，合同中不能出现违法条款。合法性审查主要依据国家法律、法规的规定和司法解释。审查合法性就是保证合同的内容不与现行法律和司法解释相抵触，凡是法律明令禁止和明确规定无效的内容，都应通过审查予以调整，以确保合同有效。

(6) 审查程序

包括两方面，一是企业内部是否已经履行批准程序。二是合同是否应当申报批准、登记、备案、公证等。例如，建设工程招标投标合同、商品房买卖合同须在建设主管部门备案。企业借用外债、承包特定项目、敏感国家和地区或者敏感行业的境外投资经审批后才能签订合同。《民法典》第 502 条规定，依照法律、行政法规的规定，合同应当办理批准等手续的，依照其规定。

(7) 审查合同是否有冲突条款

如果合同有冲突条款，应当予以修正。冲突条款通常表现为以下五种形式。

①内容冲突

例如，在建设工程设计合同中，前文约定交付设计成果为三项，后文又约定交付设计成果为两项，是按两项交付，还是按三项交付，相互冲突。在建设工程施工合同中，通用条款约定发生纠纷选择某仲裁委员会裁决，专用条款又选择由某人民法院管辖，前后矛盾，应当协调统一。又如在同一建设工程合同中，规定付款条件为验收合格且收到承包人提供的发票后，支付合同价款；但同时又规定合同签订后，发包人支付承包人30%预付款。再如，合同上文约定以本合同为准，下文又约定以补充协议为准。在许多合同中都可以见到相互矛盾的条款。

②条件冲突

条件冲突就是合同所规定的有关条件相互冲突。例如，合同规定甲方付第一笔款后生效，又规定合同自双方签字盖章之日起生效，生效条件相冲突。又如，合同约定卖方收到保证金后生效，但合同又约定双方盖章后合同生效。

③主文与附件冲突

合同主文规定，任何以前所达成的意向、纪要、协议、合同、附件如与本合同不一致，均以本合同为准；但在合同附件中又规定，如有不一致的地方，以附件为主。

④关联冲突

就是在有关联的两个以上合同中，后一个合同与前一个合同规定的内容相冲突。例如，某项目合作开发合同规定乙方向银行贷款的200万元全部用于该项目。而在乙方与银行的贷款合同中，规定乙方贷款200万元用于房屋维修。关联合同间产生冲突是由于没有注意两个有关联性的合同之间的一致性，如果不排除冲突内容，会造成前后合同相互矛盾。

⑤数字冲突

数字冲突是指在合同中，上下条款所规定的数字不一样，例如，前面条款规定工程总造价为1068万元，后面条款又规定工程价款为1022万元，工程造价约定不一致。如果不协调统一，很容易导致合同纠纷。数字冲突在合同中并不少见，产生原因要么是疏忽，要么是有关数字没有最后确定下来，一方理解有误。

冲突条款的存在，是双方矛盾的开始，如果不排除，必将酿成纠纷。排除合同冲突条款是确保合同全面履行的前提，排除方法主要是将两个冲突条款放在一起，反复进行斟酌和对比，把准确的保留下来，不准确的删除。修改合同冲突条款时，要符合商业习惯和法律规定。

（8）审查合同是否存在不利条款

不利条款是指合同中约定的合同履行后会对己方产生不利后果的条款。许多合同存在以大欺小，以强欺弱，明显对一方有利，对另一方不利的情形。合同不利条款有时具有一定的隐蔽性，仔细审查才能够发现。不利条款表现形式有很多。

第一，在建设工程施工合同中规定"甲方工程审计完毕且工程款到位后向承包方支付价款"，这一条款对于承包方来说属于不利条款。工程造价审计一般在工程结束后进行，短则一两个月，长则半年。工程款何时到位更是不确定，可能时间很短，也可能时间很长。如果时间很长，对承包方非常不利，看似没问题的条款，实际问题很大。

第二，建设工程设计合同中约定，"设计方应在十日内交付设计成果"，这一约定对设计方而言可能属于不利条款。如果工程规模较大，十日内交付设计成果时间很紧张，设计方很容易违约。

第三，在建设工程合同争议管辖问题上，如果选择被告住所地法院管辖，对于发包方来说就属于不利条款。该类案件应该由建设工程所在地法院管辖。

第四，在购销合同中，有的合同规定买方应在签订合同后三日内付清全部货款，这对买方是不利的。因为买方付完全款之后，如果出现产品质量不合格等问题，买方要求修复、换货、退货时，很可能遭到卖方拒绝，买方付完款就失去了主动权；如果买方不付全款，只支付货款总额的80%，出现换货、退货的情形时，卖方就很难拒绝，因为还有20%的货款没有支付。

第五，在主持人包装合同中约定，"乙方（主持人）将严格执行甲方制定之艺人档期管理制度，工作档期一经双方确认，不可无故更改或拒绝参加，若有特殊情况须经过双方书面同意方可变更。乙方如有私人活动安排（探亲、就医、聚会、访友），必须提前至少三天书面告知甲方，否则将视为空档，安排其他工作"。这一条款对乙方非常不利，乙方基本失去人身自由。

不利条款的产生一般是由于某方较为强势。在合同审查中，对每个条款都应认真思量，修改不利条款，以求公平、公正。

（9）审查合同限制条款和免责条款

这两个条款已经被《民法典》列为异常条款，应予以特别关注。

（10）审查知识产权归属

审查知识产权归属是否明确。很多合同都涉及知识产权归属，如果不在合同中明确约定很容易引起纠纷。只有知识产权归属明确，才能避免权属争议。

如在设计合同中，设计成果归委托方还是归设计方所有非常重要，通常由于设计人是为委托人进行设计，委托人支付设计费后其设计成果应归委托人所有。但也有合同约定在委托人付清设计费前归设计人所有。如果对知识产权归属没有约定或约定不合理，应予以调整。

（11）审查所有权归属

合同中涉及所有权时，应当明确权属关系。所有权约定不清晰，必然产生争议。

（12）审查定金、违约金条款

定金、违约金条款都属于合同中的核心条款，不但必备，而且必须符合法律规定，建议格外关注。

（13）审查解除条款

解除条款是当事人自拟的关于解除合同的条款，是合同的重点条款之一。在审查合同的时候，必须予以充分关注。如果忽视了解除条款，当需要解除合同的时候，可能会面临困境，合同难以解除。设立解除条款优势在于需要解除合同的时候，能够依约将合同解除。

审查合同中的解除条款，可以考虑以下几个方面：第一，看合同是否有解除条款，如果没有应当增加。第二，看解除条款的设置是否合理，如果不合理，应该予以调整。有的合同设置的解除条款非常苛刻，对这样的条款应当予以修改。第三，注意是一方有解除权，还是双方都有解除权。如果合同中只为对方设定了解除权，而己方没有解除权，应该为己方也设立几种可以解除合同的情形。

合同没有设立解除约定，需要解除合同时，只能依据法律规定的情形来解除。约定优先于法定，没有约定才适用法定，法定是弥补当事人没有约定或约定不足的兜底性规定。当事人在合同中约定解除条款，是结合合同具体情况设定的，灵活具体，便于操作，而法律规定解除的事由不可能过于具体、细腻，只能规定笼统的解除情形与事由。因此，从合同结构上说，应该具备解除条款，解除条款的设定，不但要便于操作，还要公平。

（14）审查是否存在条款异位

条款异位是指合同中将甲方的权利义务写到乙方的名下或者反过来。条款异位时常可见，说明合同起草十分粗糙，没有经过认真核对。条款异位属于合同明显的瑕疵，卖方卖货应卖方收款，不可能买方收款。但条款异位不纠正，有的发生纠纷后，一方硬从字面解读权利义务关系，目的是规避违约责任。

（15）审查合同是否有漏洞

合同漏洞是合同在签订过程中形成的各种法律瑕疵的通俗说法，合同漏洞的主要表现形式如下。

第一，合同缺乏主要条款，例如，买卖合同没有数量、价款等，房屋租赁合同没有租金数额约定；

第二，合同没有签字、盖章，没有签订日期；

第三，合同约定有附件，而实际没有附件附合同之后；

第四，关键词、字表述不准确；

第五，合同权利义务异位；

第六，合同没有约定违约金数额、比例或计算方法；

第七，合同没有解除条款；

第八，合同没有保密条款或保证条款；

第九，合同没有建设工程审批、备案相关约定。

对合同存在的漏洞，在审查时应及时修补。合同漏洞越少、合同才越完整。

（16）审查是否有不可控制条款

不可控制条款是指履行合同可能会出现的某些无法履行的条款。有时合同的履行，并不是己方努力就能实现的，而是要以第三方的作为或批准为前提，如果第三方不作为或不批准，己方无能为力。例如，甲方与乙方签订药品开发合同，约定甲方在签订本合同后五十日内，获得药品批准文号。甲方是否能够在五十日内获得批准文号，完全由批准机关决定，而不取决于甲方的努力。又如电影联合摄制合同约定，乙方应在三十日内获得公映许可证。这样的约定，乙方可能做得到，也可能做不到，如果做不到就构成了违约。再如电视剧联合摄制合同约定，乙方投资2000万元，实际乙方只有资金500万元，其余1500万元是否能筹措得到不确定，这样就容易造成违约。合同中不可控制条款可能多种多样，是违约的潜在因素，必须在审查时调整。

（17）审查合同文字表述

这是指合同行文的字面审查。合同行文应该表述清楚，做到没有语言病句和晦涩难懂的词句，便于合同当事人阅读和理解。审查合同文字时，要注意语言是否规范、标点符号的使用是否正确、行业术语是否规范、指代是否明确、表述的语句是否简练且通俗易懂。合同行文是合同内容的载体和外在表现形式，在使用电子版的情况下，排版要保持字体统一，字间距、行间距排列美观大方。对合同中的错字要剔除干净，合同中错误的文字、混乱的表达也会产生不利的法律后果。

（18）审查方法

第一，通读全文，细读重点条款；

第二，思考条款的可行性、合理性、合法性；

第三，逐条审查，逐条推演；

第四，审查合同要分工协作，商务条款由业务部门把关，财务条款由财务部门把关，技术条款由技术部门把关，法律条款由法务部门把关，最后由法务部门进行统合。

第五，对不合理的条款进行调整。

上述审查合同的十八个方面，构成审查合同的主要内容和操作要领，属于惯例审查，对重大合同必须特殊审查。例如，银行贷款几千万或者上亿元的合同、保险合同、担保合同、重大建设工程施工合同、中外合资经营合同、境外贷款境内担保合同、对赌协议等，都必须进行特殊审查。建议一人审查后，还需另一人再审查，内部审查完，外部再审查，甚至应聘请行业专家审查，确保合同万无一失。

35. 无效合同新识别

合同有效与无效，后果截然不同。合同有效是指合同具备法律规定的效力，对合同当事人具有约束力，受法律保护。合同无效是指合同不具备法律规定的效力，对合同当事人不具有约束力，不受法律保护。合同效力对企业至关重要，审查时必须识别无效合同或者无效条款，不可在效力上存在混淆。《民法典》和《民法典合同编通则解释》及其他法律、司法解释，是辨别合同效力的法定依据。《民法典》颁布后，无效民事行为和无效合同的判定发生了新的变化，应逐条更新掌握。

第一，违反法律、行政法规的强制性规定的民事法律行为无效。但是，该

强制性规定不导致该民事行为无效的除外。（《民法典》第153条）

第二，违背公序良俗的民事法律行为无效。（《民法典》第153条）

第三，行为人与相对人恶意串通，损害他人合法权益的民事法律行为无效。（《民法典》第154条）

第四，行为人与相对人以虚假的意思表示实施的民事法律行为无效。（《民法典》第146条）

第五，当事人之间就同一交易订立多份合同，以虚假意思表示订立的合同无效。（《民法典合同编通则解释》第14条）

第六，合同中下列免责条款无效：A. 造成对方人身损害的；B. 因故意或者重大过失造成对方财产损失的。（《民法典》第506条）

第七，有下列情形之一的，该格式条款无效：A. 提供格式条款一方不合理地免除或者减轻其责任、加重对方责任、限制对方主要权利；B. 提供格式条款一方排除对方主要权利。（《民法典》第497条）

第八，当事人对诉讼时效利益的预先放弃无效。（《民法典》第197条）

第九，合同虽然不违反法律、行政法规的强制性规定，但有下列情形之一，应当依据《民法典》第153条第2款的规定认定合同无效：A. 合同影响政治安全、经济安全、军事安全等国家安全的；B. 合同影响社会稳定、公平竞争秩序或者损害社会公共利益等违背社会公共秩序的；C. 合同违背社会公德、家庭伦理或者有损人格尊严等违背善良风俗的。……当事人确因生活需要进行交易，未给社会公共秩序造成重大影响，且不影响国家安全，也不违背善良风俗的，不应当认定合同无效。（《民法典合同编通则解释》第17条）

第十，法律、行政法规禁止变更合同内容的，其变更无效。（《民法典合同编通则解释》第14条）

第十一，当事人以虚构租赁物方式订立的融资租赁合同无效。（《民法典》第737条）

第十二，具有下列情形之一的，民间借贷合同无效：A. 套取金融机构贷款转贷的；B. 以向其他营利法人借贷、向本单位职工集资或者以向公众非法吸收存款等方式取得的资金转贷的；C. 未依法取得放贷资格的出借人，以营利为目的向社会不特定对象提供借款的；D. 出借人事先知道或者应当知道借款人借款用于违法犯罪活动仍然提供借款的；E. 违反法律、行政法规强制性

规定的；F. 违背公序良俗的。（最高人民法院《关于审理民间借贷案件适用法律若干问题的规定》第 13 条）

第十三，租赁期限不得超过二十年。超过二十年的，超过部分无效。（《民法典》第 705 条）

第十四，当事人在担保合同中约定担保合同的效力独立于主合同，或者约定担保人对主合同无效的法律后果承担担保责任，该有关担保独立性的约定无效。（《民法典担保解释》第 2 条）

第十五，当事人约定债务人到期没有清偿债务，抵押财产归债权人所有的无效。（《民法典合同编通则解释》第 28 条）

第十六，诉讼时效的期间、计算方法以及中止、中断的事由由法律规定，当事人约定无效。（《民法典》第 197 条）

第十七，当事人事先约定排除《民法典》第 533 条适用的，该约定无效。（《民法典合同编通则解释》第 32 条）《民法典》第 533 条规定，合同成立后，合同的基础条件发生了当事人在订立合同时无法预见的、不属于商业风险的重大变化，继续履行合同对于当事人一方明显不公平的，受不利影响的当事人可以与对方重新协商；在合理期间内协商不成的，当事人可以请求人民法院或者仲裁机构变更或者解除合同。

第十八，非法垄断技术或者侵害他人技术成果的技术合同无效。（《民法典》第 850 条）

第十九，保证合同是主债权债务合同的从合同。主债权债务合同无效的，保证合同无效，但是法律另有规定的除外。（《民法典》第 682 条）

第二十，机关法人提供担保的，担保合同无效，但是经国务院批准为使用外国政府或者国际经济组织贷款进行转贷的除外。（《民法典担保解释》第 5 条）

第二十一，居民委员会，村民委员会提供担保的，担保合同无效。但是依法代行村集体经济组织职能的村民委员会，依照《中华人民共和国村民委员会组织法》规定的讨论决定程序对外提供担保的除外。（《民法典担保解释》第 5 条）

第二十二，以公益为目的的非营利性学校、幼儿园、医疗机构、养老机构等提供担保的，担保合同无效，但是有下列情形之一的除外：A. 在购入或者以融资租赁方式承租教育设施、医疗卫生设施、养老服务设施和其他公益设施时，出卖人、出租人为担保价款或者租金实现而在该公益设施上保留所有权；B. 以教育设施、医疗卫生设施、养老服务设施和其他公益设施以外的不动产、动产或者财产权利设立担保物权。登记为营利法人的学校、幼儿园、医疗机构、养老机构等提供担保，当事人以其不具有担保资格为由主张担保合同无效的，人民法院不予支持。(《民法典担保解释》第 6 条)

第二十三，公司的法定代表人违反《公司法》关于对外担保决议程序的规定，超越权限代表公司与相对人订立担保合同，相对人非善意的，该担保合同对公司不发生效力。(《民法典担保解释》第 7 条)

第二十四，招标代理机构违反《招标投标法》规定，泄露应当保密的与招投标活动有关的情况和资料，或者与招标人、投标人串通损害国家利益、社会公共利益或者其他人合法权益，如影响中标结果，则中标无效，其所签订的合同也应当无效。(《招标投标法》第 50 条)

第二十五，依法必须进行招标的项目，招标人与投标人就投标价格、投标方案等实质性内容进行谈判影响中标结果的，中标无效，其所签订的合同也应当无效。(《招标投标法》第 55 条)

第二十六，投标人以他人名义投标或者以其他方式弄虚作假，骗取中标的，中标无效，其所签订的合同也应当无效。(《招标投标法》第 54 条)

第二十七，投标人相互串通投标或者与招标人串通投标的，投标人以向招标人或者评标委员会成员行贿的手段谋取中标的，中标无效，其所签订的合同也应当无效。(《招标投标法》第 53 条)

第二十八，依法必须进行招标的项目的招标人向他人透露已获取招标文件的潜在投标人的名称、数量或者可能影响公平竞争的有关招标投标的其他情况影响中标结果的，或者泄露标底影响中标结果的，中标无效，其所签订的合同也应当无效。(《招标投标法》第 52 条)

第二十九，中标人将中标项目转让给他人的，将中标项目肢解后分别转让给他人的，将中标项目的部分主体、关键性工程分包给他人的，或者分包人再次分包的，转让、分包无效。[《中华人民共和国招标投标法实施条例》（以下简称《招标投标法实施条例》）第 76 条]

第三十，承包人未取得建筑业企业资质或者超越资质等级所签订的建筑工

程施工合同无效。[最高人民法院《关于审理建设工程施工合同纠纷案件适用法律问题的解释（一）》第1条]

第三十一，没有经营资质的实际施工人借用有资质的建筑施工企业名义签订的建设工程施工合同无效。[最高人民法院《关于审理建设工程施工合同纠纷案件适用法律问题的解释（一）》第1条]

第三十二，建设工程必须进行招标而未招标或者招标无效所签订的建设工程施工合同无效。[最高人民法院《关于审理建设工程施工合同纠纷案件适用法律问题的解释（一）》第1条]

第三十三，承包人非法转包、违法分包建设工程，与他人签订的建设工程施工合同，依据《民法典》第153条第1款及第791条第2款、第3款规定，认定无效。[最高人民法院《关于审理建设工程施工合同纠纷案件适用法律问题的解释（一）》第1条]

第三十四，约定的仲裁事项超出法律规定的仲裁范围的仲裁协议无效。[《中华人民共和国仲裁法》（以下简称《仲裁法》）第17条]

第三十五，无民事行为能力人或者限制民事行为能力人订立的仲裁协议无效。(《仲裁法》第17条)

第三十六，一方采取胁迫手段，迫使对方签订的仲裁协议无效。(《仲裁法》第17条)

第三十七，仲裁协议对仲裁事项或者仲裁委员会没有约定或者约定不明确的，当事人可以签订补充协议；达不成补充协议的，仲裁协议无效。(《仲裁法》第18条)

第三十八，承包人将工程分包给不具备相应资质条件的单位，所签分包合同无效。(《民法典》第791条第3款)

第三十九，分包单位将其承包的工程再分包，所签订的再分包合同无效。(《民法典》第791条第3款)

第四十，合同中约定背靠背条款无效。(最高人民法院《关于大型企业与中小企业约定以第三方支付款项为付款前提条款效力问题的批复》)

第四十一，出卖人未取得商品房预售许可证明，与买受人订立的商品房预售合同无效。但是在起诉前取得商品房预售许可证明的，可以认定有效。(最高人民法院《关于审理商品房买卖合同纠纷案件适用法律若干问题的解释》

第 2 条）

根据《民法典》《仲裁法》《招标投标法》《建筑法》以及最高人民法院相关司法解释规定，至少有七十种情况导致合同无效，本书第一版已经列出了五十一种，其中许多仍有使用价值和参考价值。合同审查人员应结合具体情况判断合同效力，以确保合同不被否定。

36. 合同中不得约定的内容

现行法律明确规定有些内容不允许在合同中作出约定，审查时应当注意。合同不得约定的内容大致如下。

第一，不得约定违约金不得调整。违约金过高或者过低，当事人可以向人民法院提出调整的请求。如果约定不得调整，有的可能会约定得过重，损害公平原则，而且也妨碍了人民法院的司法裁判权。当事人仅以合同约定不得对违约金进行调整为由，主张不予调整违约金的，人民法院不予支持。（《民法典合同编通则解释》第 64 条）

第二，物业服务人员不得采取停止供电、供水、供热、供燃气等方式催交物业费。（《民法典》第 944 条）

第三，代位诉讼由被告住所地法院管辖，或依专属管辖相关规定，当事人不可以约定管辖。（《民法典合同编通则解释》第 35 条）

第四，合同对定金的约定不得超过主合同标的额的 20%。（《民法典》第 586 条）

第五，租赁合同租期约定不得超过二十年。（《民法典》第 705 条）

第六，合同中不得约定人身伤害免责条款和因故意或者重大过失造成对方财产损失免责条款。（《民法典》第 506 条）

第七，合同中不得约定不得起诉的条款，诉权是法律赋予公民以司法救济解决纠纷的基本权利，当事人有选择诉与不诉的权利，但不能事先通过约定来排除诉权，如此约定剥夺了一方的基本民事诉讼救济权利，与《民事诉讼法》规定相悖。审理案件是人民法院的基本职能，不得起诉的约定，也妨碍了人民法院行使职权。[最高人民法院民事裁定书（2019）最高法民再 327 号]

第八，当事人不得约定债务人到期没有清偿债务，抵债财产归债权人所

有。抵债财产应该通过拍卖、变卖、折价方式实现债权，不能直接约定归债权人所有。(《民法典合同编通则解释》第 28 条)

第九，当事人不得约定诉讼时效期间、计算方法以及中止、中断的事由，应由法律直接规定。(《民法典》第 197 条)

第十，当事人不得在合同中事先约定排除《民法典》第 533 条适用。(《民法典合同编通则解释》第 32 条)

合同不得约定的内容，司法解释已经明确列出若干，但更多应该与合同无效紧密相连，法律认定无效的合同，当事人即便约定也得不到法律的认可。司法解释并未将不得约定的内容直接认定为合同无效，但属于法律限制约定，合同审查人员应当充分掌握。

37. 关注合同中的异常条款

异常条款是指格式合同中的责任免除条款和限制条款。限制条款就是提供合同的一方利用合同固定条款限制对方的某种合同权利，使对方权利缩小、变弱，遇到权利行使时，该权利不能按平等权利主张。免除责任条款就是提供合同的一方在合同中约定自己在一定条件下免除某种合同责任，特别是违约责任或者赔偿责任，这两种条款都属于合同中的特殊约定。这两个条款一般都由提供格式条款的一方提供，他们利用提供格式条款的机会，使限制条款和免责条款固化在合同中，不允许另一方修改，要么接受，要么不接受。总之，异常条款始终随着合同走，且维护提供方的特权。如果签订合同的一方没有注意到或者同意限制条款或免责条款，合同签订以后就会受到条款的制约，不但限制了己方的合同权利，也免除了对方的合同责任，当己方出现利益损失时，得不到救济，自己承担损失后果，认同这两个条款存在很高的风险。因此，合同审查时必须充分关注。

由于异常条款的特殊性，法律强调提供异常条款的一方要用特殊文字加重标注，提醒对方在合同签订前加以注意。如果没有尽到提示义务，限制条款或者免除责任条款不成立。

异常条款在银行贷款合同、保险合同、网络服务合同中十分常见，目的都是免除提供方责任。保险合同设定限制条款的目的是对赔偿范围或者赔偿条件加以限定，在超出赔偿范围或者不满足赔偿条件时，保险公司不承担赔偿责任。保险公司为自己设定免除责任条款，主要是考虑预想不到的意外事由，如果对赔偿责任不加以限制，可能会产生无限赔偿责任。但在限制赔偿责任时，应该设定合理的条件，不能把不可能发生的条件设定在合同中。例如，某典当行与保险公司签订的财产保险合同约定，出现下列情形之一，由保险人赔偿：其一，被保险人发生火灾造成财产损失；其二，天外来物坠落造成被保险人财产灭失。天外来物坠落几乎不可能发生，赔偿几率几乎为零。限制条款有的是合理的，有的是不合理的。例如，网络服务合同约定，合同签订后乙方不得再与第三方合作，甲方具有独家经营权。这是对乙方的限制，乙方再与第三方合作，就属于违约。如果甲方网络服务效果不好，乙方不能实现合同目的，那么这种限制对乙方来讲就不尽合理。合同中普遍存在着不合理的限制条款。

免除责任条款有的是合理免责，有的是利用法律给予的机会擅自免责，实际上属于违法免责。要注意对方的免除责任条款，就是要识别哪些属于合理免责，哪些属于不合理免责，一旦发现有不合理免除责任条款，审查人员应向对方提出，争取对该条款进行修改。例如，对于保险公司提供的合同免责条款，应当认真阅读，充分理解保险公司赔偿的条件和范围，对不合理的内容进行修改。否则保险公司很可能会拒赔。

【相关规定】

《中华人民共和国民法典》

第四百九十七条　有下列情形之一的，该格式条款无效：

（一）具有本法第一编第六章第三节和本法第五百零六条规定的无效情形；

（二）提供格式条款一方不合理地免除或者减轻其责任、加重对方责任、限制对方主要权利；

（三）提供格式条款一方排除对方主要权利。

第五百零六条　合同中的下列免责条款无效：

（一）造成对方人身损害的；

（二）因故意或者重大过失造成对方财产损失的。

38. 关注合同中的定金条款

定金是当事人签订合同时一方向另一方所交付的履行合同的金钱保证。交付定金的一方向对方保证履行合同，如果不履行合同，愿意承担保证责任，定金可以按约定处理。《民法典》第 586 条规定，当事人可以约定一方向对方给付定金作为债权的担保，定金合同自实际交付定金时成立。定金的数额由当事人约定，但是，不得超过主合同标的额的 20%，超过部分不产生定金的效力。实际交付的定金数额多于或者少于约定数额的，视为变更约定的定金数额。《民法典》第 587 条规定，债务人履行债务的，定金应当抵作价款或者收回。给付定金的一方不履行债务或者履行债务不符合约定，致使不能实现合同目的的，无权请求返还定金；收取定金的一方不履行债务或者履行债务不符合约定，致使不能实现合同目的的，应当双倍返还定金。

在合同审查中格外关注定金条款，是为了保证定金条款合法性，定金数额不能超过法定限额。定金条款是合同的核心条款之一，与合同当事人具有很密切的利害关系，直接关系到定金的得与失。

关于到底由哪方交付定金，法律并不作具体规定，而是由签订合同的双方协商确定。一般来说，在设计合同中，由设计方向委托方交付定金，保证按期交付设计成果；在买卖合同中，由买方向卖方交付定金，保证及时结清货款；在广告合同中，由广告主向广告发布方交付定金，保证按要求支付广告费；在商品房买卖合同中，由买方向卖方交付定金，保证如约买房；在房屋租赁合同中，由承租方向出租方交付定金，保证不拖欠租金。合同中是否约定定金，完全由当事人协商，并不是每份合同都要约定定金。但是约定定金，合同制约性就更强。定金的约定有两种自由性，一是由哪一方来交定金，由合同当事人自己协商；二是在法律限定幅度内交付多少定金，由当事人自行决定。

设立定金罚则的目的是维护合同的严肃性，主要是惩罚不履行合同的一方。定金交付的数额有大有小，如果数额不大，反悔一方可能损失也不大。但如果在一份标的额 1000 万元的合同中，交付定金 200 万元，收取定金的一方不履行合同时，应当返还 400 万元，这个数额对于企业来说已经是不小的数额了。定金的使用其实风险很高，所以在签订和审查合同时必须格外关注，谨慎使用定金。

在签订合同时，经常出现"订金"与"定金"字样，二者很容易混淆。其实，二者在法律意义上差别很大。从字面理解，订金是预订的意思，并不对合同产生担保效力。如果签订的合同中，双方使用的是"订金"字样，则不产生担保的后果，也就是说当一方或双方反悔不履行合同时，交付订金的一方可以要求返还订金。但订金被赋予担保的意思表示时，订金就变成了定金，性质发生了变化。另外，定金与预付款也不相同，签订合同时先交付的预付款，很明确是预付的金钱，而不是定金。所以，如果合同约定的是预付款，可以要求返还，收取预付款的一方也应当返还。定金可以为合同成立担保，也可以为合同履行担保，还可以为合同解除担保。

有的当事人在合同中既约定定金，又约定违约金，当一方发生违约时，不能二者并用，只能选择适用一种。

任何一份合同是否使用定金，应当根据双方协商或谈判的结果而定，由于定金具有双倍返还的性质，签订合同时如果不希望使用定金，就不要在合同中使用"定金"字样。如果约定为预付款，可能比定金更安全些。当然，如果双方都同意使用定金约束对方，就应当使用定金，使对方轻易不敢违约。

【相关规定】

《中华人民共和国民法典》

第五百八十八条　当事人既约定违约金，又约定定金的，一方违约时，对方可以选择适用违约金或者定金条款。

定金不足以弥补一方违约造成的损失的，对方可以请求赔偿超过定金数额的损失。

39. 关注合同中的违约金条款

违约金条款是合同的主要条款之一，几乎所有的合同都会约定违约金条款。审查合同一定要注意是否已经设立违约金条款，没有设立的一定要设立。即便设立了，也要关注设立得是否合理。违约金条款的设立关键是把握好两个限度。一是数额不能过高，否则得不到法律的有效保护，实践中将违约金设定在合同总额 30% 以下的较为普遍。二是不能一方畸轻，另一方畸重，双方应当承担同等比例违约金，以防止约定无效。如果违约金条款被认定无效，发生纠纷时并不能依据该条款承担违约责任。例如，某开发商提供商品房买卖合同，合同约定开发商违约时承担合同总额 0.2% 的违约金，而买方违约时承担合同总额 10% 的违约金，这样的不公平条款极为露骨，但有的当事人看不出来，或者提出异议被对方拒绝。违约金条款如何规定，双方完全可以协商，如果发现一方过重、一方过轻则可以要求修改，不修改可以不接受。在许多合同中，当事人认为违约金金额越高越好，让对方不敢违约，直接将违约金约定为合同总额 200% 或者 300%，实际上如此约定不能得到法院的支持。

违约金条款直接涉及合同当事人的切身利益，只有违约金条款完整、合理，才能在出现违约时，依照合同约定处理。

40. 关注合同中的"六金"条款

合同中经常会出现"留置金""担保金""保证金""订约金""押金""订金"字样，可称为"六金"条款。"六金"在不同的场合有不同的作用，但如果弄不清区别，就容易混淆，因此分清"六金"对合同审查十分必要。根据交易习惯，建设工程施工合同常使用保证金、风险抵押金，招标投标合同经常使用保证金，买卖合同经常使用预付款、预付金或者订金。押金是一种履行合同的保证，常见于房屋租赁合同中，订金在买卖合同、租赁合同、广告合同等多种合同中出现频率较高。应当明确，"六金"在合同中约定为定金性质的，按定金对待。没有约定定金性质的，不产生定金效力。留置金、担保金、保证金、订约金、押金、订金在长期实践中，使用基本固定化，但在产生定金效力时应当予以特别强调。

【相关规定】

最高人民法院《关于适用〈中华人民共和国民法典〉合同编通则若干问题的解释》

第六十七条　当事人交付留置金、担保金、保证金、订约金、押金或者订金等，但是没有约定定金性质，一方主张适用民法典第

> 五百八十七条规定的定金罚则的，人民法院不予支持。当事人约定了定金性质，但是未约定定金类型或者约定不明，一方主张为违约定金的，人民法院应予支持。
> ……

41. 注意合同中的关键词、关键字

合同中关键词、关键字起到核心作用。关键词、关键字错了，合同意思就不同了，可能直接影响合同利益实现。合同中常见易混用关键词有：卖、买，意思截然相反；定金、订金，约束力完全不同；已付、乙付，意思差别很大，"已付"是已经支付的缩写，而"乙付"可以理解为由乙方支付，属于乙方的支付义务；出租、承租，含义不同，权利义务相反；押金、预留金、保证金，意思也有不同；抵押、质押、担保、保证、承诺，都有保证的意思，但有明显的不同；索赔、理赔也存在差别，不能混用；万分之一、千分之一、百分之一更是差别巨大；拒收、拒付，这是一对相反的行为；接受、放弃，也是一种相反的关系。

合同中常见关键字有：前、后、千、百、万、日、月、年、内、和、或、及、定、订、中、终、每、没等，在合同中使用关键字失之毫厘，谬以千里。

其一，在商品房买卖合同中，双方口头沟通时一致同意合同签订时买方交付订金2万元。买方认为自己交付的是预付的订金，而开发商在合同上写的是定金，如果买方反悔了，由于"订金"写成了"定金"，按法律规定，交付定金的一方不履行合同时，定金不予退还。"定"与"订"仅一字之差，法律后果完全不一样。在各类合同中，混淆二者的情况非常普遍。关于"定"与"订"的用法，许多开发商非常明白，于是与买方签订合同时，故意说交付的是订金，让买方放心交款，而在合同和收据上却写作"定金"，当买方不想买时，所收定金不予退还，这就是利用合同的关键字设计的合同陷阱。

其二，建设工程施工合同中规定，"乙方（承包方）施工混乱或不遵守甲方（发包方）园区内相关管理规定或施工期间明显存在瑕疵或使用不合格材料，经甲方通知仍不能改正或不能提高施工质量，甲方有权解除合同"。如果

把"或"改为"和",意思就不一样了,"和"是并列关系,只有同时具备了列明的各种情形时,甲方才可以解除合同。而"或"是单选关系,只要具备所列情形其中一项,甲方就可以解除合同。对于甲方而言,用"或",有利于甲方解除合同,用"和",则不利于甲方解除合同。另有某建设工程合同双方约定,乙方三个月交工,而合同却写"乙方三月交工",双方发生纠纷时,甲方认为乙方应在三个月内交工,即工期九十天,乙方认为在三月份交工,工期未到。一字之差,理解大相径庭。

其三,还有合同约定,"甲方在合同签订后七日内付款100万元","七"和"后"都是关键字。"后"是开始付款的起算节点,"七"是时间天数,两个关键字决定了甲方付款时间义务。

其四,也有合同约定,"合同发生争议时,由双方友好协商解决,协商不成时,任何一方可以向甲方所在地人民法院起诉"。"甲"是关键字,但乙方修改合同时,把"甲"改成"乙",管辖地点即随之改变。因此,甲、乙的改变涉及合同纠纷管辖地点的变更。

其五,买卖合同中规定,"退货、换货不在此列"。意思是说退货、换货不在规定之内。如果把此句改为"退货、换货也在此列",意思就完全变了。"不"与"也"相差甚远,可见关键字的分量。

其六,"中"与"终"在合同中也经常被使用,"中止"表明的是暂时停止,而"终止"表明的是彻底终了。

其七,双方约定"甲方每支付货款,乙方……",但合同中书写成"甲方没支付货款,乙方……"。双方产生争议后,对"每"与"没"理解完全不同,都偏向自己一方进行解释。只有联系上下文,才能弄清真实含义。

其八,"十日内付款""十日后付款"也仅有一字之差,但"内"和"后"所指的付款时间完全不同。约定十日内付款必须在十日内支付,而约定十日后付款,则遥遥无期。

合同的关键字对于合同当事人来说特别重要,每份合同的语言表述各有不同,合同中的数词、连词、反义词非常值得注意,需谨慎使用。审查合同经常遇到关键字、关键词被误写或特意被改写的情况,必须高度关注,不能放过一个错字。

（四）把住合同修改关

42. 修改合同基本要领

修改合同对于防止合同发生风险非常重要，合同文本无论是己方提供的，还是对方提供的，都应该根据实际需要进行修改，修改不合法、不公平的条款，使合同趋于公平，符合法律要求。修改合同往往与审查合同同时进行。在一般情况下，好的合同几乎很少修改，但对文本粗糙的合同必须修改。

（1）修改合同的原则

合同奉行公平原则，修改合同也应予遵循。凡是合同规定只有一方享有权利，而另一方不享有权利的，应修改为双方平等享有权利；凡是合同规定只有一方承担义务而另一方不承担义务的，应该修改为双方平等承担义务；凡是合同规定只对一方进行惩罚，而对另一方不予惩罚的，应该修改为在同等条件下对双方一视同仁进行惩罚。修改合同主要是为了保持双方地位平等，没有强弱之分。在实践中，许多提供合同文本的一方不允许对方修改任何条款，担心因此削弱了自己的优势地位。合同条款是双方协商的结果，一方不让另一方修改，这样的合同难以接受。如果接受了，必然受制于人。

（2）修改合同的方法

修改合同有很多方法，可以根据谈判或协商结果进行修改，也可以参照范本标准进行修改。修改的前提是判断，只有判断出存在问题才能去修改。修改合同方法如下。

第一，推敲，对合同中有疑虑的条款要反复推敲，推敲的目的是使合同条款公平、合理。

第二，合并，把合同中表述接近或内容相关的条款合并到一起，用简洁的单个条款来表达，以免条款重复。

第三，引用，可以把其他合同中的好的条款引用到合同中来。例如，不可抗力条款、保密条款、承诺与保证条款、通知条款等，这类条款基本不具有倾向性，有的表述很严密，可以直接引用。

第四，排序，对合同的有些条款要调换先后顺序，使合同结构看上去更加合理。

第五，修改病句，包括修改不通顺的句子、矛盾的句子和晦涩难懂的句子。

第六，删除，把合同中的累赘语句、违法条款、霸王条款等全部删除。

第七，校对，校对合同的主体信息、标题、语句、文字、标点符号、行距等。

第八，补充，对合同中缺少的必要条款予以增补。

第九，表述统一，在合同中不可一会称产品，一会称货物；一会称合同，一会称协议。在前后特指一个意思的情况下，应保持称谓统一。

第十，数词形式统一，要么使用阿拉伯数字，要么使用中文数字，不要混用。

第十一，最后还应该注意语言文字表述要清晰，消除文字障碍或逻辑问题，使各条款之间不相矛盾，遵循逻辑一致性的要求。

(3) 修改合同的步骤

第一，修改之前阅读合同，对合同前后整体进行了解，不可开篇就改，那样很容易与后面的条款产生冲突或者重复。

第二，合同有重要条款和非重要条款，重点修改定金条款、违约责任条款、解除条款、管辖条款、限制条款、免除责任条款和生效条款等。

第三，对修改中有疑惑的条款，要查找法律规定并核对原文。

第四，修改后要认真斟酌，反复平衡，确定不存在明显瑕疵。

第五，注意合同结构平衡、完整。

修改合同对专业素养要求较高，既要熟悉民商法，又要熟悉交易习惯。修改合同应该尽可能保持专人负责，否则修改的合同稳定性欠佳。虽然有经验的人和没经验的人都可以修改，但修改风格、水平截然不同。

(五) 提高合同警惕性

43. 防止合同陷阱

合同陷阱是指在合同签订时，一方为另一方设置损害性的条款，使另一方处于不利地位。合同陷阱在很多合同中屡见不鲜，特别是在商品房销售合同和房屋装修合同中最为集中，有的图片使用合同和其他知识产权合同也善于设置陷阱。

(1) 商品房销售合同中的陷阱

在商品房销售合同中，主要是卖方为买方设置陷阱，具体表现如下。

第一，广告宣传得非常好，对绿地、景观、小桥、溪谷、超市、幼儿园、学校、医院、交通、距离等作不适当的夸张描述，使购买者对此产生兴趣，诱导购买者与之签订房屋销售合同。但在实际签订的合同中，根本没有这些内容或内容与宣传不符，而广告上说以合同为准，以此欺诈购买者。

第二，在销售上以让利为诱饵，实际上并不让利或变换手法另行加价。

第三，制造火热销售现场，雇来一些"房托"，在销售处制造销售火爆假象，现场看上去人很多，许多人都在填写合同，又有许多人在提问题，销售员逐一解答，好似销售情况非常好，诱导购房者痛下决心购买。

第四，挤兑购买者，购买者真的要买了，借口说户型、套数没了，要买只能提供其他位置的，向购买者兜售不好销售的房屋。

第五，打出最低价诱惑购买者，购买者来询问时说低价房卖没了，实际上仅此一套，哄骗更多人来谈意向。

第六，用预购合同挖陷阱，在预购合同中，让购买方交付定金1万元或者2万元，许多购买方并未考虑成熟，反悔时定金不予退还。

第七，"一房二卖"，一套商品房已经卖给了刘某，然后再卖给赵某，两位购房者只能有一位得到商品房，另一位不得不打官司，打官司后往往"钱房两空"。

第八，"五证"陷阱。销售商品房应具备"五证"，即国有土地使用证、建设用地规划许可证、建设工程规划许可证、施工许可证、商品房销售许可证。在购买者要求其出示"五证"时，卖方只说有证，不出示原件或编造理由说原件在其他工地，只提供虚假复印件。其实卖方证件不齐，瞒天过海欺诈消费者。

第九，故意留下合同空白不填，等买方走后，偷偷填上空白条款。例如，把"延迟办理产权证的违约金每日按购房款的0.03%承担"，改成"延迟办理产权证的违约金每日按已付款的0.03%承担"。购房款和已付款是两个概念，购房款是购房的全款,而已付款只是购房款的一部分。开发商趁买方不注意,自行在空栏里填上对自己有利的条款。

商品房销售合同陷阱很多,开发商利用自己丰富的销售经验和购买者缺少经验的弱势地位,在许多环节欺诈购买者,为购买者设置了一个又一个陷阱。

(2)二手房买卖合同中的陷阱

在二手房买卖合同中也存在大量陷阱,有些房屋中介机构明知不一定做得到,仍然诱导购买者,尽快促成交易,以获得中介费。

【案例】

北京有一对夫妻,欲购买一套150平方米的房屋,但必须先卖掉两套现在居住的较小房屋。于是,他们来到北京某房屋中介公司。业务员小李对夫妻接待十分热情,同意他们把欲卖的两套房屋挂在公司的平台上发布销售信息,并告诉他们,不出一个月这两套房子都卖得出去。不出一周,中介公司通知该对夫妻有一位卖方愿出售150平方米的房子,夫妻二人看后认可了此房。于是,销售人员极力劝说他们购买,再不定下来可能越往后价格越高,晚买不如早买。夫妻二人决定购买,于是与卖方签订了存量房屋买卖合同,合同约定房屋价格为372万元,并应向卖方交付定金2万元。夫妻二人同时又与该中介机构签订了房屋买卖居间服务合同,约定签订买卖合同后三十日内,向中介机构交付中介费8万元。合同签订一个月后,夫妻二人的两套小房并未售出,可是购买150平方米房屋的合同已经到了支付首款的时间,应向卖方支付160万元,买方无法支付,卖方几次要求他们交款,否则将房屋卖给他人。

夫妻二人没按合同交款,卖方要求解除合同,双方解除了网签合同,买方支付给卖方的2万元作为违约金被卖方扣下。五个月后,中介机构起诉夫妻二人,要求给付中介费8万元。按照中介合同约定,买方与卖方签订合同后三十日内就应支付中介费。夫妻二人只因签了二手房买卖合同,就损失了10万元。问题在哪里?就在于买卖脱节,两套小房还未卖出,中介就要求签订150平方米房屋买卖合

> 同，在时间段上有陷阱，使买方根本支付不了首付款。因此，买房时千万不要忙着先签合同，更不要轻易交付定金，即便必须交，也一定要尽可能少交，以减少损失。

(3) 房屋装修合同中的陷阱

第一，地面陷阱。有的房屋交工时，地面已经很平整，无需再找平，完全可以直接铺地板，但装修公司为了做地面工程，利用业主不懂技术的弱点，硬把地面说得一无是处，就是要说服业主地面必须重新找平，目的是多做一项工程，多赚一笔钱。

第二，墙面陷阱。在墙面处理、刷漆时，装修公司往往都多算面积，120 平方米能算出 200 平方米，趁房主不注意把面积扩大，仅此一项就可以多赚上千元。

第三，改水改电陷阱。装修公司以各种理由说原来的管道或管线有问题，要求重新设计和布线，废除原有的管道，在卫生间棚顶多绕几十米甚至上百米，有的全屋几乎全部改线，仅此一项房主就需多支付几千元甚至上万元。

第四，预算陷阱。给业主低价预算方案，吸引房主签订装修合同。开工后再增加各项费用，以先入为主的方式抢下装修工程，这是许多装修公司的惯用做法。

第五，橱柜陷阱。量尺寸时按延长米计算，面积计算方法重复，一个橱柜可以多算出 1—2 延长米，每延长米 1000—1500 元，4000 元的橱柜工程能算到 7000 元，以重复计算的方法多赚业主的钱。

第六，吊顶陷阱。施工方承诺包工包料，一般的用户会理解为不需要再花钱了。而实际结算时，施工方就边角线重新要钱，一般住户都要多花几百元或上千元。

总之，装修合同步步有陷阱，房主稍不注意就掉进了陷阱之中。防止装修合同陷阱最好的方法是找懂装修的人来帮忙，减少跌入陷阱的机会。

(4) 在合同附件设置陷阱

合同附件属于合同的组成部分，表现形式非常复杂。主要表现为各种清单、说明或图表等。在通常情况下，签订合同的双方当事人往往注意的是合同正文条款，认为正文没有问题就可以了，而对合同附件有所忽略。正是因为合同附件容易被忽略，一些合同当事人就利用合同附件设计陷阱，把应该在合同正文中规定的内容放在附件中，利用对方的粗心大意，将对方牢牢套住。常见陷阱例如，规定附件是合同组成部分，当合同正文与附件不一致时，以附件为准。然后在附件中规定许多违约条款和赔偿条款。许多当事人因为违反了附件规定，便遭到严厉处罚，有苦难言。又如，销售合同附件中的销售条件本来应写在合同的正文部分，双方对销售条件作出约定，如果买方接受，就按销售条件执行，如果买方不接受，合同不成立。但是，有些卖方处于强势地位，设定了许多销售条件，为买方规定了许多非常苛刻的条款，又故意把这些条款从合同正文中剔出，放置在附件中。由于附件不是格式条款，提供方无提示义务。所以，提供方便利用这个机会，将具有杀伤力的条款置于附件之中，对买方构成威胁。因此，非提供合同文本一方，不但要认真审查合同正文，对合同附件也要认真阅读，如果附件没有问题，可以不加修改，如果附件有问题，对附件也要修改。

(5) 签字盖章陷阱

合同甲方为公司，乙方为自然人，甲方在直播平台为乙方直播卖画。甲方提供合同范本，内容包括"双方代表签字并加盖双方公章或合同章后生效"，乙方没有公章，如果乙方只签字，按照约定合同并不生效。如果合同不生效，甲方在直播平台卖掉乙方的作品，但没有为乙方结算，甲方也不承担违约责任。这看似非常简单的条款，对于乙方来讲就是陷阱。

面对上述合同中常出现的各种陷阱，总可以找到破解的办法。以上述陷阱为例，破解办法如下。

①看房屋质量与环境

对于商品房买卖合同，无论销售方如何夸奖和炫耀，买方都应谨慎行事，会说不如会看，关键要看房屋质量、小区绿化、物业管理，其次是看其他附属设施。

②看"五证"

签订商品房买卖合同前，一定要看销售方是否具备"五证"，即建设用地规划许可证、建设工程规划许可证、建设工程施工许可证、国有土地使用证和商品房预售或销售许可证。在"五证"中，特别应注意预售许可证，没有预售许可证，开发商不能预售。

③验房

房屋交付时，要找专业人员验房，主要是测量房屋面积，看房屋面积是否准确。许多房屋交付后，并不符合设计标准，面积缩水时有发生。有的住宅楼建成后，室内举架不足 2.45 米，无法居住。对此，购买人可以与开发商交涉，要求其承担违约责任，并要求其将多收的房款退回。

④慎交定金

在商品房买卖合同中，不要轻易交付定金，可以交付预付款，如果不想买了，预付款可以收回。因此，交付定金时需要对房子和履约情况作成熟考虑。

⑤正确认识预购合同

签订预购合同后，不可以不签正式购房合同，否则构成违约，应承担违约责任。大量的购房人对预购合同认识不足，交付定金后不签订正式购房合同，定金不予返还的比比皆是。

⑥慎签二手房买卖合同

签订二手房买卖合同时，如果支付首款和尾款有困难，暂时不要签订合同，否则很容易违约，不但交付的定金要不回来，还要支付中介费。

⑦不轻信中介

不要轻易相信中介机构的话。为了追逐利润，业务员往往夸大其词，只说好的，不说坏的，目的是成交并赚取利润。

⑧装修货比三家

签订装修合同时，要货比三家，反复进行价格比较，不要匆匆与装修公司签订合同。

⑨不要全盘委托

对装修概算要逐项过问，不可完全委托给装修公司，那样会支付许多不必要的费用。

⑩装修面积计算准确

装修面积计算应做到接近准确，防止因计算错误而多支付费用。

⑪装修不轻信承诺

改水改电尽可能少改，不要轻信施工人员水电线路存在问题的说法，那可能只是一种增加工程量的托辞。装修地板一般不用地面找平,原有的地面多数可以直接铺地板,只有少数确实需要地面处理。

⑫对合同附件也要认真审查,发现问题及时纠正

合同陷阱表现非常复杂,无论签订什么合同,都必须深思熟虑,始终保持合同警惕性,总会减少上当的机会。

44. 防止对方签约耍招

合同领域主体比较复杂,诚信观念差别巨大。缺乏诚信的当事人在签订合同时,动心眼,耍手段,以作弊的方式签订合同,从而使对方上当受骗。

(1) 签约耍招的通常做法

①签订合同时趁对方不注意偷换页码

> 【案例】
> 　　北京某公司装饰工程结束后,发包方与承包方结算时,确定发包方还有210万元工程款未支付,双方签订了对账协议。承包方趁发包方不注意,将合同第二页调换,将210万元改写成410万元,为此双方争执不下,诉至法院时,由于发包方证明不了承包方偷换页码的事实,法院依据白纸黑字的对账协议,判令发包方给付承包方410万元。在这起案件中,不是法院判决有问题,而是发包方证明不了对方造假,由此只能承担举证不能的法律后果。

②私自涂改条款,把自己在合同中主要的义务删除,使自己不承担违约责任

> 【案例】
> 　　新疆的孙某来北京与A公司签合同,由于没有携带公司公章,要求A公司先盖章,孙某把合同带回新疆盖章后再寄回,A公司同意了孙某的要求。但孙某回到新疆后,未将盖章合同寄回北京,而A公司已经给孙某发送了11万元的货物,孙某收到货物后在乌鲁木

> 齐销售,由于合同规定孙某每年必须完成 15 万元的产品销售额,否则将承担违约责任 2 万元。孙某怕自己完成不了销售任务,把合同控制在自己手中不予寄回。A 公司多次要求孙某将合同寄回,孙某在拖了半年后终于将合同寄至北京,A 公司翻开合同发现,孙某已将合同中关于他应该履行的条款和违约金条款全部用墨笔涂掉。由于孙某不具有履行合同的诚意,A 公司要求与之解除合同,孙某同意,但违约责任条款已无法识别,只能让孙某逍遥法外。

③趁其不备,偷盖公章

公章是签订合同的重要标志,表明一方对合同全部条款的认可。在个别情况下,合同经一方起草完毕,但在另一方还没审查时,自己的公章却被偷偷盖到了合同上。这种情况的出现,就是一方趁另一方不注意,加之公章保管不善导致的。

> 【案例】
> 长春某塑料加工厂与吉林省长白朝鲜族自治县秦某签订农膜购销合同,秦某趁塑料厂财务人员上厕所之机,将该厂的公章盖在了农膜购销合同上,然后将合同拿走。几个月后秦某要求该塑料加工厂履行合同,合同价格每吨比别人便宜 200 元,该塑料加工厂不予认可。秦某将该塑料加工厂诉至法院,在证据面前,法院要求该塑料加工厂履行供货义务,该塑料加工厂只能承担损失。

④故意留下空白,等另一方不在场时,偷偷填上对自己有利的条款

> 【案例】
> 程某向房地产开发商购买 120 平方米商品房,价款 78 万元,双方在销售处签订了合同,程某交付定金 4 万元,合同由销售员填写,

> 有些空格当时没有填写，且销售员谎称都不填写，程某信以为真，夫妻俩遂离开售楼处。半个月后，开发商销售员打来电话，说程某要买的房子没有了，答应为其退还定金。程某夫妻到售楼处后，发现合同违约金一栏已经被销售员写成不承担违约责任。夫妻两人提出该条款当时没有填写，开发商不承认。说两人拿走的是合同第一稿，拿错了，第二稿是备案稿。两人无法说清，只能不了了之。

⑤介绍虚假情况，诱骗对方上当

> 【案例】
> 盖某承包某水库和林地进行养殖。两年内，投入200万元，盖了五间砖房，因投放的林蛙苗几乎全跑掉了，鱼也没养起来，于是决定罢手不干。他意欲把水库和林地转给某企业，介绍说自己的水库水面可以养鹅，水下可以养鱼，林地可以养蛙，还可以种植水稻和蔬菜，水库虽不盈利，但也没有一分外债，愿意无偿转给某企业经营。某企业派人考察，认为可以接管。于是，与盖某签订了转让合同。四个月后，某信用社主任来到某企业，要求偿还420万元贷款。某企业惊愕不已，以为水库没有欠款。信用社出示了借款合同，某企业才知道上了当。

⑥有意让对方先盖章，自己后盖章，以此来控制合同生效时间。

> 【案例】
> 长春某房地产开发公司与某集团公司联合开发一小区，双方经过多次协商决定签订联合开发协议，房地产开发公司盖章后将合同交给某集团公司再盖章。某集团公司担心合同生效自己需付款800万元给对方，于是久久不在合同上盖章，直至双方产生纠纷，合同也未盖章，因此合同不生效。

合同盖章有先有后，这是商业操作的惯例，但个别情况下，有的当事人借此耍花招，非常值得警惕。

（2）防止签约耍招的注意事项

防止签约耍招可以考虑以下做法。

首先，要对对方保持警惕，害人之心不可有，防人之心不可无。

其次，不给对方留有耍招的机会，签合同时把文字全部校对好，在合同中明确约定，"任何一方不得涂改，如有涂改，涂改部分未经双方盖章不生效"，这就可以防止不讲信誉的一方涂改合同。对于印制好的合同，当面填写，不留空白格，时间也当面写清。

再次，与生疏的小公司签合同时，要求小公司当面签订合同，不可让其把合同拿走盖章。对于两页以上的合同一定要加盖骑缝章。

最后，对合同所涉项目应当进行充分的考察，考察是否有虚假，未核实前不要签订合同。

（六）不该签订的合同

45. 不签订霸王合同

霸王合同是指签订合同时一方明显占有优势，利用合同条款，以强欺弱，限制或剥夺对方权利的合同。霸王合同是合同领域中为大家所共同声讨和抵制的合同，但在实践中并不少见。霸王合同损害了合同相对人的利益，限制或剥夺了相对人的权利，践踏了合同公平原则。买卖公平是几千年来人类在交易中逐渐确立下来的交易规则，而霸王合同恰恰违背了公平原则，它以损害对方利益为代价，用合同相对方的损失换取自己的利益。制定霸王合同的一方，往往都利用自己在市场的强势地位而凌驾于合同相对方之上，而合同相对方由于存在某种需要而离不开制定霸王合同的一方。因此培育了制定霸王合同一方的强势意识，在欺压弱势一方的同时，也逐渐把一些不合理的条款写入合同里，久而久之形成了霸王条款，合同相对方若不与之签订合同，也很难选择其他的合同伙伴。霸王合同出现在多个行业，也有的是个别生产企业或经销企业。行业领域推广的是行业产品，全行业都实行统一的规则，都使用高度相似的合同条款。而个别生产企业或者经销企业往往经营的是自身产品，它们利用产品的优势挤占市场，欺凌合同相对人，利用不公平的合同发财致富，将更多的财富积累到自己手中。

识别霸王合同有两种方法，一是看行业整体，如果全行业基本使用的是一个合同版本，有些合同通篇看似公平，实际上有许多不公平条款，或者在救济条款设计上明显有利于提供合同一方。许多免责条款让弱势一方得不到合理救济，从而损害了弱势一方的合法利益。二是看合同条款，霸王条款可能出现在个别地方，以一个或两个霸王条款使合同相对方处于劣势地位，特别明显地表现在违约情形的设立、违约责任的承担、赔偿责任的划分上，这些条款往往都是约束弱势一方的，对强势一方很少约束或不约束。霸王条款只对合同相对方违约实行惩罚，对自己违约却只字不提，一旦弱势一方接受该条款，便陷入违约的境地，强势一方就会利用霸王条款致弱势一方于死地，要么认罚，要么就诉至法院。

在实践中，常见霸王合同或者霸王条款如下。

第一，强势一方在合同中有相当大的权利，而弱势一方则没有，弱势一方必须服从强势一方。

第二，在违约上，只规定弱势一方承担违约责任，而且特别苛刻，强势一方不承担违约责任。

第三，合同出现违约时，弱势一方责任重，强势一方责任轻，责任承担不公平。

【案例】

北京某保险公司办公大楼装修设计合同谈判时，保险公司作为发包方规定，承包方违约时需承担合同金额5%的违约金，而发包方违约时只承担1%的违约金，承包方提出修改合同的违约金比例时，发包方坚决反对，坚持违约金比例不能平等，非常霸道。

又如，某房地产公司与购房人签订房屋买卖合同时，在合同中规定：

> 第一，甲方（卖方）须于当年 11 月 1 日前将房产交付使用，若延期交房，则每迟交 1 个月，按乙方已付房款 3%计算罚金，付给乙方（买方）作赔偿。
>
> 第二，乙方若未按期限向甲方交清房款，视为违约，甲方有权从乙方已交购房款中，扣罚 10%的金额作违约金，且不予办理入户手续。
>
> 如此规定，双方支付违约金比例不平等，卖方承担 3%，而买方承担 10%，相差甚多，且作为霸王条款不许修改。
>
> 还有的商品房买卖合同中规定，"若乙方（开发商）在下述交付期限二十天后仍未交房，每拖延一天按 0.02%（每天 30 元）罚款交给甲方（业主）。甲方不按合同规定及时交款的，超过规定日期，按每天每套 200 元付给乙方；如甲方没有履行约定，中途退房，乙方有权扣除所交房款的 50%"。在商品房销售合同中，类似的条款很多。

第四，付款滞纳金偏轻或偏重。某购销合同约定，买方逾期付款每日承担合同标的额 1%的滞纳金，而卖方逾期交货则每日承担合同标的额 10%的滞纳金。

第五，合同对己方责任进行限制，不管造成多少损失，设定固定赔偿额封顶；而对另一方责任则不进行限制，损失多少赔偿多少，承担责任大小差别很大。

第六，一方免责，另一方不免责，免责的一方总是强势一方。

第七，有的合同约定，售出的货物概不退换，赠送品不退不换。消费者在办理家用电器退、换货时，商家要求商品包装、外观必须完好，附件必须齐全，否则不包修、包换、包退。还有的规定，药品一经售出，概不退换。也有的条款规定珠宝、金银饰品、玉器商品不退换、不维修等。

第八，有的合同规定己方有价格调整权。价格是双方协商达成，而单方提价是利用合同剥夺对方的协商权。

第九，也有的合同价格特别昂贵，超出市场几倍，甚至几十倍。利用卖方市场，垄断产品、垄断行业。

第十，直播平台服务合同约定，甲方通过直播出售乙方字画，价格由甲乙双方协商确定，双方意见不一致时，以甲方定价为准。乙方作品明明可以卖5000元，但甲方有权500元出售，这对乙方来讲就极不公平。

第十一，有的销售合同规定，货物交付后，卖方对质量概不负责，产品使用造成伤害与本公司无关。

第十二，美容院为了给自己免责，在墙上贴出告示称，因本店已投保，如需索赔应向保险公司提出，与本店无关。

第十三，有的通讯公司不经用户同意，强行给用户开通某项业务，给用户发短信通知，用户如果不使用以上业务必须在规定时间内到通讯公司或拨打电话取消相关业务，否则视为用户同意，如果发生欠费，将在预存话费中抵扣。这属于强行交易，逼迫用户认可合同。

第十四，某商品房买卖合同中规定，"该商品房所在楼宇的屋面使用权和外墙面使用权不属于买受人，买卖双方同意屋顶和外墙面广告权、会所、休闲娱乐设施及其他卖方投资建造的经营性房产和设施权益属于出卖方"。开发商利用合同强行剥夺业主共同的财产权利。

霸王合同在保险业、电信业、金融业、民用航空业、旅游业、房地产业、餐饮业、零售业、体育健身业、中介服务业等领域经常出现。

签霸王合同危害合同相对人的利益，不签订霸王合同的关键在于识别。凡是合同中约定只一方承担责任，而另一方不承担的，都属于霸王合同。凡是合同约定一方重罚，而另一方轻罚的，也都是霸王合同，弱势一方有权拒绝签订霸王合同，也有权要求修改霸王条款。签订霸王合同后，当事人还可以申请人民法院或仲裁机构予以变更或者撤销。

46. 不签订违法涉刑合同

合同的签订和履行，最根本的前提是合同的合法性。企业为了自身安全，不应当签订违法涉刑合同。银行、石油公司、保险公司、民航、铁路、公路等单位储存大量公民身份信息，绝不可以签订公民身份信息转让合同，但有的企业通过合同公然倒卖公民身份信息获利。传销合同、贵金属销售合同、吸收公众存款合同、高利贷合同、非法开采矿产资源合同、非法转包合同、违法分包合同等都属于违法合同。凡是刑法明令禁止生产、销售的产品，都不能作为合同销售对象。刑法禁止生产和销售的产品如下。

第一，掺杂、掺假的产品，以假充真，以次充好或者以不合格产品冒充的合格产品；假药、劣药。

第二，不符合卫生标准的食品；掺有有毒、有害的非食品原料的食品。

第三，不符合保障人体健康的国家标准、行业标准的医疗器械、医用卫生材料。

第四，不符合保障人身、财产安全的国家标准、行业标准的电器、压力容器、易燃易爆产品或者其他不符合保障人身、财产安全的国家标准、行业标准的产品。

第五，假农药、假兽药、假化肥，或者失去使用效能的农药、兽药、化肥、种子，或者不合格的农药、兽药、化肥、种子。

第六，不符合卫生标准的化妆品。

刑法明确规定禁止生产、销售的产品，属于合同中的高危领域，企业千万不可涉足，否则会承担刑事责任。

47. 不签订建设工程非法转包合同

建设工程施工合同禁止非法转包，非法转包违反《民法典》《建筑法》的强制性规定，属于无效行为。非法转包是指承包方承包工程后，自己不施工，而将工程转包给第三方进行施工的行为。非法转包一般表现为将建设工程全部转包给一个施工单位，由该单位进行施工，或将全部建设工程进行支解，以分包的名义分别转包给多个施工单位。非法转包的最大危害是层层加价，转包一次，加价一次，转包人从中获利。非法转包的另一个危害是工程质量没有保证，无经营资质的施工队伍充斥建筑市场，其技术、设备都无法满足工程需要，造成建筑市场的严重混乱。非法转包行为，实质上是一环一环倒卖建筑工程，扰乱了建筑市场，侵害了国家建筑市场管理秩序，危害的是建筑工程项目。为此，《民法典》第791条和《建筑法》第28条及其配套法律、法规，都严格禁止非法转包。最高人民法院也通过司法解释禁止非法转包，其目的就是维护建筑市场正常秩序，确保建设工程的安全。

尽管建设工程施工禁止非法转包，但转包现象仍然十分普遍。许多大公司以自己名义总包下来，然后再转包出去，自己不参与管理，只收取管理费；另一种通过出借建筑企业资质，让其他主体以项目处、分公司名义挂靠在自己名下，冒充合法资格主体，规避法律限制。工程转包内情非常复杂，一般是不具有建筑资质的单位或个人通过给予建筑方、总包方回扣来承接工程，也有的转包方二次、三次转包，最多的达到五次、六次转包。非法转包已成为扰乱市场秩序和危害建筑工程质量的顽疾，一旦被发现，法律均不认可，严格依照规定判决无效并进行处罚。

【相关规定】

《中华人民共和国建筑法》

第二十八条 禁止承包单位将其承包的全部建筑工程转包给他人，禁止承包单位将其承包的全部建筑工程肢解以后以分包的名义分别转包给他人。

《中华人民共和国民法典》

第七百九十一条 发包人可以与总承包人订立建设工程合同，也可以分别与勘察人、设计人、施工人订立勘察、设计、施工承包合同。发包人不得将应当由一个承包人完成的建设工程支解成若干部分发包给数个承包人。

总承包人或者勘察、设计、施工承包人经发包人同意，可以将自己承包的部分工作交由第三人完成。第三人就其完成的工作成果与总承包人或者勘察、设计、施工承包人向发包人承担连带责任。承包人不得将其承包的全部建设工程转包给第三人或者将其承包的全部建设工程支解以后以分包的名义分别转包给第三人。

禁止承包人将工程分包给不具备相应资质条件的单位。禁止分包单位将其承包的工程再分包。建设工程主体结构的施工必须由承包人自行完成。

48. 不签订建设工程违法分包合同

建设工程分包是指经发包人同意，总承包人将建设工程的一部分分包给其他具有施工资质的第三方进行施工。就《建筑法》而言，建设工程总承包单位可以将承包工程中的部分工程分包给具有相应资质条件的单位施工。但是，除总承包合同中约定的分包外，必须经建设单位认可。建筑工程主体结构的施工必须由总承包单位自行完成，不得分包。总承包方与分包人签订分包合同时，分包人需要满足三个条件：

其一，总承包人承包全部工程，非主体结构部分工程可以分包；

其二，发包人同意分包给他人；

其三，分包人具有施工资质。

工程分包时，总承包人与分包人建立合同关系，分包人对总承包人负责，总承包人对建设单位负责，总承包人和分包人对建设单位承担连带责任。建筑工程分包与转包不同，在分包的情况下，总承包人参与施工并自行完成建设项目的一部分，由于技术或力量不足，由其他分包人帮助总承包人完成相应的工程，共同完成总体工程。而在转包的情况下，转包人不参与施工和管理，而是将工程全部转包出去。

违法分包是指承包人自己不施工，把建设工程进行支解，然后以分包的名义再分别承包给他人，属于违法分包。违法分包主要指以下行为。

第一，将建设工程分包给不具备相应资质条件的单位；

第二，未经建设单位认可，承包人将其承包的部分工程交由其他单位完成；

第三，总承包人违反分包合同约定，将工程的主要部分或者群体工程中半数以上的单位工程转给其他单位施工；

第四，分包单位将其承包的工程再行分包。

违法分包常见的有二次分包、三次分包、四次分包，一项工程经过多次分包以后，最后的分包商很可能没有资金、没有设备、没有技术、没有人员，有的甚至没有资质，发包时约定的条件层层减少，达不到工程设计要求，给建筑工程质量带来严重隐患。违法分包的危害在于工程质量难以保证，扰乱建筑市场秩序。工程被违法分包以后，可能存在收受回扣、违法收取管理费、工程管理混乱、工程不能按时竣工和按时验收等问题。因此，理所当然为法律所禁止。

为了规范建筑市场、保证工程质量，发包人不应为违法分包提供条件，在工程发包中，应禁止违法分包，使承包人不能将工程违法分包出去。承包人也不应背着发包人把工程违法分包给他人，如果违法分包，承包人要向发包人承担违约责任和赔偿责任。同时，作为违法获得工程的分包商，尽管与承包人签订了工程分包合同，由于此类合同不受法律保护，分包人的利益亦得不到法律保护。

【相关规定】

《中华人民共和国建筑法》

第二十八条　禁止承包单位将其承包的全部建筑工程转包给他人，禁止承包单位将其承包的全部建筑工程肢解以后以分包的名义分别转包给他人。

第二十九条　……

禁止总承包单位将工程分包给不具备相应资质条件的单位。禁止分包单位将其承包的工程再分包。

《中华人民共和国招标投标法实施条例》

第七十六条　中标人将中标项目转让给他人的，将中标项目肢解后分别转让给他人的，违反招标投标法和本条例规定将中标项目的部分主体、关键性工作分包给他人的，或者分包人再次分包的，转让、分包无效，处转让、分包项目金额5‰以上10‰以下的罚款；有违法所得的，并处没收违法所得；可以责令停业整顿；情节严重的，由工商行政管理机关吊销营业执照。

49. 不签订招标投标作弊合同

招标投标作弊合同是指在建设工程或政府采购招标中，招标方和投标方通过作弊所签订的合同。招标投标作弊一般表现为下列几种情况。

其一，招标代理机构泄露应当保密的与招投标活动有关的情况和资料，或者与招标人、投标人串通损害国家利益、社会公共利益或者其他人的合法权益。

其二，招标人与投标人就投标价格、投标方案进行谈判以谋取中标。

其三，投标人相互串通投标或者与招标人串通投标。

《招标投标法实施条例》第 39 条规定，下列行为属于投标人相互串通投标：A. 投标人之间协商投标报价等投标文件的实质性内容；B. 投标人之间约定中标人；C. 投标人之间约定部分投标人放弃投标或者中标；D. 属于同一集团、协会、商会等组织成员的投标人按照该组织要求协同投标；E. 投标人之间为谋取中标或者排斥特定投标人而采取的其他联合行动。

【案例】

某市对建设小区项目进行招标，有三家房地产公司来参加投标，三家公司在投标前约定，由甲公司中标，乙公司和丙公司不中标。招标竞价时乙公司加价一次后放弃竞价，丙公司也在两次竞价后放弃竞价，甲公司自然中标。甲公司中标后，乙公司要求甲公司给付串标费 1100 万元，由乙、丙公司平分。甲公司将 1100 万元转给乙公司，这是非常典型的串标行为。

《招标投标法实施条例》第 40 条规定，下列情形为投标人相互串通投标：A. 不同投标人的投标文件由同一单位或者个人编制；B. 不同投标人委托同一单位或者个人办理投标事宜；C. 不同投标人的投标文件载明的项目管理成员为同一人；D. 不同投标人的投标文件异常一致或者投标报价呈规律性差异；E. 不同投标人的投标文件相互混装；F. 不同投标人的投标保证金从同一单位或者个人的账户转出。

《招标投标法实施条例》第 41 条规定，下列情形属于招标人与投标人串通投标：A. 招标人在开标前开启投标文件并将有关信息泄露给其他投标人；B. 招标人直接或者间接向投标人泄露标底、评标委员会成员等信息；C. 招标人明示或者暗示投标人压低或者抬高投标报价；D. 招标人授意投标人撤换、修改投标文件；E. 招标人明示或者暗示投标人为特定投标人中标提供方便；F. 招标人与投标人为谋求特定投标人中标而采取的其他串通行为。

其四，投标人向招标人或者评标委员会成员行贿谋取中标。

招投标本来是通过公平、公正的程序来确定双方的合同关系，如果通过作弊的方式谋取合作，剥夺了其他人的合作机会，损害了其他人的利益，应当为法律所禁止，通过作弊所签订的合同无效。因此，合同当事人在招投标中不能签订作弊合同。作弊合同实质上是恶意串通，是为《民法典》和《招标投标法》所禁止的。签订招标投标作弊合同，还可能受到行政处罚或承担刑事责任。

50. 不签订欺诈合同

欺诈合同就是在签订合同中，一方隐瞒事实真相骗取另一方信任并与之签订的合同。欺诈合同是在一方不知道与合同有关的真实情况下签订的，被欺诈的一方由于受欺诈而不了解或不知道合同的真实情况，判断是基于错误合同信息而作出的，并非受欺诈的一方的真实意思表示。如果被欺诈的一方了解了合同的真实情况，可能不会作出如此决定。合同欺诈违背了合同自由的原则，签订合同的责任应归于欺诈方。

（1）欺诈合同的特点

①具有欺骗性

欺诈以提供虚假的信息为前提，以骗取信任为手段，最终达到通过合同非法获利的目的。

②具有误导性

被欺诈一方是基于欺诈方的误导性陈述而误签合同，如果没有误导或欺骗，被欺诈一方不会作出错误判断。

③具有隐蔽性

欺诈一方隐瞒真相不容易被察觉，所描述的情况看似是真的，很容易让人上当。

④具有损害性

欺诈合同的履行，会损害被欺诈一方的利益。

（2）欺诈合同示例

①隐瞒抵押情况

欺诈一方在合同签订之前，已经把合同的标的物如房屋、设备、工具、车辆等财产抵押给了银行或第三方。但在签订合同时，没有把这一重要事实告诉合同相对人，合同相对人误以为欺诈一方有权处置合同标的物，并与之签订了有关合同，在被欺诈一方交付款项后，才发现标的物已被抵押，自己的合同权利无法实现。

②隐瞒商品房已出售给第三方的事实

在商品房买卖中，有些开发商已经把房屋卖给了某一位买受人，却故意隐瞒已经出售的事实，把房屋再卖给其他新的买受人，新买受人在不知情的情况下，又与其签订了买卖合同，向其交付买房款，待房屋交付时，才发现房屋已经卖给了第三方，出现"一房二卖"的情况，房屋无法交付。

③隐瞒债务情况

在公司收购合同中，出让方故意隐瞒负债情况，将收购方蒙在鼓里，并与之签订合同。公司收购后，收购方才发现该公司负债累累。也有的是在签订股权转让合同时，故意隐瞒公司的债务情况，骗取新股东受让公司股权。新股东进入公司后，才发现公司负债情况与转让方所描述的差距巨大。

④隐瞒质量瑕疵

有的合同当事人明知自己的产品质量不好，却在签订合同时故意夸大产品质量，骗取买方信任。合同签订后，买方交付了货款，等待交付货物时，才发现产品质量不好，甚至根本不能使用。

⑤隐瞒身份

签订合同时利用其他人的名义，打着合法的旗号，骗取别人的信任。

（3）欺诈合同的预防

避免签订欺诈合同可从两方面考虑，一是自己不欺诈别人，实事求是，不隐瞒真相；二是防止被别人欺诈。以上述欺诈为例，防止被欺诈的具体操作方法如下。

第一，向对方询问合同标的物是否存在抵押情况，让对方就合同标的物是否被抵押向己方作出保证和承诺，必要时也可以对抵押情况进行核实。

第二，对于商品房，为了防止"一房二卖"，可以办理预告登记。预告登记后，开发商再"一房二卖"，将不发生物权效力。如果在预告登记时发现所要购买的房子已被出售，可以拒绝与卖方签订房屋买卖合同，这是识别"一房二卖"最有效的手段。

第三，在股权转让合同中，为了防止债务情况虚假不实，可以要求转让方就债务问题作出承诺，承担告知不实的违约责任；还可以在签订合同前，要求对债务进行审计；亦可以分期支付股权转让款，将最后一期股权转让款安排在实际控制公司若干时间后再支付，若发现转让方隐瞒债务，可在最后一期股权转让款中直接抵扣。

如果当事人不慎签订了欺诈合同，可以通过诉讼或者仲裁程序，请求法院或仲裁机构撤销合同。

51. 不签订空白合同

空白合同是指在合同签订中，合同有空白栏未填写，但已经盖好了公章或签字，只等待填写内容。空白合同在实践中偶尔出现，主要出现于熟人之间，由于相互比较信任，才会毫不在意地把空白合同交给对方去填写。空白合同最大的弊病是，对方在合同空白处可以任意填写，属于"开口"合同，等于概括性授权给对方填写，如果对方不讲诚信，空白合同会带来很大的风险。还有一种情况是企业把盖好公章的空白合同交给本单位销售人员，由销售人员随时带在身上，便于签订合同。把空白合同交给本单位业务人员，实际是一种授权行为，本单位持有空白合同的人，有权根据情况签订合同。空白合同处于不确定状态，与已经填写好的合同相比，许多条款存在未知，风险随时会发生。因此，为了保证合同的安全，企业应当杜绝签订空白合同。

避免签订空白合同要从两个方面着手，一是本单位的合同不要让销售人员随身携带；二是不要将本单位的空白合同交给对方当事人，既防君子也防小人。

52. 不签订假合同

假合同是指合同双方为了实现某种目的，签订一个双方并不实际履行的虚假合同。签订假合同往往由于双方比较熟悉，有时是应甲方的需要而为，有时是应乙方的需要而为；有的是为了规避税收，有的是为了应付审计，也有的是为了向第三方提供虚假证明。虽然目的不同，但不履行假合同是签订之前已经商量好的。

假合同与真合同的表现形式基本相同，看不出条款有什么明显漏洞，合同并不写明哪些条款不履行。如果不知内情，往往会以为是真合同。假合同的最大风险在于假戏真做，如果有一方这样做，另一方就会面临较大风险。假合同签订后，双方都要保存，根据需要提供给有关部门，有关部门也不知道这是真是假，假合同以假乱真，完全能达到目的。假合同违背诚实信用原则和商业道德，具有违法性和欺骗性，属于合同领域的毒瘤。

【案例】

甲公司拍摄三十集电视连续剧，委托乙公司代理发行，发行费为200万元。乙公司希望此剧推广到某电视台播放，但电视台要求该剧发行额必须在1000万元以上，否则不予播放。于是乙公司寻求帮助，与另一兄弟公司签订发行费1000万元的合同，以满足电视台签订合同的要求，双方签订此合同目的不是真发行，而是对电视台作假，以达到在电视台播放的目的。

假合同表现形式为真合同，一旦有一方要求履行合同，负有义务的一方就会有口难言，合同不履行就构成违约。签订假合同不是一方的过错，而是双方的过错，无论出于什么目的，假合同既有法律风险，又有商业风险。因此，应杜绝签订假合同。

53. 不倒签合同

倒签合同就是签订合同的各方原来并未签订合同，但已经开始履行，经过一段时间后，再补签合同，把时间倒回到以前。倒签合同的日期不真实，如果用倒签的日期来约束双方，可能会自然而然地出现违约。

倒签合同在实践中时有发生，倒签的目的是补上合同，使双方有遵循的依据或存档。倒签合同最大特点是把双方真正签订合同的时间提前了一个阶段，可能提前几个月，有的甚至提前一年或者几年。倒签合同有如下问题。

第一，由于开始履行合同和实际签订合同时间不一致，双方的履行行为难以界定是否违约。如果按倒签的时间计算，可能出现甲方或乙方违约的情况，如果按实际的时间计算，可能就不存在违约。

第二，倒签合同不能真实反映双方履行合同的实际情况，在正常情况下，合同签订后生效，双方开始履行，从开始履行合同到履行完毕，合同的权利义务约定，是对双方履行合同情况的检验。如果倒签合同，用权利义务约定检验履行情况，恐怕会产生许多矛盾之处。倒签合同总是使发生的许多事项与签合同的时间对不上。例如，倒签的合同规定，在 7 月 20 日前，乙方应为甲方开具发票，实际上双方真正签合同的时间为 11 月 20 日，乙方无法在 7 月 20 日为甲方开具发票，时间已经不能倒流回去。

第三，倒签合同极易产生合同纠纷，倒签合同的双方，一般都是关系比较好的合作伙伴，双方当初履行合同时往往都比较信任，许多事项双方履行的是口头合同，没有书面合同。把签订合同时间提前到过去双方都心知肚明。但如果有一方不讲信用，要求按倒签合同履行，另一方就可能陷入违约的境地。合同双方当事人在愉快合作时期，往往都会原谅对方的不足，一旦出现僵局，则互不原谅，就会用合同衡量对方是否全面履行了合同义务，有的合同当事人在矛盾冲突激烈时，不顾倒签合同的事实，把倒签合同的时间说成是实际签订合同的时间，双方诉讼到法院的时候，如果不能证明倒签合同的情况，法院会按合同签订的日期认定合同生效日期，从而使己方陷入被动。

倒签合同实质上是"君子协定"，双方都不能把倒签合同的时间说成是实际的签订时间。倒签合同的基础是双方的信任关系。倒签合同的原因很多，有的是开始履行时，双方没有机会或没有时间签订，过后再补签合同，也有的习惯于先做后补。在两个熟悉的企业之间先做后补还情有可原，但对于一个陌生的合同相对人，风险就难以把控。倒签合同是双方对已经履行的合同行为的确认，补充完善法律手续，但这种做法并不规范，属于对错误做法的弥补。与其后来补合同，不如开始就签订合同，规范做法总比非规范做法更能减少合同风险。

【案例】

2019 年 8 月，甲公司与乙公司签订投资合同补充清算条款，约定目标公司未能设立时投资款的归属。甲公司已公告破产并由管理人接管，由于担心管理人不认可乙公司的权益，甲、乙公司签订补

> 充合同，认定甲公司在第三人处的债权有乙公司的一部分，双方将签订日期提前到 2014 年 8 月。合同提交后被发现属于倒签合同行为，法院认为已经破产立案了，倒签补充合同涉嫌违法，要求甲、乙公司撤回补充合同，否则移送公安机关侦查。

54. 不签订应急合同

签订应急合同是合同签订的一大忌讳。应急合同就是指签订合同时，一方当事人表现得过于匆忙，必须立即签订一份合同，合同无需审查和修改。签订应急合同，有的是为了开新闻发布会，当场签订拍摄给外界看，是宣传造势的需要；有的是与对方约定好了签订时间，不好意思失言。

签订应急合同具有如下不利因素。

第一，合同未能审查与修改，可能存在内容粗糙或者条款不利的问题，会带来一定的风险；

第二，应急合同往往是对方提供的版本，对方清楚合同的内容，但与己方并没有充分的讨论与协商，不合理地缩短了合同酝酿时间；

第三，合同一经签订就具有法律效力，要想变更合同必须双方同意，如果对方不同意变更，应急一方只能就范；

第四，应急一方容易违约，很可能会因此承担法律责任。

应急合同的产生，主要是应急一方太信任对方，没有严肃对待合同，这是签订合同不可取的放任态度。

55. 不签订阴阳合同

阴阳合同是指双方当事人持有一份合同，在合同备案机关备案的是另一份合同，两份合同内容不一致，双方执行手中持有的合同，备案的合同并不履行。备案的合同称为"阳合同"或"白合同"，各方手里的合同为"阴合同"，也称为"被隐藏的合同"。

阴阳合同在建筑工程领域普遍存在，许多发包人和承包人仍然冒险签订阴阳合同，其目的是规避法律、法规，压低成本，获取更多的利益。二手房买卖中阴阳合同也偶尔出现，买方要求卖方在登记备案手续中将价格填低，真正成交 120 万元，却写成 80 万元，以达到少缴税款的目的，许多卖方也都应允。

阴阳合同具有以下问题。

第一，具有违法性。《民法典》第 146 条规定，行为人与相对人以虚假的意思表示实施的民事法律行为无效。在阴阳合同中，"阴合同"是双方真正要履行的合同，而备案用的"阳合同"双方并不准备履行。某建设工程施工合同备案工程造价 5000 万元，而双方实际按 7000 万元结算。工程造价 5000 万元是虚假的意思表示。

第二，将受到行政处罚。对于违反法律法规的行为，一旦被行政主管机关发现，将会受到行政处罚。

第三，效力不稳。过去阴阳合同属于无效合同，现在并不一概而论。当事人之间就同一交易订立多份合同，以虚假意思表示订立的合同，仍然被认定为无效。而为规避法律、行政法规的强制性规定，以虚假意思表示隐藏真实意思表示的，依据《民法典》第 153 条第 1 款的规定认定被隐藏合同的效力。当事人为规避法律、行政法规关于合同应当办理批准等手续的规定，以虚假意思表示隐藏真实意思表示的，依据《民法典》第 502 条第 2 款的规定认定被隐藏合同的效力。被隐藏的合同可能无效或者不生效。当事人采用阴阳合同都是为了达到一定目的，有的是为了规避强制性规定，有的是为了规避批准，有的是为了规避纳税，有的是为了规避转包限制。阴阳合同的效力由人民法院或仲裁机构依据《民法典》或者《民法典合同编通则解释》来认定。对于符合《民法典》第 143 条规定的，则被隐藏的合同有效，这与早期司法实践对阴阳合同效力的理解不同。

【案例】

A 公司与 B 公司签订建设工程合同，工程价格 8000 万元。双方同意写成 4500 万元，并各执合同一份，合同在政府部门存档备案。工程结束后，双方进行核算，承包方 B 公司认为合同总价 8000 万元，A 公司已经支付 3800 万元工程款，还应再支付 4200 万元。A

> 公司认为，只需再付700万元，因为备案的合同中工程价格为4500万元，双方产生纠纷。承包人B公司认为双方实际工程投入已达7000万元。A公司认为双方合同应以备案的合同为准，双方所持的合同无效。本案系典型的阴阳合同，其效力双方各执一词，正是因为签了阴阳合同，才会产生纠纷。因此，合同当事人应该签订双方真正要履行的合同，不可签订阴阳合同，以防假戏真做。

56. 不签订晦涩难懂的合同

晦涩难懂的合同是指在合同签订中，对方提供的合同条款非常晦涩，很绕口，几乎看不懂，或者只能对合同一知半解。有些买卖合同或合作协议，合同文本是由对方提供的，可能是英文译成汉语的缘故，也可能是其他缘故，合同表述前言不搭后语，绕弯子、兜圈子。例如，"本合同所涉图片为非新闻类所使用图片而成或获取，未经所有权人或合法授权人及权利转来人的同意或许可及依法声明放弃，任何第三方不得自己或者许可他人及无利害关系人使用和复制"。语句很长，需仔细琢磨才能理解含义。

由于签订这类合同时对内容不甚了解，很容易出现违约，且不利于履行。合同首先是双方当事人的意思表示，意思表示应当真实、清楚，如果有一方对合同内容不理解，合同履行就会产生迷茫。晦涩难懂的合同是语言障碍在合同中的反映，修改起来也极不方便。这类合同的出现，一是翻译人员直译的原因，没有流畅地表达合同的意思，造成合同条文晦涩不通顺，理解起来比较困难；二是提供文本的一方习惯崇尚这种风格，用晦涩的语言描述合同，貌似高深，让对方产生一定的压力。晦涩难懂的合同很多来自境外，由于语言的差异，合同流畅性不好，主要是含义不好理解。这种合同如果只是表意不明，修改后还可使用，但若"醉翁之意不在酒"，埋伏着圈套，那么一旦轻易签了这样的合同，就很可能隐藏祸端。

破解晦涩难懂的合同，一是请对方对合同原意进行解释，争取能够看明白，并进行修改，使表述清晰；二是对方不予解释时，建议由己方起草合同；

三是对方拒绝修改时，不予签订。

57. 不签订主体反复更换的合同

有的企业签订合同时，合同主体反复更换，一会用集团公司名义签，过几天又改用下属公司名义签，有的甚至更换三四次，使合同主体越来越混乱。例如，北京某公司出租办公用房，与承租方签订房屋租赁合同，承租方先以项目部名义承租，称房屋主要由项目部使用。过几天又说项目部不是法人单位，由集团公司签订才名正言顺，出租方同意，双方又将合同主体改为集团公司。过了两个月，又说租房是给新成立的有限公司使用，又要求将合同主体改为有限公司，出租方再次同意。合同履行两年，承租方拖欠房屋租金600万元，有限公司没有实质业务，没有收入，欠下大量债务，集团公司不肯垫付，出租方只好将项目部、集团公司和有限公司列为被告起诉，法院审理时认为主体混乱，为审理设置了多重障碍。集团公司之所以把主体更换为有限公司，就是要让有限公司"顶包"，因为有限公司没有财产，不怕强制执行。企业在日常经营中，更换合同主体的情况并不少见，几乎都有阴谋或者盘算。保持合同主体稳定是合同的基本要求，反复更换主体，增加了合同关系的复杂性。因此，在正常情况下，合同签订后应当保持合同的稳定，尽可能杜绝反复更换合同主体，一旦发现对方更换主体有不可告人的目的，应持谨慎或反对态度。

58. 不签订出借企业经营资质的合同

出借企业经营资质是企业合同风险来源之一。企业经营资质是指企业从事某种经营而获得的法定资格。经营资质具有特指性，仅为获得该经营资质的企业所专有。经营资质的特指性决定了它不可以出租、出借，也不可以转让。在实践中，有许多企业看到某些领域具有赚钱的机会，千方百计地借用别的企业的经营资质从事经营。有的企业为了获利，把经营资质出借给没有经营资质的企业，为其进入市场提供方便，破坏了国家对该领域的管理秩序，这些都是法律所禁止的。

出借企业经营资质具有违法性和风险性。违法性在于，首先，这种行为扰乱了市场；其次，出借方获取了非法利益；再次，出借方出卖了国家经营许可资源，于法不容。风险性在于，出借方与借用方要承担连带责任，法律风险不可掌握。出借方将经营资质借出后,由借用方以出借方的名义从事活动,其全部后果由出借方承担。以建设工程为例,借用方没有建设企业经营资质,不能参加投标活动,出借方以自己的名义参加投标活动,中标后将工程转让给借用方承担,借用方承担工程项目后,由于设备、技术、人力方面的限制,很可能没有能力承担该项工程,如果施工造成质量事故,出借方作为中标方逃脱不掉法律责任。如果造成工程损失,出借方还应给予赔偿。实践中,在建筑行业领域,出借企业经营资质的现象极为普遍,许多没有经营资质的施工队,借用他人名义承包工程,出借方只收管理费,实际上什么也不管,坐收渔利。还有的房地产开发公司,以自己的名义投标,中标后将工程全部转让给没有房地产经营资质的公司,为没有经营资质的公司提供方便。建设工程是一项技术要求很高的领域,没有专业的技术人员和设备很难承担繁重的建设任务。而出借建筑企业经营资质的单位,不顾工程技术、质量要求,只顾赚钱,为没有经营资质的施工队进入市场提供方便,导致许多建设项目验收不合格,达不到设计要求和使用寿命,出现许多劣质工程,其危害性甚大。出借经营资质,出借方与借用方一般都采取签订联营合同、合作协议或承包合同的方式,以出借方的名义与第三方签订建设工程施工合同,千方百计钻法律的空子。

出借企业经营资质会带来一系列法律后果,出借方的法律后果如下。

第一,被没收违法所得,出借经营资质收取管理费,属非法所得;

第二,被罚款;

第三,承担质量责任;

第四,承担事故责任;

第五,降低资质等级;

第六,情节严重的,吊销经营资质。

借用方的法律后果如下。

第一,修复后的建设工程竣工验收不合格,承包人要求发包人给付工程款,法律可以不予支持,这样会导致承包人劳而无功;

第二,承包人签订无效的建设工程合同而获得的非法所得可能被收缴;

第三,同样承担质量责任和事故责任;

第四,垫付的工程款难以收回。

出借企业经营资质为法律所禁止,《建筑法》第26条规定,禁止建筑施工企业以任何形式允许其他单位或者个人使用本企业的资质证书、营业执照或以本企业的名义承揽工程。《招标投标法实施条例》第69条规定，出让或者出租资格、资质证书供他人投标的，依照法律、行政法规的规定给予行政处罚；构成犯罪的，依法追究刑事责任。

企业出借资质与挂靠很相似，同样是企业合同法律风险产生的根源之一，为了避免这类法律风险发生，企业之间要杜绝签订借用资质或者挂靠合同。

> 【相关规定】
>
> 《中华人民共和国建筑法》
>
> 第六十六条　建筑施工企业转让、出借资质证书或者以其他方式允许他人以本企业的名义承揽工程的，责令改正，没收违法所得，并处罚款，可以责令停业整顿，降低资质等级；情节严重的，吊销资质证书。对因该项承揽工程不符合规定的质量标准造成的损失，建筑施工企业与使用本企业名义的单位或者个人承担连带赔偿责任。
>
> 最高人民法院《关于审理建设工程施工合同纠纷案件适用法律问题的解释（一）》
>
> 第一条　建设工程施工合同具有下列情形之一的，应当依据民法典第一百五十三条第一款的规定，认定无效：
> （一）承包人未取得建筑业企业资质或者超越资质等级的；
> （二）没有资质的实际施工人借用有资质的建筑施工企业名义的；
> （三）建设工程必须进行招标而未招标或者中标无效的。
>
> 承包人因转包、违法分包建设工程与他人签订的建设工程施工合同，应当依据民法典第一百五十三条第一款及第七百九十一条第二款、第三款的规定，认定无效。

【案例1】

河南省三门峡市某珠宝公司，原本做珠宝生意，欲进入房地产开发领域，没有经营资质，就借用别的房地产公司经营资质进行建设工程施工。房屋盖完后进行销售，房屋质检部门认为工程质量存在问题，不得销售，工地长期撂荒。从建设工程手续看，该工程属于某房地产开发公司，实际投资人是珠宝公司，出借经营资质的房地产开发公司被卷入官司当中。出借企业经营资质，一旦出现问题，后果由出借方承担。

【案例2】

某兄弟二人成立小型汽车制造厂，长期借用其他企业汽车生产经营资质进行生产和销售。生产卡车卖到西安，用户反映存在质量问题要求赔偿，经法院审理查明，该汽车不是正规生产厂家生产，而是个人借用资质生产，法院判决出借方承担38万元赔偿责任。

59. 不帮他人签订倒贷合同

这是指银行借款合同到期时，借款人无力偿还，由银行与借款人再签订一份新的借款合同，用以偿还旧的贷款，使旧的贷款归于结束。这种以新贷还旧贷的合同也常称为倒贷合同。倒贷合同一般在银行与原借款人之间发生，主体相对性不变，贷款数额不变，只是有了新的贷款日期和偿还日期。从外观上看，银行的上一笔借款已经偿还了，但是借款人又欠下了新的借款。如果倒贷只是在原主体之间发生，其风险不涉及他人。但有的时候倒贷却引入了新的借款人，由新的借款人替代旧的借款人，对于替代者来说，巨大的法律风险也会随之而来。倒贷合同新主体的加入，往往与旧主体有着千丝万缕的联系或者有着极其复杂的幕后背景，例如集团公司与子公司的上下级关系，或是利益相关的两个公司的恶意串通等，一个希望逃避债务，一个自愿顶雷。

无论出于何种目的，帮助他人签订银行借款倒贷合同，从替代者角度来说存在如下法律风险。

第一，从与银行签订倒贷合同时起，原债权债务关系发生转移，所欠的银行债务全部由替代者承担，从此扛上了沉重的债务负担。

第二，当替代者不能偿还债务，银行提起诉讼时，需要查封、扣押替代者的相关资产并进入强制执行程序，替代者承担一切后果。

第三，即便原合同主体进行担保，担保人非常可能不具有担保能力，还需主债务人承担。

第四，如果倒贷存在恶意串通、欺诈、虚报材料等情况，替代者将面临刑事法律风险，有可能涉嫌贷款诈骗罪或者骗取贷款罪。

【案例】

2018年，某市商业银行与A公司签订贷款合同，贷款数额为1.9亿元，贷款期限三年。到期后A公司无力偿还，为了以新贷还旧贷，双方再次签订借款合同。表面上A公司已经将原贷款偿还完毕，但又欠下了银行新的同等数额的贷款。本次倒贷到期后，A公司还是不能偿还借款，银行同意再次办理倒贷手续，A公司提出由新的主体B公司来替代自己签订倒贷合同，B公司有一部分别墅可以抵押，银行不予否认。2024年6月，还款期限已到，B公司无力偿还，银行方提起诉讼，查封了B公司全部在建工程和抵押资产。原贷款1.9亿元被上级集团公司及关联公司使用、转移和挥霍，所提供的有关材料存在虚假，公安机关立案侦查，三次将相关责任人刑事拘留，多次传唤财务人员，公司人心惶惶，正常经营受到重大影响。

帮助其他企业签订银行借款倒贷合同，其法律风险既有民事的，有时还伴有刑事的。不计后果帮助他人签订倒贷合同，如同飞蛾扑火，灰飞烟灭。

（七）应该谨慎签订的合同

60. 谨慎签订保证合同

保证合同是为保障债权的实现，保证人和债权人约定，当债务人不履行到期债务或者发生当事人约定的情形时，由保证人履行债务或者承担责任的合同。保证合同是一种重要的民事合同，要义是保证债权人的债权得以实现，防止出现债务不履行的风险。保证合同是法律后果十分严重的合同，一经签订，当债务人不履行债务时，保证人承担责任。一般情况下，保证人风险极高，签订了保证合同，就要承担保证责任。保证方式分为一般保证和连带责任保证，当事人在保证合同中约定，债务人不能履行债务时，由保证人承担保证责任的，为一般保证。约定保证人和债务人对债务承担连带责任的，为连带责任保证。债权人可以要求债务人履行债务，也可以要求保证人履行债务。连带责任保证比一般保证责任更为严厉。

【案例】

吉林省松原市甲公司为乙公司债务担保1500万元，乙公司没有按期偿还债务，被诉至法院，法院判令甲公司承担保证责任，给付1500万元及其他费用。甲公司不想承担保证责任，上诉后二审法院驳回上诉，维持原判。进入执行程序后，甲公司被强制执行2100万元。甲公司向律师发出邀请，若能执行回转，愿支付风险代理费500万元，律师评估后几乎无人代理。虽然代理费很诱人，但这类担保案件几乎不可能反转。

保证合同是以损失钱财为特征的风险合同，为其他企业或个人提供担保，应该严格实行内部批准程序，通过公司章程对担保活动加以规范，以严谨的公司内部程序，控制担保合同的签订。

尽管保证合同为高风险合同，但在特殊情况下也可以免除保证责任，免除一般保证责任和免除连带保证责任的条件有很大的不同。依照《民法典》第693条第1款规定，一般保证的债权人未在保证期间对债务人提起诉讼或者申请仲裁的，保证人不再承担保证责任。承担保证责任以提起诉讼或者仲裁为前提，不提起诉讼或者仲裁，一般保证人并不承担责任。依照《民法典》第693条第2款规定，连带责任保证的债权人未在保证期间请求保证人承担保证责任的，保证人不再承担保证责任。债权人要求承担连带保证责任，无需提诉讼或者仲裁，只需在保证期间请求保证人承担保证责任即可，这个条件比一般保证要低很多。连带责任保证免除责任条件受到更严格限制，除非债权人疏忽。根据《民法典》第695条第1款、第696条第2款及第702条规定，还有一些免除承担保证责任的法定情形：A. 债权人和债务人未经保证人书面同意协商变更主债权债务合同内容，加重债务的，保证人对加重的部分不承担保证责任。B. 保证人与债权人约定禁止债权转让，债权人未经保证人书面同意转让债权的，保证人对债权人不承担保证责任。C. 债务人对债权人享有抵销权或者撤销权的，保证人可以在相应范围内拒绝承担保证责任。《民法典担保解释》第24条规定，债权人知道或者应当知道债务人破产，既未申报债权也未通知担保人，致使担保人不能预先行使追偿权的，担保人就该债权在破产程序中可能受偿的范围内免除担保责任，但是担保人因自身过错未行使追偿权的除外。

《民法典》和《民法典担保解释》充分合理地考虑了各种免除保证责任的情形和理由，但严格对号入座免除责任并非易事。承担保证责任是常态，免除责任是例外，因此需谨慎签订。

【相关规定】

《中华人民共和国民法典》

第六百八十七条　当事人在保证合同中约定，债务人不能履行债务时，由保证人承担保证责任的，为一般保证。

一般保证的保证人在主合同纠纷未经审判或者仲裁，并就债务人财产依法强制执行仍不能履行债务前，有权拒绝向债务人承担保证责任，……

> 第六百八十八条　当事人在保证合同中约定保证人和债务人对债务承担连带责任的，为连带责任保证。
>
> 　　连带责任保证的债务人不履行到期债务或者发生当事人约定的情形时，债权人可以请求债务人履行债务，也可以请求保证人在其保证范围内承担保证责任。

61. 谨慎签订抵押合同

抵押合同是指抵押权人与抵押人签订的担保性质的合同。抵押人以一定的财物向抵押权人设定抵押担保，当债务人不能履行债务时，抵押权人可以依法处分抵押物并从所得价款中优先受偿。

《民法典》第395条规定，下列财产可以抵押：A. 建筑物和其他土地附着物；B. 建设用地使用权；C. 海域使用权；D. 生产设备、原材料、半成品、产品；E. 正在建造的建筑物、船舶、航空器；F. 交通运输工具；G. 法律、行政法规未禁止抵押的其他财产。《民法典》第396条规定动产也可以抵押，企业、个体工商户、农业生产经营者可以将现有的以及将有的生产设备、原材料、半成品、产品抵押，债务人不履行到期债务或者发生当事人约定的实现抵押权的情形，债权人有权就抵押财产确定时的动产优先受偿。《民法典》第397条规定，以建筑物抵押的，该建筑物占用范围内的建设用地使用权一并抵押。以建设用地使用权抵押的，该土地上的建筑物一并抵押。抵押人未依据前款规定一并抵押的，未抵押的财产视为一并抵押。《民法典》第398条规定，乡镇、村企业的建设用地使用权不得单独抵押，以乡镇、村企业的厂房等建筑物抵押的，其占用范围内的建设用地使用权一并抵押。上述是《民法典》根据财产状况不同所明确的可抵押的财产，为抵押财产的设定提供了依据。

根据《民法典》第399条规定，不得抵押的财产有：A. 土地所有权；B. 宅基地、自留地、自留山等集体所有土地的使用权，但是法律规定可以抵押的除外；C. 学校、幼儿园、医疗机构等为公益目的成立的非营利法人的教育设施、医疗卫生设施和其他公益设施；D. 所有权、使用权不明或者有争议的财产；E. 依法被查封、扣押、监管的财产；F. 法律、行政法规规定不得抵押的其他财产。

抵押合同不同于一般合同，它的最大特征是用资产抵押。常见的抵押发生在银行借贷合同中，银行为了保证及时收回贷款，要求借款人必须以一定的财产进行抵押，如果借款人拒不提供抵押，银行不会借款给借款人。抵押合同从银行角度来说，是保证借款合同安全履行的必要条件，抵押的目的是当借款人不能按期偿还借款时，保证银行及时收回贷款，将抵押物折价抵偿借款。从借款人角度来说，谁也不愿意将自己的资产抵押出去，作出抵押的决定是为了获得贷款，如果不能偿还贷款，情愿用抵押物偿还。

抵押物在债务不能清偿时，会因抵押权人申请而被法院处置，这对抵押人来说是一种很大的风险。一方面，抵押物有可能被变卖用以偿还债务，在变卖中，抵押人将丧失财产所有权；另一方面，抵押物往往被贬值评估，特别是银行在评估抵押物价值时，一般都按抵押物本身价值的70%左右进行评估。因此，对于抵押人来说，签订抵押合同，就意味着资产可能贬值，除非按期偿还借款。抵押合同的基本法律特征是债务人不能偿还债务时，抵押物由抵押权人进行处分，这种合同的特殊性，决定了抵押合同的风险性。

除了银行借贷实行抵押外，两个企业之间也常有签订抵押合同的情况。例如，一个企业向另一个企业购买设备，当无力结清账款时，也经常会采用以设备、车辆、房屋、材料等进行抵押的情况。企业之间设定抵押合同应当办理财产抵押登记，如果不办理登记，不能对抗第三人。也就是说，如果不办理财产抵押登记，当第三方主张债权时，可以用未经抵押登记的资产偿还其他债务。因此，从安全的角度说，抵押合同的抵押权人，不是将有关证照拿到自己手中就万事大吉了，而应办理相关抵押登记手续。

抵押合同签订后，虽有抵押物被抵押权人处分的可能性，但不是所有的抵押物都必须由抵押权人处分，当债务人能够按期偿还债务时，抵押权人不能处分抵押物，在这种情况下，仍然是物归原主。尽管如此，债务人在进行物的抵押时，对于未来是否能清偿债务仍不确定，抵押物有可能收回，也有可能被处分，基于抵押物被处分的可能性和处分时可能大幅贬值的情况，债务人在签订抵押合同时应持谨慎态度。

> 【相关规定】
>
> 最高人民法院《关于适用〈中华人民共和国民法典〉有关担保制度的解释》
>
> 第四十六条 不动产抵押合同生效后未办理抵押登记手续，债权人请求抵押人办理抵押登记手续的，人民法院应予支持。
>
> ……
>
> 《中华人民共和国民法典》
>
> 第三百九十四条 为担保债务的履行，债务人或者第三人不转移财产的占有，将该财产抵押给债权人的，债务人不履行到期债务或者发生当事人约定的实现抵押权的情形，债权人有权就该财产优先受偿。
>
> ……

62. 谨慎签订质押合同

质押合同，是出质人将动产质押给质权人的担保合同。一般来说，出质人为债务人或担保人，质权人为债权人。债务人或担保人将物交给债权人占有和管理，在没有还清债务之前，由债权人控制质押物。《民法典》第425条规定，为担保债务的履行，债务人或者第三人将其动产出质给债权人占有的，债务人不履行到期债务或者发生当事人约定的实现质权的情形，债权人有权就该动产优先受偿。

当事人在质押合同中，质押的是动产。质押合同与抵押合同很相似，也非常容易混淆，两种合同的区别关键是由谁占有担保物。质押合同由质权人占有担保物，而抵押合同是由抵押人占有担保物。了解对物的占有情况，抵押与质押就不难区分。质押合同订立并生效后，在主债务人债务清偿期届满前，质权人虽然享有占有质物的权利，但还不能处分该质物。它优先受偿的权利只是一种期待权，当债务清偿期届满后，若债务人没有履行债务，质权人才可以作价实现质权。所以质押合同规定了债务人履行债务的期限，据此确定债务人清偿期届满的时间，同时也是质权人实现质权的时间节点，保障质权人及时实现质权。

质押合同生效后，出质人应将质押物交给质权人，在交接的时候说明质押物的名称、数量、质量、颜色、规格、型号、产地、出厂日期、新旧程度等。如果出质人在期限内按时履行债务，质权人应将质押物返还给出质人，双方还要办理回转交接手续。质物在质押期间，质权人有义务进行妥善保管。质押合同具有担保性质，除了需要偿还主债务外，还要支付利息、违约金、损害赔偿金、质物保管费用和实现质权的费用等。质押合同只转移质押物的占有，所有权没有发生变化，仍然属于出质人，但出质人已经暂时失去控制权。所以，这类合同的签订，是以移交质押物为后果的，质押物有收回的可能，也有无法收回的可能，取决于债务人是否如期偿还债务。在质押合同中不得约定在债务履行届满质权人未受清偿时，质押物归质权人所有，这是签订质押合同所必须注意的。

鉴于质押合同签订后质押物会被权利人占有，质押物有被变价处理的可能，债务人应谨慎签订质押合同。

【相关规定】

《中华人民共和国民法典》

第四百二十八条　质权人在债务履行期限届满前，与出质人约定债务人不履行到期债务时质押财产归债权人所有的，只能依法就质押财产优先受偿。

第四百二十九条　质权自出质人交付质押财产时设立。

63. 谨慎签订过桥垫资合同

过桥垫资合同是指签订合同的当事人一方需要使用资金而另一方为其临时垫付并收取利息的合同。签订过桥垫资合同是为了获得临时垫付资金，而不是长期借贷，这与长期借贷合同有所区别，但本质上还属于借贷合同。

过桥垫资合同，满足了需要使用资金一方的需求，解决了燃眉之急。但还是暴露了许多瑕疵和问题：首先，垫资时间很短，但一般收取的利息很高；其次,合同中规定许多违约条款,不但容易违约,而且处罚也非常严厉,后果非常严重,风险过高;最后,许多过桥垫资合同是为新开办的、缺乏注册资本金的公司垫资而签订,资金打入银行账户只为走过场,垫资后马上抽回去,重新回到垫资一方的账户上。如此操作,给设立公司的一方带来很大的法律风险,涉嫌抽逃注册资本金,情节严重的构成犯罪。

64. 谨慎签订影视固定投资回报及挂标合同

影视固定投资回报合同,名义上是对影视项目进行投资,实则固定收取一定利息,利率低的为8%,高的为12%,甚至更高,而固定收取回报的当事人并不承担任何风险,影视项目投资失败,也照样收回本金及利息,实质是借贷关系,是对影视项目制作方的借款而不是实际意义上的投资。就我国目前电影、电视剧市场行情而言,投资成功者是少数,多数投资收不回成本,亏损后很难将本金收回,更谈不上收取固定收益。同时,也有一些影视项目制作方擅自向民间融资,以影视项目为诱饵,吸收社会公众零散资金,一旦项目投资失败,吸收的资金无法退还,将产生法律纠纷,甚至要承担刑事责任。无论是收取固定收益的一方,还是普通社会公众,对影视固定收益合同或者收益权转让合同必须持谨慎态度。

影视市场中除了上述固定收益合同和收益权转让合同有风险以外,影视挂标合同的风险也不可忽视。影视挂标合同是指没有电影、电视剧拍摄资质的企业,为借用电影制片厂或电视剧制作单位的名义进行影视剧拍摄制作,而与其签订的影视拍摄合同,出借资质的一方不承担资金投入的责任,也不承担拍摄、制作、发行、宣传推广的责任,一切工作由借用人完成,而电影制片厂只是出一个厂名,替借用人办理立项审批手续,电影、电视剧拍摄完成后,标明该电影制片厂出品。由于签订挂标合同不用投资,不用管理,也不承担亏损,又可以算电影制片厂或电视制作单位的业绩。所以,挂标合同有很大的市场,已成为影视剧行业的潜规则。

签订挂标合同具有双重风险,从许可挂标的电影制片厂或电视制作单位角度出发,明显的风险如下。

第一,出借影视资质违背我国电影、电视剧行政管理规定。

第二,挂靠人拍摄作品质量无法保证,影响出借资质一方的声誉。

第三，挂标人拍摄结束后，摄制组解散，遗留的债权债务与出借资质的一方在法律上脱不了干系。例如，拍摄电影、电视剧需要租用场地、车辆、服装、道具以及支付演员、导演、其他辅助人员报酬等。这些债权债务的遗留，当发生纠纷时，债权人只能起诉电影制片厂摄制组，而摄制组又是一个临时性的拍摄组织，解散后只能由电影制片厂承担责任。尽管电影制片厂与挂标方之间的合同规定债权债务由挂标方承担，但对第三方来说，首先应由电影制片厂承担责任，然后电影制片厂再与挂标方清算，因此电影制片厂出借厂标是一项风险比较高的商业行为。

挂标合同对于借用资质一方而言，也有许多风险。

第一，虽然挂标解决了拍摄资质问题，可以名正言顺地拍摄，但许可挂标的厂方一般都署名在先，实际拍摄方署名在后，如此仅仅是为他人做嫁衣。

第二，电影厂只挂名，不出钱、不出人、不出力，拍摄方自己投资压力大，资金不足时，可能将拍摄暂停或终止，无法收回投资。

第三，电影、电视剧拍摄后市场行情如何难以预料。

我国文化市场庞大，单靠现有的电影制片厂和电视剧制作单位远远满足不了市场的需求，社会资本进入影视行业对推动和发展影视文化产生了积极影响，解决了资金不足的问题。电影厂与投资方可以进行合作，但不应该将资质借出去撒手不管，如此操作潜在风险很大。

65. 谨慎签订企业之间借贷合同

企业之间借贷合同较为常见，许多企业在资金紧张的时候，如果通过银行贷款解决不了问题，往往会寻找其他方式解决，于是产生了许多企业之间的借贷活动。谨慎签订企业之间借贷合同，主要基于以下考虑。

第一，企业之间借贷属于法律限制性活动，国务院和中国人民银行始终禁止企业介入金融业务。

第二，企业之间借贷合同效力过去一律被否定，现在认定合同效力虽有差别，但企业属于非金融、非法律行业，对借贷合同的效力不好把握。

第三，企业之间借贷比照民间借贷进行认定，有的带有高利贷性质，把握不好不但被认定为无效，而且从金融机构贷款转贷的还涉嫌犯罪。

第四，借款无法偿还时，必定产生纠纷，而且数额很大，人民法院审判时，只做有根据、有选择的保护。鉴于企业之间借贷存在较多较大风险，应谨慎签订借贷合同。

66. 谨慎签订名为联营实为借贷的合同

实践中，有许多企业表面不涉足金融业务，也不搞企业之间借贷，仅是向合作项目投资，但不参加管理，也不承担亏损，只收取固定收益，这是以联营为名，行借贷之实，不具有共同经营、共担风险的联营基本法律特征。最高人民法院（2019）最高法民终35号判决认定，约定一方只收回报，不承担风险的合作合同，应认定为借款合同。案号为（2020）最高法民申7050号的民事裁定书将当事人之间签订的只收取固定收益而不承担亏损风险的投资合作协议定性为"名为联营，实为借贷"，此类合同按借贷合同处理。

【案例】

2020年，甲公司与乙公司签订联合拍摄电影合同，总投资4500万元，甲公司投资750万元。合同约定，剧本、拍摄、发行、后期制作全部由甲公司完成，无论甲公司亏损与否，乙公司均收回投资成本，并且收取固定收益，固定收益率为10%。如果甲公司不按时返还乙公司投资款及收益，甲公司承担违约责任。影片发行后市场销售不佳，甲公司出现大额亏损，乙公司要求返还投资款并给付固定收益10%，遭到甲公司拒绝。乙公司提起诉讼，要求甲公司返还本金及支付收益。庭审中，双方代理人展开辩论，甲公司认为双方是投资关系，乙公司应承担亏损。乙公司代理人认为双方合同名为联营，实为借贷，属于最高人民法院认定的"名为联营，实为借贷"的案例，应按借贷关系处理。一审法院、二审法院采纳了乙公司代理人的意见。对于这类合同，现行司法处理原则是判决返还本金，支付利息。

名为联营实为借贷的合同，存在风险。一方面，联营项目不一定有收获，一旦亏损，对方很可能不返还本金，不付利息，不愿自己承担全部亏损，硬把借贷说成联营，故意混淆双方法律关系。另一方面，存在诉讼风险，一旦将纠纷诉讼到人民法院，人民法院可能判决合同无效，也可能判决合同有效，主要根据合同内容来鉴别，关键看是否风险共担，利益共享。如果判决认定为联营合同，投入资金收取利息的一方，要承担相应的亏损，不但收不到利息，本金也岌岌可危。签订名为联营，实为借贷的合同，经济风险未排除，法律风险也未排除。

67. 谨慎签订高利贷合同

高利贷合同是指放贷人与借款人签订的收取高额贷款利息的合同。高利贷在新中国成立前盛行，放贷人以发放贷款收取高额利息为职业，对借款人进行盘剥，新中国成立后一度禁止和杜绝。近几十年来民间借贷兴起，高利贷也趁机死灰复燃，但高利贷也为法律法规所禁止。《民法典》第680条规定，禁止高利放贷。以前放高利贷为民事行为，现在已正式入罪。最高人民法院、最高人民检察院、公安部、司法部联合发布的《关于办理非法放贷刑事案件若干问题的意见》规定，放高利贷情节严重的，以非法经营罪处罚。高利贷与民间借贷常常混淆，划分民间借贷与高利贷的界限非常必要。关于民间借贷法律保护范围，根据最高人民法院《关于审理民间借贷案件适用法律若干问题的规定》，民间借贷的利息不得超过合同成立时一年期贷款市场报价利率的4倍，超过4倍的属于高利贷。一年期贷款市场报价利率是指中国人民银行授权全国银行间同业拆借中心每月发布的一年期贷款市场报价利率（LPR），该报价利率经常调整和变动，超过4倍的部分，不受法律保护。4倍以下的，法院支持本金及利息。自2024年10月21日起，民间借贷利率法定上限为12.4%。

高利贷合同在民间非常普遍，实际危害主要有：A. 高利贷属于违法活动，不受法律保护。以发放高利贷为职业，情节严重的，构成刑事犯罪。B. 高利贷利息太高，借款人压力过大，难以偿还。C. 有的出借人为了收回本息，不惜采取非法手段，逼迫、威胁借款人还贷，容易发生刑事案件或治安案件。D. 很多情况下出借人很难收回本金，有的为讨债往返奔波几年，甚至十几年。例如，内蒙古李某借给刘某80万元，2014年借出，2024年只收回5.8万元，诉讼又花去2万余元。北京张某借给朋友何某180万元，何某逐月支付利息4

万元，支付十一个月后不再支付，其余136万元全部损失。黑龙江赵某将70万元借给小贷公司，十一年未收回一分钱。民间高利贷，有时出借人血本无归，甚至连一生的积蓄都赔光了。

高利贷合同的违法性和危害性非常明显，无论企业还是个人，对签订高利贷合同应持谨慎态度。

68. 谨慎签订媒体平台服务合同

媒体平台服务合同是指媒体平台与用户签订的网络技术服务合同。例如互联网专线合作合同。媒体平台服务合同，几乎都是由平台方提供合同文本，事先拟定好有关条款，由用户填写内容。谨慎签订媒体平台服务合同主要基于以下考虑。

第一，在合同中平台方占有明显的优势，用户方处于劣势地位，一方是管理者，另一方是被管理者，合同地位不平等。

第二，用户方义务条款太多，有的多达几十条，而且非常苛刻。

第三，用户方很容易出现违约，违约责任过重。

第四，平台方为自己设定处罚权，可以处罚用户方，有的甚至可以直接在结算中扣款，扣多扣少由平台方决定。

第五，平台方为自己设定了解除权，而用户方没有解除权。

第六，平台方几乎不承担违约责任，出现违约难以追究。

第七，平台方利用优势为自己设定免责条款。

与媒体平台签订合同需谨慎而为，否则会处于不利地位，如果一定要与媒体平台合作，在对方提供合同文本时，建议采取如下方法。

第一，对合同文本逐条认真阅读、分析，初步发现问题。

第二，对不公平条款，特别是处罚条款、扣款条款、拒绝结算条款认真修改。

第三，如果只有一方有解除权，而另一方没有解除权，应该改为双方都有解除权。如果只有一方承担违约责任，而另一方不承担违约责任，应当改为双方都承担违约责任。

第四，如果平台方不允许修改合同，在合同中有不可接受的条款时，可以考虑拒绝签订合同。

69. 谨慎签订格式条款合同

格式条款是当事人为了重复使用而预先拟定，并在订立合同时未与对方协商的格式化条款。保险合同、贷款合同、抵押合同、保证合同，一般都采用格式条款，也属于格式条款合同。这些合同在签订之前，已经由提供方固定拟制，相对人只有接受与不接受的选择。格式条款是在实践中逐步提炼出来的，使用格式条款具有如下优势。

（1）反复使用，效率高

不用每次都起草合同，节省了大量人工时间，如果合同相对人接受格式条款，双方就可以签订合同，其效率远高于每次起草合同，值得在相关行业推广。

（2）相对成熟

格式条款一般都经过反复多次使用，在实践中发生的问题都会规定在其中，很少发生的问题也已经列在条款中，尽可能地避免了合同漏洞，其成熟性相对较好。

（3）采用格式条款合同的要约具有广泛性和持久性

格式条款适用于所有希望签订这类合同的主体，任何人办理保险或者从银行贷款，都可以使用同一范本。格式条款一经定型，可以反复使用，不受期限和次数限制。

尽管格式条款有许多优势，但也有一些不足。首先，订立合同时未与对方逐条协商，将预定的格式条款强加于对方，从而排除双方就格式条款进行协商的可能性，提供一方处于强势，另一方处于弱势，合同对弱势的一方明显不利。其次，格式条款具有单方事先决定性，另一方只有接受或不接受的选择权，没有修改机会。

格式条款的主要特征是，提供合同的一方免除了自己的某种责任，限制了对方的权利或加重了义务。根据《民法典》的规定，提供方对免除责任和减轻责任等与对方有重大利害关系的条款负有提示义务和说明义务，如果提供方没有尽到提示义务和说明义务，相对方可以主张该条款不成为合同的内容。为了合同的公平，法律将提示和说明义务分配给提供方。例如，保险合同一般都对理赔作出限制，少理赔或不理赔，投保人在签订合同之前，应认真阅读和理解保险公司提供的格式条款，特别要注意免除责任或者限制责任的条款，这直接关系到投保人是否得到赔偿。

格式条款合同一般处于两种状态：一是提供格式条款的一方没有尽到提示义务和说明义务，格式条款不成立。《民法典合同编通则解释》第10条规定，提供格式条款的一方在合同订立时采用通常足以引起对方注意的文字、符号、字体等明显标识，提示对方注意免除或者减轻其责任、排除或限制对方权利等与对方有重大利害关系的异常条款的，可以认定其已经履行了提示义务。同时，就格式条款中异常条款的概念、内容及其法律后果以书面或者口头方式向对方作出通常能够理解的解释说明的，可以认定履行了说明义务。尽到了说明义务和提示义务，格式条款成立。二是格式条款无效。《民法典》第497条所列情形为：具有《民法典》第1编第6章第3节和《民法典》第506条规定的无效情形；提供格式条款一方不合理地免除或者减轻其责任、加重对方责任，限制对方主要权利；提供格式条款一方排除对方主要权利。

格式条款为法律所允许，但对格式条款又应加以必要的限制。在对格式条款发生争议时，按照倾向弱势一方的原则处理。《民法典》第498条规定，对格式条款的理解发生争议的，应当按照通常理解予以解释。对格式条款有两种以上解释的，应当作出不利于提供格式条款一方的解释。格式条款和非格式条款不一致的，采用非格式条款。

关于格式条款的特殊性，在司法实践中应予以严格掌握。《民法典合同编通则解释》第9条规定，合同条款符合《民法典》第496条第1款规定的情形，当事人仅以合同系依据合同示范文本制作或者双方已经明确约定合同条款不属于格式条款为由主张该条款不是格式条款的，人民法院不予支持。鉴于格式条款具有免除责任和加重对方义务的特征，签了就视为接受，当事人应持谨慎态度。

【相关规定】

《中华人民共和国民法典》

第四百九十六条 ……

采用格式条款订立合同的，提供格式条款的一方应当遵循公平原则确定当事人之间的权利和义务，并采取合理的方式提示对方注意免除或者减轻其责任等与对方有重大利害关系的条款，按照对方的要求，对该条款予以说明。提供格式条款的一方未履行提示或者说明义务，致使对方没有注意或者理解与其有重大利害关系的条款的，对方可以主张该条款不成为合同的内容。

《中华人民共和国保险法》

第十七条　订立保险合同，采用保险人提供的格式条款的，保险人向投保人提供的投保单应当附格式条款，保险人应当向投保人说明合同的内容。

对保险合同中免除保险人责任的条款，保险人在订立合同时应当在投保单、保险单或者其他保险凭证上作出足以引起投保人注意的提示，并对该条款的内容以书面或者口头形式向投保人作出明确说明；未作提示或者明确说明的，该条款不产生效力。

70. 谨慎签订对赌协议

对赌协议是指收购方（包括投资方）与出让方（包括融资方）在股权性融资协议中设定某种对赌条款，未来按对赌条款履行的协议。对赌条款包含对未来不确定情况进行的约定，当事人在协议中赌的是未来收益，投资方与目标公司的股东或实际控制人对赌，投资方因看好目标公司未来收益而下赌注，一旦设赌条件出现，对方应按对赌条款兑现，使投资人获得较丰厚的收益。一旦失败，投资人自担风险。对赌条款具有很大的赌性，所以才称为对赌协议。

对赌协议是有丰厚投资实力的公司自愿投资的商业活动，投资数额大，可达几千万元、几亿元或更多，风险很高。对赌协议是外来的商业模式，一般在融资中出现，这种活动对协议严密性要求较高，其效力备受争议，发生纠纷可能性大。一旦发生纠纷诉至法院，法院要对对赌协议的效力进行审查，主要依据《民法典》及《公司法》有关强制性规定进行审查，如无其他无效事由，不违反国家法律强制性规定，一般情况下认定有效并支持履行。对赌协议一旦被认定无效或一方构成违约，后果非常惨重，高昂的商业风险和严重的法律风险并存。因此，签订对赌协议要冷静对市场进行预测，充分评估、分析两种风险的可能性，谨慎为之。

71. 谨慎签订背靠背条款

背靠背条款是在建设工程施工合同、工程材料采购合同中经常出现的条款。通常是指合同双方当事人在合同中约定，应付款的一方收到合同外第三方的付款后再履行付款义务的条款。在建设工程施工合同中，发包人与总承包人直接面对面为合同相对人，没有中间商，不用约定背靠背条款。而在建设工程施工分包合同中，往往有背靠背条款。分包人只与总承包人签订合同，不能与发包人直接对接，中间隔着总承包人，总承包人一面背靠发包人，一面背靠分包人，同两方当事人签订合同。正常来说，总承包人从发包人处得到项目工程后，要承担大量的工程款才能完成施工，如果在分包合同中设置背靠背条款，总承包人可以将需要承担的工程款转移给分包人承担，这样总承包人巨大的资金压力就减轻了。由于该条款对总承包人非常有利，上游发包人不给总承包人结算、拨款，总承包人就可以不给下游分包人结算、拨款。如此约定，总承包人也不承担违约责任，排除了资金风险和法律风险。在这种条款的约束下，总承包人可以不用投资、不用垫资，还可以获得管理费，客观上有利于违法分包或非法转包。因此，背靠背条款受到总承包人的青睐。背靠背条款明显对下游分包人不利，增加了他们的资金压力，可能需要无尽无休地垫付工程款。由于他们在工程承揽中处于弱势地位，不得不接受这样的条款，并非真实意愿。

合同中背靠背条款的出现，是建设工程市场长期演化的结果。由于对背靠背条款规制不统一，许多转包或者分包合同大量使用这种条款，给建筑市场带来较大的混乱并不断形成新的债务链条，损害了中小企业的利益，影响其生存和发展。合同中设置背靠背条款存在如下弊端。

第一，总承包人利用该条款转嫁了风险责任，将风险全部推给下游分包人。不但加重了分包人的资金负担，而且在工程结束后往往并不能及时得到应得的工程价款，需要依赖总承包人与发包人结算。有的时候发包人与总承包人结算程序复杂，时间难以确定，分包人迟迟得不到工程价款。

第二，分包人自有资金有限，许多资金要从银行贷款，结算时间拖得越长，银行利息越多。

第三，背靠背条款容易引发总承包人与分包人、分包人与下游分包人一系列民事纠纷案件，造成许多履行合同当事人伤痕累累的后果。

第四，背靠背条款已被明确为无效条款。在最高人民法院发布背靠背条款效力意见以前，实践操作中有的裁判机关认为其有效，属于合同中附条件的条款，条件成就时，方能履行。有的裁判机关认为无效，总承包人利用合同背靠背条款转移风险，属于非法转包或违法分包，违背了《民法典》和《建筑法》的禁止性规定。对于背靠背条款有效与无效的处理，保护与不予保护，裁判结果大不相同。为了明确该条款的效力，2024年8月27日施行的最高人民法院《关于大型企业与中小企业约定以第三方支付款项为付款前提条款效力问题的批复》明确认为背靠背条款为无效条款，为全国司法机关确认该条款效力统一了尺度。之所以认定背靠背条款无效，是因为该条款约定内容违反了《保障中小企业款项支付条例》第7条、第9条的规定，根据《民法典》第153条第1款的规定认定无效。在最高人民法院发布该批复之前，合同中约定背靠背条款还有保护的可能，现在则不予保护。但也有人认为最高人民法院的批复仅规制建设工程施工、采购货物或者服务合同中的大型企业对中小企业采用的背靠背条款，并不是包罗万象，最高人民法院的批复确实限定了范围。

（八）把住涉外合同关

72. 涉外合同应当采用中文版本

涉外合同是指我国企业与外国企业所签订的各类合同的总称。涉外合同种类很多，主要有国际货物买卖合同、国际技术进出口合同、中外合资经营企业合同、中外合作经营企业合同、国际融资合同、国际租赁合同、国际融资租赁合同、国际电影电视联合摄制合同、国际商标许可合同、国际商标转让合同、国际专利许可合同、国际专利转让合同、国际股权收购合同、国际技术服务合同、国际加工制作合同、国际广告合同、国际建设工程设计合同、国际建设工程施工合同、国际借贷合同等。

我国企业与外国企业签订的各类合同通常都使用中英文版本，有的时候也可能是单独英文版本或中文版本。在仅签订中文版本的情况下，外方阅读和理解合同不是很方便。反之，仅签订英文版本合同，中方使用起来也不方便。无论是中方还是外方，语言的差异是沟通的障碍，对合同的阅读、解释都会有不同的认识。在有的情况下，外方只同意签订英文合同，不同意使用中文，这给中方带来一定困难，虽然任何一个企业都能找到翻译，但合同谈判人员、执行人员不一定全都精通英语，他们不可能要求翻译时刻跟在身旁。因此，语言的障碍在中方表现得比较突出。为了便于合同的理解和执行，在中外企业谈判合同时，中方应争取采用中文版本，至少应该使用中文和英文对照版本。采用中文版本，不但便于中方理解和掌握合同，同时也可作为发生纠纷时供裁决机构参考的文字依据。

73. 涉外合同应当争取选择中国仲裁机构解决纠纷

我国企业的贸易伙伴遍布各大洲，贸易主体间主要通过涉外合同进行国际贸易、国际投资、跨境物流、跨境电商等业务。相较法院管辖，仲裁更能体现当事人的自主性，所以仲裁已成为解决国际商务纠纷的最主要方式。因此，选择什么样的仲裁机构解决当事人的争议，始终是各方谈判的重要内容之一。

（1）涉外仲裁机构的选择方式

涉外仲裁机构的选择通常有三种方式：一是选择本国的仲裁机构；二是选择对方所在国的仲裁机构；三是选择第三方国家仲裁机构或国际组织的仲裁机构。在选择第三方国家仲裁机构或国际组织的仲裁机构时，应注意有些仲裁机构具有明显的行政背景和地方保护倾向，因此在选择这些仲裁机构时应采取谨慎态度。

（2）业界推崇的仲裁机构

在涉外仲裁领域，业界广为选择的仲裁机构如下。

①中国国际经济贸易仲裁委员会（以下简称"贸仲"，CIETAC）

成立于1956年，1988年改名为中国国际经济贸易仲裁委员会，也使用中国国际商会仲裁院的名称。业内简称"贸仲"，是目前世界主要仲裁机构之一，受案量一直排在世界前列。贸仲的总会设在北京，并在重庆、上海、天津、浙江、湖北设有分会，还在我国内地多个主要城市设有办事处。贸仲通常受理国际贸易纠纷，也受理国内商事纠纷。由于贸仲仲裁水准较高且参加仲裁比较方便，一般情况下，绝大多数中方当事人都愿意选择该机构作为解决涉外纠纷的仲裁机构。近些年，为了助企纾困，贸仲又推出减收、退费优惠政策。

②香港国际仲裁中心（HKIAC）

成立于1985年，1997年香港回归以来，我国内地与香港的经济往来越来越密切，香港与内地的文化、法律、经济也越来越融合。虽然香港国际仲裁中心的仲裁员来自许多国家，但对待我国内地当事人采取的是比较公平的做法，倾向性较弱，不歧视我国当事人。我国很多当事人在选择贸仲不成功的时候，愿意选择该仲裁机构解决纠纷，效果也比较好。

③新加坡国际仲裁中心（SIAC）

涉及东南亚国家联盟成员国企业时，可以更多地考虑选择该仲裁中心。该中心裁决建筑工程、航运、银行和保险等方面的争议较为专业。另外，新加坡国际仲裁中心对待我国当事人的态度比较友好，裁决比较公正，很多中国当事人愿意选择该仲裁机构解决争端。但也有个别案件裁决得并不公平，似乎违背常理，并得到我国法院的强制执行，当事人后悔莫及。

④瑞士苏黎世商会仲裁院（ZCC）

属于老牌仲裁机构之一。瑞士是世界闻名的中立国家，苏黎世商会仲裁院裁决案件的客观性、公正性与其国家奉行的中立原则很接近，多数国家当事人愿意接受该院仲裁。

⑤瑞典斯德哥尔摩商会仲裁院（SCC）

总部设在瑞典首都斯德哥尔摩。该仲裁院在国际上也负有盛名，主要解决工业、贸易和运输领域的争议，尤以解决涉及远东或中国的争议而著称。在过去已裁决的案件中，对我国当事人没有明显的歧视，也为我国许多合同当事人所接受。我国当事人在选择中国国际经济贸易仲裁委员会不成功的时候，过去也有很多愿意选择该仲裁院的，但现在去该院申请仲裁的大为减少。

⑥伦敦国际仲裁院（LCIA）

成立于1892年，是世界上最古老的仲裁机构，原称伦敦仲裁会，后来改名为伦敦国际仲裁院，仲裁员来自许多国家，在仲裁国际海事纠纷方面具有一定的优势。

⑦美国仲裁协会（AAA）

美国仲裁协会是解决美国企业与其他国家企业之间纠纷的主要机构之一。

美国仲裁协会有近百年历史，总部设在纽约，各州设立了办事处，仲裁员来自很多国家，是各行业的专家。美国律师在谈判中，一般愿意选择本国的仲裁机构。但我国当事人选择该仲裁机构的并不多，主要是对该仲裁机构不太了解，同时也担心仲裁的偏袒性。美国的仲裁机构受美国法律影响较深，同一个案件在美国仲裁是一种结果，在其他国家可能是另外一种结果。中美是世界上两大经济体，也是重要的贸易伙伴，在中美商务谈判中，中方企业力争选择中国的仲裁机构，美方企业也力争选择美国的仲裁机构，这是中美企业谈判争议的焦点之一。当然，如果双方就仲裁机构选择不能达成一致时，可以选择第三方仲裁机构，以化解双方僵持局面。

⑧国际商会国际仲裁院（ICC）

成立于1923年，隶属于国际商会，其总部设在法国巴黎，是我国当事人可以考虑的仲裁机构之一。

（3）中方当事人选择中国仲裁机构最为有利

基于选择仲裁机构的自由性，我国当事人既有选择中国仲裁机构的权利，又有选择对方国家仲裁机构的权利，同时也有选择第三方国家仲裁机构或国际组织仲裁机构的权利，相比较之下，选择中国的仲裁机构最为有利。

第一，中国的仲裁机构设在国内，对于国内当事人来说更为了解和熟悉。《仲裁法》为企业所了解和熟知，特别是中国律师对到中国仲裁庭出庭轻车熟路，在仲裁程序和法律应用方面比外国人更为熟悉，选择中国仲裁机构，在地域上就占了先机。

第二，成本低，在中国仲裁相对于到外国去仲裁，成本要低许多。在中国仲裁，无论选择到北京还是深圳、广州等城市，都不发生出入境手续成本和境外开销。成本低，也是考虑的因素之一。

第三，仲裁费用负担相对轻。在一般情况下，争议双方会在仲裁协议（条款）中约定仲裁费用由败诉方负担，如无约定，仲裁庭有权根据案件的具体情况裁决由败诉方承担。仲裁费通常包括仲裁机构的管理费用、仲裁员报酬和实际开支费用。仲裁费负担虽并不必然导致当事人选择本国仲裁机构，但对中国一方当事人，选择仲裁费予以较大优惠的贸仲，应该是考虑的重要因素之一。

第四，中国仲裁机构公平性较好。我国的仲裁机构，特别是贸仲多年来在国际上逐渐确立了较高的威信，主要是裁决客观性、公平性较好。贸仲为了办好国际经济贸易纠纷案件，聘请了大量国内外专家加入仲裁员队伍，改变过去仅由中国人仲裁的局面，减少外国人对仲裁不公的担忧。多年来，我国仲裁机构在裁决涉外案件时，秉承公道、公平的宗旨，对待中外当事人一视同仁。

我国仲裁机构庞大，仲裁员来自不同行业，绝大多数都有业内经验或者仲裁经验。在涉外合同纠纷中选择有涉外仲裁经验的仲裁机构更为稳妥。

（4）中方当事人选择外国仲裁机构的不利因素

在进行合同谈判时，建议我国当事人尽量不要选择到对方国家参加仲裁，主要原因如下。

第一，对对方国家仲裁机构不甚了解，应尽量避免到一个陌生的仲裁机构去解决纠纷。

第二，到国外仲裁费用昂贵，一般一个仲裁案件当事人少则跑两三趟，多则跑四五趟，仅差旅费用就是一种负担。

第三，更重要的是，在中国发生仲裁可以请中国律师出庭，中国律师对中国仲裁机构和仲裁程序都很熟悉，出庭经验丰富。如果到外国去参加仲裁，一般要请外国律师出庭，外国律师出庭费极其昂贵，美国、加拿大、澳大利亚律师出庭费是我国律师出庭费的几倍、几十倍，甚至上百倍，外国昂贵的律师费是当事人的沉重负担之一。

（5）双方都不愿意选择对方国家仲裁机构时的变通

在国际商务谈判中，如果在仲裁问题上，双方都不愿意到对方国家仲裁机构仲裁，在僵持不下时，可以选择到第三方国家或地区的仲裁机构进行仲裁。我国当事人通常选择到香港国际仲裁中心或新加坡国际仲裁中心进行仲裁，这样无论从中立性还是从费用负担上都较容易被双方所接受。

虽然香港的法律体系与内地大不相同，受英国法律影响极深，但1997年回归后，香港大批专家学者开始研究内地法律，对内地法律制度的熟悉程度较高。这是合同当事人选择香港仲裁机构的重要理由之一。另外香港具有距离上的优势，参加仲裁花费也不会很高。

新加坡多年来奉行友好原则与中国相处，在裁决涉及中国合同当事人的纠纷案件中能够秉公裁决。

在国际贸易中，如果没有选择好仲裁机构，发生纠纷时的后果难以预料。

纵观多年来外国仲裁机构的裁决结果，涉及中国当事人的案件，有很多机构对中国采取敌视的态度，通过不公平裁决制裁中国，遏制中国经济的快速发展。所以，在涉外纠纷合同中，我国当事人应尽最大努力选择中国仲裁机构，这是降低合同风险最好的方法之一。

74. 涉外合同应当选择适用中国法律

无论是国际货物买卖合同、国际技术进出口合同、国际设备租赁合同，还是融资租赁合同，只要有一方是中国当事人，就应当在合同中选择适用中国法律解决纠纷。涉外合同法律适用，由合同各方当事人谈判决定，中方当事人应当在谈判中据理力争，只有在无可奈何时，才考虑适用外国法律或国际公约、国际规则。

（1）中方当事人选择适用中国法律的优势

①中国法律体系相对比较完善

我国以成文法为主，民法受德国和日本影响较深。经过四十多年的改革开放，我国的法律制度越来越完善，而且与国际法非常接近。《民事诉讼法》《民法典》《仲裁法》《中华人民共和国对外贸易法》（以下简称《对外贸易法》）、《中华人民共和国反倾销条例》（以下简称《反倾销条例》）、《中华人民共和国反补贴条例》（以下简称《反补贴条例》）、《中华人民共和国反不正当竞争法》（以下简称《反不正当竞争法》）、《中华人民共和国海商法》（以下简称《海商法》）等都对国际贸易中经常出现的纠纷处理有明确的相关规定。可以说，几乎国际贸易中的各种法律问题在中国法律中都有法可依。选择中国法律作为解决纠纷的准据法，能够准确地处理国际贸易中遇到的绝大多数问题。

②中方当事人对我国法律更为了解

各国法律制度差异较大，中方当事人长期在国内从事生产经营，受我国法律制度约束，对我国法律更为了解和熟悉。如果解决纠纷选择适用中国法律，合同当事人很快就可以判断法律后果是什么，如果选择外国法律作为解决合同纠纷的准据法，外国法律是如何规定的，可能中方合同当事人一无所知。知己知彼，百战不殆，对于外国法律的陌生，将使合同纠纷解决的结果难以预料。

③中方合同当事人习惯于受中国法律约束

我国企业设立在我国境内，受国内诸多法律的调整，企业已习惯于这些法律的约束，并形成了一定的法治观念和习惯做法。有些行为，在我国是合法的，在外国不一定合法。如果中方当事人以国内的行为习惯处理问题，在外国法律的衡量下，有可能就会遭到处罚或被认定为违法。因此，作为涉外合同的中方当事人，在合同中选择适用法律时，应当首先选择适用中国法律。

（2）中方当事人选择适用外国法律的不利因素

在法律适用上，应尽力避免选择外国当事人所在国法律，这是基于如下考虑。

第一，中方合同当事人对外国法律不甚了解，无论是法律体系还是具体法律规定，外国法律会如何处理双方纠纷无法预测。

第二，不同国家法律体系有较大差异，如果合同选择适用外国法律，不同的合同有不同的外国当事人，会发生适用不同体系法律的交叉，法律的变化对于中方当事人不好把握。

第三，即便是向中国律师咨询外国法律，也未必说得清楚。如果向对方当事人所在国律师咨询，回答是否客观仍然存有疑虑。

（3）选择适用外国法律或国际公约的要求

当事人选择适用外国法律或者国际公约作为处理争议案件的实体法时，应当符合下列要求。

第一，不得违反我国法律的基本原则和社会公共利益。在某些情况下必须适用我国法律，不允许当事人在合同中选择适用其他国家的法律，即使选择了，也属于无效。在涉外经济活动中，有些情况可能涉及一个国家的根本利益甚至主权，因而当事人就不得选择解决该问题所适用的法律，而必须绝对地服从一国法律，这是世界各国的通行做法。《民法典》第467条规定，在中国境内履行的中外合资经营企业合同、中外合作经营企业合同、中外合作勘探开发自然资源合同，适用中华人民共和国法律，排除适用外国法律。除此之外，还有两种情况必须适用中国法律。其一，外国法的适用可能违反我国法律的基本原则和我国的社会公共利益。这就是国际私法理论中的公共秩序保留，也已成为世界各国普遍认可的国际私法原则。其二，当事人在合同中选择程序法和冲突规范，都是用来解决当事人之间的民事争议的。但如果程序法或冲突规范的适用，将直接危害我国国家主权，或者因应适用的法律难以查明和识别而导致纠纷一时无法解决，此时必须适用我国法律。

第二，争议案件与选择适用的法律应具有一定的联系，而且这种联系应该是最密切的联系。

第三，须经各方当事人协商一致，并采用书面形式确认。未经当事人协商一致或未采用书面形式，不得选择适用法律。

涉外合同选择适用中国法律，其目的是避免适用外国法律给中方当事人带来不可预料的风险。

> 【相关规定】
>
> 《中华人民共和国民事诉讼法》
> 第四条 凡在中华人民共和国领域内进行民事诉讼，必须遵守本法。
>
> 《中华人民共和国外商投资法》
> 第二条 在中华人民共和国境内（以下简称中国境内）的外商投资，适用本法。
> ……

三、第三道防线：控制合同履行风险

合同风险与合同签订相关，更与合同履行相关，更多的合同风险往往是在履行阶段爆发的。履行合同不但关乎己方利益，也关乎对方利益。因此，要降低、减少合同履行风险，必须全面、认真、无差错地履行合同。任何不符合合同约定的履行，都要承担责任，赔偿对方损失。为了合同履行安全，必须对履行合同采取必要措施，控制违约的发生。

（一）全面履行合同

75. 认真履行合同义务

认真履行合同义务，是合同当事人的约定义务，更是法定义务。其含义就是要按照合同约定的内容，全面、完整地履行，这是控制合同履行风险最根本的方法。如果合同当事人都能认真履行合同义务，严格按照合同约定履行，遵守诺言，就会很少发生违约行为，双方都能实现合同目的。

(1) 合同义务的层级

①诚信义务

市场经济秩序的维护，依靠诚信和法治。诚信是第一位的，没有诚信就不会建立交易秩序，诚信是维护交易秩序的基石。我国市场经济起步刚刚几十年，诚信意识基本建立，绝大多数合同主体都能够坚守承诺，认真全面履行合同义务。但也确有极少数主体对合同不忠实，见利忘义，不讲信誉，随意违约，破坏了合同规则，给合同带来了诸多风险。为了维护市场规则，所有合同主体都有义务坚持诚信原则，全面忠实履行合同义务，不欺诈，不违约，在市场面前树立良好信誉。只有全面履行合同义务，才能在市场上建立起信用关系，获得一席之地，从而使企业获得生存和发展的机会。

②法定义务

任何一份合同的签订，除了受到诚信约束，还受到法律规制，全面履行合同义务是合同主体的法定义务。如果合同主体不全面认真履行，法律会强制干预，强迫当事人承担赔偿责任，恢复和维护合同交易秩序。《民法典》《中华人民共和国商业银行法》（以下简称《商业银行法》）、《建筑法》《招标投标法》《广告法》《政府采购法》等都对合同义务作了约束性规定，确定了合同义务的法定地位，当事人必须服从法律规制。

③约定义务

合同是契约的重要表现形式，契约必须如实履行，这是古往今来人类形成的交易规则，任何人都不可以背弃规则，不履行合同义务的当事人，不被市场所容留。诚信是市场交易的灵魂,法治是市场交易的规则,约定是市场交易的自由。当事人履行合同义务,应以诚信为先,以法律为约束,全面、准确、及时地履行合同约定的义务。

(2) 认真履行合同义务的要求

第一,在履行合同前作好必要的资金、设备、技术、物资、产品、服务等方面的准备,一旦合同开始履行,就能完全具备履行的物质基础和条件,减少和杜绝违约行为。如果签订合同时没有作好准备,缺乏履行的必要条件,必然会出现违约行为。

第二,坚持诚信原则,不折不扣地履行合同约定的内容,不违约,不食言,约定什么,就履行什么,约定什么标准,就达到什么标准,履行合同无差错,这是履行合同应有的意识。

第三,在履行合同出现偏差时,及时采取措施予以纠正,主动承担违约责任,恢复合同的良好履行状态,将合同全面准确履行完毕。

认真履行合同义务是合同各方的共同责任,只有一方认真履行,而另一方不认真履行,合同也不能完美履行。合同的完美履行是各方全部义务的履行。因此,各方当事人都应当全面、认真履行,不可懈怠。认真履行合同义务,是各方实现合同目的要求,也是良好商业道德的要求,更是法律的强制要求。

【相关规定】

《中华人民共和国民法典》

第五百零九条 当事人应当按照约定全面履行自己的义务。

当事人应当遵循诚信原则,根据合同的性质、目的和交易习惯履行通知、协助、保密等义务。

当事人在履行合同过程中,应当避免浪费资源、污染环境和破坏生态。

76. 防止中途违约

中途违约是指当事人初期合同履行情况较好,而在履行中途出现了违约,甚至越来越严重。

(1) 中途违约存在的法律问题

第一，违约行为已经产生，尚待纠正，合同当事人已经意识到或者没有意识到。

第二，可能已经给守约方造成一定的损失，守约方尚未要求赔偿损失或者已经开始交涉。

第三，中途违约情况下合同还未履行完毕，不属于根本违约。尚有补救的可能，守约方可以要求继续履行合同，也可以解除合同，如果违约方被要求继续履行合同，此时违约方应当珍视机会，纠正不足，改进履行态度和措施，全面履行合同义务。

(2) 中途违约的原因

中途违约的原因是多种多样的，有的是无力继续履行，有的是中途反悔，有的是自愿放弃，有的是迫于其他原因。无论是基于什么原因，违约方都应承担违约责任。中途违约是相对于初期违约和后期违约而言的。后期违约是指在合同履行后期，履行得不好或存在瑕疵。从违约责任划分上，三个阶段不同的违约有所区别，承担违约责任轻重程度也有所差异。

(3) 防止中途违约的措施

第一，明确自己的合同义务，制定整改计划和措施；

第二，筹集力量，全面履行合同义务，缺什么，补什么；

第三，向对方通报整改情况，争取对方谅解，如果对方还有意见，进一步改进，直至符合合同约定；

第四，查找中途违约的原因，加强内部协调沟通，以内部的一致力量改善合同履行状态，完成合同约定义务，特别是财务部门和技术部门应同心协力予以支持。

第五，就中途违约整改达成谅解协议，以免秋后算账，加重责任。

(4) 守约方的应对措施

第一，如果违约方只是不愿继续履行合同，可视情况解除合同，解除合同对于违约方是一种解脱。在许多情况下，违约方已经丧失了履行能力，苦于合同的约束，不能单方解除合同，只能求助于相对方的谅解。因此，在此种情况下，解除合同可以帮助对方摆脱困扰，如果要求对方继续履行下去，也保证不了合同的质量。因此，解除合同是一种明智的选择，但解除合同不应使自己产生过多损失。

第二，对方有履约能力时，要求继续履行合同，通过继续履行合同，努力达成合同目标。

第三，要求违约方承担违约金，用承担违约金的方式防止损失扩大。要求违约方承担违约金不能心慈手软，对于故意违约更不能同情和怜悯。有许多合同违约是因当事人有故意或放任的态度，如果稍加努力，合同会得到很好地履行。但这些合同当事人在履行合同过程中没有采取必要的措施，违约与其主观不努力具有很大关系。

第四，如果违约金不足以弥补已经发生的损失，还可以要求违约方赔偿损失。违约金有时足以弥补损失，有时与损失差距很大。在违约金不足以弥补损失的情况下，可以要求违约方继续赔偿。

总之，中途违约与初期违约、后期违约同属违约，只是阶段不同，都不可避免地要承担违约责任。无论是哪一方合同当事人，都应该尽可能避免中途违约行为，保证合同全面准确地履行。

77. 不擅自转移合同义务

合同签订后，当事人应当全面履行合同约定的义务，不能擅自转移合同义务，这是履行合同最起码的要求，也是法定责任。擅自转移合同义务是指债务人未经债权人同意，私自将合同义务转移给他人履行的行为。

擅自转移合同义务存在以下法律问题。

第一，违背诚信原则，失信于人，将沦为市场失信主体，备受谴责和唾弃。

第二，破坏了合同相对性原则，私自背弃另一方，臆想断绝双方合同关系。

第三，将合同义务转移后，可能加重了相对人的风险。当初相对人与其签订合同，认为主体、能力是符合要求的，而转移给新的主体后，新主体不一定符合债权人要求，很可能履行能力变差。

第四，擅自转移合同义务，未经债权人同意，是引发纠纷的祸首。

第五，构成违约，应承担违约责任。

第六，对于债务人擅自转移合同义务，债权人可以请求撤销转移。

不擅自转移合同义务，这就要求债务人转移债务必须经债权人同意，债权人不同意则不能转移。另外，更重要的是不得突破法律、法规禁止性规定。例如，在建筑工程施工合同中，禁止非法转包和违法分包。承包人将合同义务转移，即便发包人同意，第三人也必须具备相应级别的施工资质。不具备施工资质仍属于非法转包或者违法分包。在招标投标项目中，中标人不得私自转移项目给未投标的人，这属于法律禁止性规定。

日常所见，许多合同在签订时，合同中就设立了限制转移条款。当事人应当遵守限制条款，不可以擅自转移合同义务。

78. 预约合同也不可随意毁约

预约合同是指合同当事人签订正式合同之前预先达成的合同。预约合同的特点是为签订正式合同而作准备，是签订正式合同的前一步，在未来的一定时期内，双方再签订本约合同。时间上预约合同先于本约合同，预约合同生效后拒不签订本约合同的，构成违约，承担赔偿责任。因此，签订了预约合同，就应该进一步签订本约合同。如果反悔不想签订本约合同，可以通过正当途径请求解除预约合同，但不能自作主张拒绝签订本约合同。预约合同主要包括认购书、预订书、订购书等，在商品房买卖中最为常见。

预约合同虽然不是本约合同，但也具有合同约束力。当事人在签订预约合同时，往往都要支付一定数量的定金，当收取定金的一方违约时，要双倍返还定金。而交付定金的一方拒绝签订本约合同，交付的定金不予返还。例如，某开发商销售商品房，一对年轻夫妇准备购买并签订了预约合同，交付定金5万元。后来又反悔不想签订正式销售合同，向开发商索要5万元定金，开发商认为买方拒绝签订正式销售合同，已构成违约，不同意返还。年轻夫妇即便打官司，也会败诉，只好认可丧失5万元的事实。在商品房预购合同中，有无数买方交了定金后不想签订正式销售合同，同时丧失了大量定金。如果犹豫，一定谨慎签订预约合同，反悔的一方交多少定金，就会损失多少定金。如果一定要签，也要把定金降到最低，一旦反悔，损失较小。

现实中还有意向书、备忘录、战略合作协议、框架协议等被广泛应用，都属于意向性文件，但一般不属于预约合同，《民法典》并未赋予这些文件预约合同的效力,只有在其符合预约合同的构成要件时才能被认定为预约合同。《民法典合同编通则解释》第 6 条规定,当事人通过签订意向书或者备忘录等方式,仅表达交易的意向,未约定在将来一定期限内订立合同,或者虽然有约定,但是难以确定将来所要订立合同的主体、标的等内容,预约合同不成立,不具有约束力。也就是说意向书或者备忘录不同于认购书、订购书、预定书。法律只认可认购书、订购书、预定书的预约效力。《民法典》第 495 条规定,不履行预约合同约定的订立合同义务的,承担违约责任。《民法典合同编通则解释》第 6 条第 3 款规定,当事人订立的认购书,订购书、预定书等已就合同标的、数量、价款或者报酬等主要内容达成合意,符合本解释第 3 条第 1 款规定的合同成立条件,未明确约定在将来一定期限内另行订立合同,或者虽然有约定但是当事人一方已经实施履行行为且对方接受的,人民法院应当认定本约合同成立。由此可见,在这种情况下,认购书、订购书、预订书可以代替本约。该解释第 8 条规定,预约合同生效后,当事人一方不履行订立本约合同的义务,对方请求其赔偿因此造成的损失的,人民法院依法予以支持。赔偿损失有约定的,按照约定,没有约定的,法院酌定确认赔偿数额。由此可见,预约合同不可随意毁约,否则会带来违约或赔偿损失的后果。

79. 监督己方履行合同

监督己方履行合同,其目的是保证合同的全面履行,防止违约的发生,减少合同风险。监督己方履行合同可以采取以下方法。

第一,专人负责监督,落实责任,防止相互推诿。

第二,在合同内容上监督,合同签订什么就履行什么,按合同要求全面、准确地履行。具体结合合同内容,全面掌握何时付款、何时交货、何时验收、何时异议等,建立履行合同日记和台账。

第三,在时间上监督,不错过履行时间,专人负责履行,专人负责督导、提示。例如,某合同约定,甲方收到乙方提交的音乐小样后,五个工作日内进行审核。如果甲方五个工作日内未审核,视为验收合格。审核时间为五个工作日,必须监督己方在五个工作日内完成审核。

第四,在质量、技术上监督,以建设工程施工合同为例,应告知合同主管部门说明工期、工程范围、技术标准、质量要求、总分包关系,以便沟通。技术部门要进行技术交底。跟踪合同中相应条款的具体履行情况，是否存在合同数量、工程设计等方面的变更情况，达不到要求的必须全力改进。

第五，提高监督效率，以企业内部办公软件或者电子、网络系统为平台，实时掌握合同履行状态和进度，发现合同履行不符合约定，立即发出整改请求或者指令。

第六，对重大合同特殊监督，以一丝不苟的态度监督合同履行，加强督导，毫不松懈，采取多种措施，确保重大合同安全、有效履行，防止重大合同出现高风险。重大合同的履行，有时直接关系到企业的生存和发展，任何疏忽都可能带来灾难性的后果。

第七，发现己方违约，应立即停止违约行为，向对方道歉，主动承担违约责任，根据对方损失给予适当赔偿。同时按合同规定继续全面、完整地履行。纠正己方违约的意义在于减轻违约责任，有利于维护己方利益，也照顾到合同相对人的利益。如果不主动及时纠正己方违约行为，很可能会遭致诉讼，付出的代价可能更高、更沉重。

80. 监督对方履行合同

合同当事人在履行好自己义务的前提下，也要了解和监督对方的履行状况，如果只知道己方的履行情况，而不知道对方的履行情况，很有可能己方的合同目的难以实现。只有了解和监督对方的履行状况，才能知道对方履行合同好与不好，是否存在违约，如果对方构成违约，应该积极采取相应措施，防止给己方造成更大损失。

了解和监督对方履行合同，可以考虑以下几种方法。

第一，在主体上监督。谁签订合同谁履行，不允许私自更换合同主体，如需更换必须经己方同意，这是履行合同的硬性监督。

第二，在内容上监督。签订什么，履行什么，不允许私自变更，如需变更必须经己方同意。

第三，在合法性上监督。凡是法律禁止的，拒绝履行。

第四，在程序上监督。凡是法律、行政法规要求批准的合同，如果对方承担呈报义务，监督对方向审批机关呈报。

第五，在时间上监督。合同分阶段履行的，按合同约定时间节点履行义务，按阶段验收履行结果。

第六，通过电话、电子邮件、电子商务平台、微信聊天记录等方式向对方了解合同执行情况。例如，买卖合同可以询问货物准备情况，何时发货，何时到达以及运单号等。

第七，进行现场监督。例如，建设工程施工合同、承揽合同、保管合同、租赁合同、广告合同等可以到现场监督，实地考察合同履行状况。

第八，积极配合对方履行合同，提供便利条件和履行协助义务。

第九，如果发生特殊情况，各方及时沟通并协商解决相关问题，促使合同履行顺畅。

第十，对重大合同履行，应当要求对方以资金、财产提供履行合约的担保，也可以由第三方提供履约担保。当对方不履行合同义务时，由担保人承担保证责任。要求对方提供履约担保对于履行合同具有许多好处，例如，可以给对方履行合同增加压力，促使其全面履行合同义务。对方提供履约担保后，由于财产已经抵押或质押，不履行合同或履行合同不符合约定，抵押物或质押物随时都有被变卖的可能。因此，债务人不敢轻易违约。又如，对方提供履约担保后，合同双方都会全力履行合同，合同履约率会更高。再如，有利于降低合同风险，维护交易安全。

第十一，监督对方是否存在违约行为。如有违约应向对方发出违约提示或警告，要求纠正违约行为。

第十二，视合同种类、具体情况灵活监督。

监督对方履行合同，可以减少违约情况的发生，降低合同风险，有利于实现合同目的。

81. 防止连环违约

连环违约是指由于一方违反合同，造成了下游合同主体的违约，下游合同主体又造成另一个下游合同主体的违约，也就是常说的"一连串违约"。连环违约会带来连锁反应，波及多方，属于灾难性违约。

【案例】

　　丁煤矿为了扩大生产，急需资金5000万元，丙公司知道后欲筹集5000万元帮助丁煤矿，丁煤矿生产的煤由丙公司销售六个月。丙公司与长期伙伴乙集团公司谈判，要求乙集团公司投资5000万元，每吨让利乙集团公司30元。乙集团公司同意做此单业务，但需向甲银行借款3000万元，自己投资2000万元。于是，甲银行与乙集团公司签订了借款合同，乙集团公司又与丙公司签订了合作合同，丙公司与丁煤矿也签订了合作合同，各方所签订合同均围绕煤炭做文章。合同履行中，甲银行由于审批程序逾期三十五天支付贷款3000万元，对乙集团公司构成违约。乙集团公司由于其他项目又投入7000万元，只能给丙公司汇款3200万元，对丙公司又构成违约。丙公司将3200万元晚40天汇给丁煤矿，对丁煤矿又构成违约。银行的违约和乙集团公司的违约造成丙公司连环违约。

　　连环违约基于连环合同而产生，下一个合同的履行与上一个合同的履行紧密相关。如果有一方不予谅解，就会引起一连串的责任追究，引起合同的连锁震荡。在连环合同中，第一家的履行最关键，第一家履行得不好，直接关系到第二家，第二家又影响到第三家，只要出现违约，就会产生恶性连锁反应。连环违约有的出现在产品数量上，有的出现在产品质量上，还有的出现在履行期限上，违约表现形式多种多样。

　　防止连环违约，是控制合同法律风险的重要环节，最好的办法就是各方全面准时履行合同，防止违约行为的发生。一旦出现违约，各方立即采取措施，防止违约行为造成更大的损失。从根源上讲，应尽可能少签连环合同。连环合同有的是因法律关系而关联在一起，有的是因为合同标的物而关联在一起。在连环合同里，为了减少中间环节违约的可能性，履行时可以根据不同合同，采取不同的办法。例如，甲公司为了购买煤炭，欲向银行贷款1000万元，然后把款汇给供方乙公司，乙公司再把1000万元汇给丙煤矿，为了不使1000万元在中间环节出现差池，甲公司经乙公司同意可以把款直接汇给丙煤矿，减少了中间环节，可以提高合同的安全性。

82. 防止损失扩大

防止损失扩大是合同法律风险救济方法之一。在合同履行中，一方当事人发现由于对方的违约给自己造成了损失时，应采取措施防止损失扩大，不能任由损失发展。《民法典》第591条规定，当事人一方违约后，对方应当采取适当措施防止损失的扩大；没有采取适当措施致使损失扩大的，不得就扩大的损失请求赔偿。当事人因防止损失扩大而支出的合理费用，由违约方负担。防止损失扩大，是受损失一方的重要合同义务，损失的发生虽然是违约方的行为导致的，但是受损失的一方也不能无动于衷，必须采取必要的措施，防止损失扩大，才能使损失降到最低。

防止损失扩大，可以采取多种办法。

第一，发现损失立即采取止损措施，态度积极，措施得当，确实能够阻止损失扩大。

第二，通知违约方立即停止违约，不要继续违约，否则损失越来越大，应由违约方承担赔偿责任。

第三，针对损失要求对方予以赔偿。

第四，在违约方不纠正违约行为，损失还可能继续发生时，可以立即中止合同履行或者解除合同。对方对中止合同履行或者解除合同有异议的，通过诉讼方式解决。

83. 防止无合同先履行

无合同先履行，就是双方还没有签订正式合同，但已经开始履行合同的相关内容。这种情况下，一旦发生纠纷，双方均不能够提供合同，原告无法证明自己主张的成立。不签订合同而先履行，存在不可预料的风险。

【案例】

某传媒有限公司拍摄三十八集电视连续剧，聘请于某为总制片人，双方就合同反复进行协商。于某要求每集报酬5万元，某传媒公司同意每集给3万元，双方匆忙在未确定报酬的情况下开机拍摄，拍了四个月以后，由于缺乏资金被迫停机。最后某传媒公司因总制片人没能筹集到资金而解聘了总制片人。总制片人同意离开剧组，但向某传媒有限公司索要报酬，双方不能达成一致，于某诉至法院，要求每集给付报酬5万元，本金加利息共计285万元。法庭上原告无法出示双方签字盖章的合同，合同只是一份尚未盖章的草稿，被告出示双方待签字盖章的合同草稿，证明原告主张不成立，法院因证据不足不支持原告的全部主张。综合被告的陈述，被告认可原告担任过前期总制片人，但没参与后期制作和发行，同意支付一定数额的报酬，法院判定被告给付原告请求数额的50%。在本案中，由于原告不能举证双方签订的合同，在开机拍摄阶段已经履行了相应的工作，属于无合同先履行，只能给付适当的报酬。原告于某不服一审法院的判决，提出上诉，二审法院仍然以双方没签订合同为由，驳回上诉，维持原判。

无合同先履行的弊端在于，首先，君子协议并不稳固；其次，费力不讨好，可能得不到应有的报酬；最后，主张权利时空口无凭，无法获得法院的支持，对于先履行的一方构成较大的法律风险。

84. 防止履行对象错误

在合同履行中，经常发生履行对象错误的情况，往往是疏忽所致。主要表现如下。

第一，履行一份合同，有多个主体出现。例如，房屋租赁合同支付租金时，第一季度从集团公司账上支付10万元，第二季度从集团下属公司账上支付8万元，第三季度又从集团以外其他公司处支付8万元，不同公司支付租金，要求分别开具发票，实际上只有集团公司是合同相对人，其他公司不是合同主体，没有付款义务，也不应该索取发票。

第二，在相对方未指定向合同外的第三方履行的情况下，第三方本来不是合同相对人，却错误地将货物发至第三方。

合同主体相对性，是商业交易普遍遵循的原则，履行合同义务的一方，应该向相对人履行，而不应该向合同以外的第三方履行，除非相对人指定向第三方履行。私自向合同以外的第三方履行，等于合同没有履行，实质上属于违约，应继续履行义务。

防止履行对象错误，首先，应该确认履行对象名称和信息，按合同主体对号入座。其次，应该谁签订合同谁履行，合同之外的人不要替代履行，代替履行没有合同依据，会造成履行的混乱，容易产生纠纷。最后，履行出错要重新履行。虽然履行对象错误偶有发生，但也同样属于合同中的风险。

85. 注意遭遇不可抗力时应履行的相关义务

不可抗力是指合同各方在合同履行中遭遇的不能预见、不能避免且不能克服的客观情况。这些客观情况包括自然现象中的地震、台风、洪水、海啸、冰雹等，也包括社会现象中的战争、瘟疫、罢工、社会骚乱、政府禁令等。由于发生不可抗力，致使合同无法履行或不能完全履行，这并非合同双方当事人所能抗拒的因素，因而并不是合同当事人主观不履行，而是客观上无法履行。因此，法律规定发生不可抗力，可以免责，这种免责既包括合同可以不再履行，也包括不承担违约责任。当然，当不可抗力结束后，当事人可以继续履行合同。

不可抗力的发生是当事人所不愿意看到的，遭遇不可抗力的一方，必须及时通知另一方，告知对方不可抗力发生的时间、内容、程度，并在合理时间内提供必要的证明文件，以减轻可能给另一方造成的损失。在实践中，遭遇不可抗力一方积极履行通知、证明义务，可以减少合同纠纷，降低合同风险。不可抗力在合同履行上可以免责，但并非任何事件都属于不可抗力。

【案例】

某农产品销售公司与另一公司签订小杂粮购销合同，由于干旱减产，某农产品销售公司未能如数供应，需方认为供方违约，供方以不可抗力为由要求免除违约责任，需方不同意，双方发生争执，诉讼后法院判令某农产品销售公司承担违约责任。在本案中，某农产品销售公司确实发生了干旱减产的情况，但并不能因此就认为属

> 于不可抗力，该公司完全可以在其他地区组织货源，保证履行供货义务，但该公司没有尽到全面履行合同的义务，法院判令其承担违约责任是正确的。

在许多合同中都有不可抗力条款，但一般都只规定不可抗力属于免责条款，很少有在合同中明确约定遭遇不可抗力的一方如何向对方发出通知和提交证明文件的期限及方式。合同履行中如果发生不可抗力，遭遇的一方有义务向对方发出通知和提供证明，以使对方相信不可抗力的存在。如果不能证明不可抗力存在，合同当事人不能免除合同违约责任。

> 【相关规定】
>
> 《中华人民共和国民法典》
>
> 　　第五百九十条　当事人一方因不可抗力不能履行合同的，根据不可抗力的影响，部分或者全部免除责任，但是法律另有规定的除外。因不可抗力不能履行合同的，应当及时通知对方，以减轻可能给对方造成的损失，并应当在合理期限内提供证明。
> ……

86. 纠正对方违约行为

合同履行中如果对方出现违约行为，守约方不能无动于衷，应当对违约行为加以制止和纠正，使合同恢复正常履行。

纠正对方违约行为可以采取如下措施。

(1) 及时发现

合同的违约处在履行的不同阶段，发现越早，越有利于纠正。如果发现得晚，造成的损失就会扩大。要发现对方违约，就必须与对方保持联系，了解合同执行的情况。以建设工程施工合同为例，发现对方违约比较容易，因为甲方代表和甲方聘请的监理人员经常在工地办公，发现问题能及时进行协调和处理。但有些产品购销合同，一般买方与卖方身处两地，作为买方，卖方何时将货物发出，买方不一定能够监督，只能通过电话或微信等方式了解合同履行情况。

（2）口头提示

发现对方一般违约时，合同可以继续履行，同时可以用口头方式提示对方纠正违约行为。

（3）书面提示

如果口头提示没有起到作用或者效果不明显，守约方可以用书面方式向对方正式提出，指出违约之处和后果责任，要求对方改进履行合同态度，采取措施，防止违约行为的延续。

（4）发送律师函

如果违约方接到书面通知后，仍不能进一步纠正违约行为，其态势有可能发展成诉讼，在这种情况下，守约方可以向对方发出律师函，与对方进行严正交涉，同时收集和保管对方违约的证据。一旦态势继续恶化，马上采取诉讼措施。

（5）向人民法院起诉或者向仲裁机构申请仲裁

采取法律行动是控制违约的最后一道防线，如果不采取法律途径，对方很可能继续恶意违约，给守约方造成更大的损失。在此情况下，守约方可以启动诉讼或仲裁程序，用法律的力量制止对方的违约行为，必要时可以查封对方银行账户存款，扣押、冻结相关资产。

监督对方履行合同情况，只是对情况的了解和掌握。而纠正对方违约行为则是采取必要的措施。有的时候，监督与纠正对方违约两种方法同时运用效果更好。

87. 不要"以非制非"

"以非制非"就是以一种不正确的行为对抗另一种不正确的行为，持有"对方违约，我也违约"的心态。在合同履行中，有的当事人发现对方违约后，出于气愤，也以违约行为来回击对方。"以非制非"的结果是双方违约，如果不采取这种手段，守约方并无过错，无需承担违约责任。合同是一种规则，它已经从约定俗成的履约性上升为法律规定的强制性。履行合同是法定义务，任何一方违约，无论是先违约还是后违约，都应承担违约责任。"以非制非"的突出表现为,如在买卖合同中,买方应支付货款,在买方晚于合同规定时间付款的情况下,卖方为了报复,也故意拖延发货时间,造成卖方也违约。在借贷合同中,银行晚于合同规定日期发放贷款,还款期限到期后,借款方也有意拖欠不按期还款,认为贷方晚发放贷款,借方就可以晚还款,似乎是天经地义的。其实,无论是逾期发放贷款还是逾期偿还贷款,都是对合同的违反。在双务合同中,任何一方违约都应承担违约责任,不能认为先违约承担责任,而后违约就可以不承担责任。

针对一方违约,另一方应坚持合同守正理念,可以要求对方承担违约金,而不是以新的违约进行对抗。"以非制非"与先履行抗辩和不安抗辩不同,先履行抗辩是指应当先履行合同义务的一方不履行时,后履行一方有权拒绝其相应的履行请求。"以非制非"是一方先违约,另一方后违约,双方都属于违约行为。不安抗辩是指对方出现履行合同法定风险情况时,守约方可以停止履行合同,这与用违约对抗违约是截然不同的。先履行抗辩和不安抗辩是法律赋予合同当事人的合法权利,而"以非制非"并不具有合法性,切不可采取"以非制非"的措施。

(二)作好诉讼准备

88. 一审诉讼准备

合同产生纠纷双方无法自行解决时,应考虑采取诉讼方式保护合法利益。一旦发生诉讼,准备工作量较大,而且专业性要求也较高,直接关乎案件的胜败。一审诉讼准备工作主要有以下各项。

(1) 准备证据

证据是诉讼的核心。应当收集的有:

第一,合同、协议及其附件。用以证明双方权利义务关系的建立,也是证明对方违约的证据。

第二,付款凭证。该凭证是付款人履行付款义务的证据。

第三,运单。运单记载所运货物的时间、地点、数量,是卖方交付的凭证,可以证明卖方履行交付义务的情况。

第四,验收单。是买方验收货物的证据,验收单证明买方已经收到货物,有付款的义务。

第五,图表、说明书、合格证。

第六,异议书。如果买方对货物的数量、质量、包装有异议,应当在合同规定的时间内向卖方提出,异议书证明买方对所交货物不予以认可。

第七,设计书、竣工报告、验收报告、工程变更签证。

第八,双方往来信函、电子邮件、微信聊天记录。这些方式反映了双方对出现问题的处理意见和要求,可以证明其主张权利的内容和对方答复意见。

第九,相关票据。如入库单、对账单、发票、海关记录、缴税凭证、会计凭证、账簿、收据、付款说明、转账记录等。

第十,补充协议。补充协议是合同双方就解决某个问题所达成的协议,也是双方留下的重要证据之一。

第十一,会议纪要、会议记录、备忘录、情况说明、声明、律师函等文件。这些可以证明处理和协商纠纷问题的过程和相关事项。

第十二,电话录音、微信聊天记录、照片录像等资料。

凡能够证明案件事实的一切书面记载和其他证据,都可以收集和保存起来。证据越充分,胜诉率越高。诉讼启动,证据先行。

准备证据应有原件,根据需要复印,对复印件要加盖企业公章。

(2) 编制证据目录

立案时选送一部分主要证据递交法院,证据目录盖章,标明提供单位名称。证据目录和证据材料应该按照法院的要求提供相应份数。

(3) 对案件进行诉前分析、论证,听取各方意见

(4) 制定诉讼目标和方案,对案件的发展方向作出客观判断

(5) 起草起诉状

起诉状要简明扼要,诉讼请求、案由准确,加盖公章并根据法院、被告、第三人人数备份,代理律师一份,企业存档两份。

(6) 聘请律师

普通的民商事案件,绝大多数律师都可以代理。但涉及专业领域的诉讼,最好聘请专业律师。例如,商标律师、专利律师、著作权律师、建设工程律

师、房地产律师、股权律师、环境律师、婚姻律师、破产律师、影视律师、债券律师、上市律师、土地律师、拆迁律师、资本运作律师等。重大疑难案件应该聘请专业律师团队。专业律师既要看专业水平，又要看敬业态度。

（7）办理委托代理手续

签好授权委托书、法定代表人身份证明书、公司营业执照、公司出庭人员劳动关系证明或社保缴纳证明。授权委托书要写明是特别授权，还是一般代理。代理人发表的意见、回答的提问能够代表委托人。

（8）准备诉讼费、律师代理费、保全费或发生的审计费、评估费、鉴定费

诉讼费、保全费全国法院有统一收费标准，而律师代理费差异很大，同一案件有的律师事务所收5万元，而另一律师事务所可能收30万元。

（9）确定管辖法院或仲裁机构

申请仲裁必须有仲裁条款或者仲裁协议。管辖法院应该符合级别管辖和专属管辖规定。

（10）起草诉讼保全申请书，一般准备三至五份

（11）准备代理提纲、庭审发问提纲、回答法庭提问提纲

不可以没有发问提纲，也不可以不预先准备好回答方案。

（12）庭前模拟演练

这很有必要，无论代理人多忙，不可以匆忙上阵。防止法庭提问时"一问三不知"或者回答模棱两可。

（13）作好诉前调解准备，主要是构思调解方案

如果诉前调解成功，不必启动诉讼程序。

（14）获取必要的鉴定、审计、评估报告

（15）获得企业内部审批

就案件情况向企业领导人汇报，进行沟通和交底。

（16）检索同类案件判决，打印备份，需要时呈送法院

（17）检索适用于本案的法律规定

（18）全部案件资料装订成册

（19）如果是重大案件，成立诉讼小组

企业主要领导应予以关注并作出决定，为诉讼活动提供各种方便和条件。

作好上述诉讼准备后，可以适时提起诉讼。

四、第四道防线：合同法律风险救济措施

合同法律风险纷繁复杂，救济的方法也多种多样。一般分为诉讼的方法和非诉讼的方法。诉讼的方法注重程序化，非诉讼的方法更灵活，不同的方法适用于不同的情况，应以实际效果为出发点选择灵活有效的方法。

（一）平和方式

89. 协商与互谅

协商与互谅是合同法律风险救济措施之一。协商是指合同争议各方就有关合同争议问题进行磋商。互谅是指合同各方对合同出现的问题互相不予指责和追究，而是采取原谅的态度，使合同争议得到解决。互相谅解是解决合同问题的好方法之一，采取这种方法可以缓解矛盾，减少冲突和对抗，使问题在心平气和的状态下解决。《民事诉讼法》第53条规定，双方当事人可以自行和解。履行合同是一种法律责任，各方应当全力履行。但有时由于各种原因合同履行受到影响，未履行的一方也可能出于无奈或者非主观故意，如果对方发现了自己的错误，又诚心诚意地赔礼道歉，也能采取积极补救措施，在这种情况下，应该采取原谅的态度。如果一味逼迫对方，给对方施加压力，可能无助于问题的解决。尽管对方履行合同存在不尽如人意的地方，但守约方也应表现出宽阔的胸怀，以大气的态度对待对方，使对方自动纠正错误。当然，互相谅解不是放弃原则和根本利益，如果对方损害了自己的根本利益，对合同无情地践踏，是不可以原谅的。对于恶意违约、故意撕毁合同的行为不可原谅，应该用法律的力量予以制止。但对不是故意违约，而是由于粗心大意或主观上无法控制的事件造成合同履行得不周全、不严谨的，可以采取原谅的态度。

互相谅解，有时是一方对另一方的谅解，有时是双方的互相谅解。双方的

互相谅解往往是在合同履行中，各方都存在不足或瑕疵，属于混合过错，如果追究责任，双方都负有一定的责任。如果采取互相谅解的态度，可能会使问题解决得更好，有助于合同下一步的履行。

合同产生争议时采取协商和互谅的方法，不但效果好，而且成本和费用也低，甚至可以在互谅中寻找新的合作机会。

> 【案例】
> A公司参加股权交易会，通过竞买程序买得C公司持有B公司的40%股权，将1000万元股权款交付交易机构。在办理股权变更登记手续时，档案没有记载C公司享有40%的股权，A公司要求退还股权转让款，C公司不同意。如果A公司起诉，可能胜诉。在诉前接触中，C公司希望与A公司联合开发房地产业务，A公司同意，A公司本该投入5000万元，只需再投入4000万元即可。双方通过这种方式解决了1000万元欠款问题，既减少了诉讼费，又节省了时间。

协商和互谅是解决纠纷最好的办法之一，在解决纠纷中值得推崇。当然，许多纠纷无论双方如何努力，总有不能达成一致的时候，甚至有的纠纷会一触即发。协商和互谅要求双方放弃一定的利益，有时协商不成，主要原因是利益基点的确定存在偏差，只有一方让步，而另一方并不让步，在这种情况下很难达成一致。

协商是解决纠纷的好方法，但协商不是一蹴而就的，在复杂的背景下，协商需要很高的智商，特别是在双方利益直接对峙的时候，更需要找到最好的方法或方案，才能为各方所接受。找到这样的方法或方案是一个很纠结的过程，也是智慧酝酿的过程。如果找不到为双方所接受的方案或方法，协商成功是不可能的。因此，在使用协商与互谅的方法时，合同一方当事人应具备足够的耐心和商业智慧及法律智慧。

90. 发出协商函、通知、律师函、回函

合同法律风险出现时，可以向对方发出协商函、通知、律师函，这也是化

解纠纷、解决矛盾的方式。协商函应说明要协商什么问题，让对方表明态度，以求问题得以妥善解决。当事人可以见面协商，也可以通过信函、微信、电子邮件等多种方式协商。

接到协商函的一方可以回函，就同意的问题表明态度，不同意也应说明理由。协商函既是解决问题的要约邀请，也是未来呈送法庭的证据。

通知就是将己方对有关问题的意见告知对方，让对方知道和有所了解。例如，解除合同通知、催款通知、违约通知、履行通知、变更地址通知、付款通知等，要通知的内容非常多。针对通知可以进行回复，表明己方的态度，但不能给对方留下诉讼的把柄，任何一个文字资料都会成为将来诉讼的证据。

通知与协商函有所区别，不同的情况采用不同的方式，不能什么问题都用通知，有的时候对方对通知比较反感，使用商量的口气比较好接受，当然态度强硬时应用通知，而不是协商函。

律师函是律师事务所、律师向对方发出的公函，律师函具有说明、警告、催促的性质，能引起对方的高度注意，不要轻易使用律师函。有的律师函非常有火药味，警告对方不按律师函去做就要起诉，是起诉的前兆，如果确有违约，应该引起足够的重视，纠正违约行为。对律师函通常要给出回函，表明己方的意见。在回函的时候，各方都比较警觉，怕对方抓住把柄。因此，不要把关键证据暴露给对方。律师函的作用和意义很大，可以引起诉讼时效的中断，又可以形成新的证据。诉讼时效是合同的风险之一，发出协商函、通知、律师函可以抵御诉讼时效的风险，即便问题得不到解决，也要适时发出。

91. 变更合同

变更合同是合同风险救济非常重要的方法之一。变更合同往往是合同签订后、履行中发现有需要调整的内容，从而对原合同规定的内容进行调整和补充，使其更加完善，更符合当事人的要求。《民法典》第543条规定，当事人协商一致，可以变更合同。变更合同由一方当事人提出，另一方当事人响应，双方达成合意后变更合同内容，未经对方同意单方无权变更合同。

变更合同通常采取签订补充协议的方式，也有的以会议纪要、备忘录等文字形式记载下来。补充协议、会议纪要、备忘录需签字、盖章才能发生法律效力。变更合同有时协商起来很容易，一经沟通对方就接受。有时变更起来很难，无论怎样协商对方都不同意。变更合同可以变更一项、两项，也可以变更多项，双方根据实际情况进行变更。

变更合同采取补充协议方式的优势如下。

第一，补充协议便捷，变更什么记载什么。

第二，补充协议形成于原合同之后，是双方新达成的合意，效力优先于原合同。

第三，补充协议有很大的灵活性，一次补充不完，还可以再次补充。有许多合同有补充协议一、补充协议二、补充协议三。以建设工程施工合同为例，在施工中发现地下管道施工事宜未在合同中约定，发包方想让承包方完成这项小工程，承包方同意的，双方可以签订补充协议，费用另计。发包人又有增项和减项的，双方又可以签订补充协议，放弃或增加某项工程。

第四，补充协议只是补充或者调整原合同的内容，对原合同多数条款不予以变更。

第五，补充协议的内容非常广泛，可以补充付款方式，也可以补充验收程序，还可以补充设计变更。在建设工程施工合同和设计合同中，使用补充协议的机会比较多，主要是因为在施工中或设计开始后，发包方又会有很多新问题需要承包方帮助完成，工程经常会出现变化，这时只要双方认可变更事项，履行法律变更手续即可，当然有的时候双方采用的不是补充协议，而是现场变更签证，变更签证也同样具有法律效力。

补充协议的内容由当事人自由商定，但合同当事人不可以利用补充协议钻法律的空子，不可以规避法律程序性规定和实质性规定。例如，在建设工程招标投标中，有的投标人中标后把正式中标合同交给政府部门备案，又与招标人私下再签订一个补充协议，擅自改变合同标的或标价，双方按补充协议执行。在中标前，投标人与招标人事先约定好，按程序中标后，投标人给招标人降低一定价格，此条件成为中标条件，这样形成的中标和补充协议违背法律规定，是无效的。也有的合同双方当事人利用补充协议损害国家利益或第三方利益，这样的补充协议也当属无效。合同中将较小的部分工程发包给承包方，结果双方在补充协议中发包较大工程的合同，这属于规避法律关于建设工程招标的程序规定。较大的工程不能采用补充协议的方式签订合同，应当按招投标程序办理。一般来说，补充协议的内容都属于原合同遗漏的内容或依附于原合同的非主要义务。

签订补充协议有两点值得注意，一是补充协议不要有对自己不利的条款，在签订之前要认真阅读条款，每一份补充协议都应谨慎签订。二是注意原合同对补充协议的排除，有许多合同规定只有本合同有唯一的法律效力，这就排斥了补充协议的效力，如果有了这样的描述，补充协议难以生效。为了确保补充协议的效力，应当在补充协议中先对原合同排斥条款进行修改，然后在补充协议中规定，当发生合同中的内容与补充协议不一致的情况时，以补充协议为准，以确保补充协议效力。

补充协议虽然有上述功能和意义，但有的时候合同当事人选择的是会议纪要、会议记录、备忘录等方式，它们也同样可以起到变更合同的作用。但会议纪要、会议记录、备忘录等方式也都有不同的缺点，有的由于缺少严密性而不发生效力。

合同变更后，合同权利义务发生了变化，当事人应当按照变更后的内容完整履行。虽然合同可以变更，但变更时不要陷入无效变更，不要突破法律、行政法规对变更合同的禁止性规定。

92. 转让合同

转让合同又是化解合同风险的一种可行的方法，是指将合同一方当事人的权利义务转让给合同以外的第三方来承担，使转让方从合同中完全退出。转让合同是我国法律所认可的民事行为。《民法典》第555条规定，当事人一方经对方同意，可以将自己在合同中的权利和义务一并转让给第三人。

转让合同的原因可能是转让方自己履行合同遇到了障碍或者由第三方来履行更加便捷顺畅。例如，甲乙双方共同投资拍摄电影，甲方应投资1000万元，但现在甲方资金缺口较大，无法承担投资义务。而此时恰好丙方有资金并希望投入到电影当中，这时甲方将合同转让给丙方，有利于促成电影的拍摄。

首先，转让合同必须取得合同相对方的同意，相对方不同意，合同不能转让；其次，要找到受让方，受让方同意承继合同的权利和义务；最后，有了受让方后，受让方与转让方进行协商，并达成一致意见，在征得合同相对人同意后签订转让合同。转让合同生效后，原合同权利义务由受让方承担，受让方成为新的合同主体，转让方与原合同相对人不再有合同关系。转让合同有善意转让，也有恶意转让，恶意转让主要是为了规避合同债务。

虽然合同可以转让，但合同的权利和义务一并转让的，受债权转让、债务转移有关规定的约束。根据《民法典》第545条的规定，债权人可以将债权的全部或者部分转让给第三人，但下列情形除外：A.根据债权性质不得转让；B.按照当事人约定不得转让；C.依照法律规定不得转让。当事人约定非金钱债权不得转让的，不得对抗善意第三人，当事人约定金钱债权不得转让的，不得对抗第三人。《民法典》第551条规定，经债权人同意，债务人可以将债务转移。《民法典》第555条允许将合同中的权利和义务一并转让。转移与转让不但文字略有差别，而且所含内容也有所不同，转让是指全部权利义务或债权，而转移仅指债务。由于转让合同已经将权利义务转让给第三方，转让方可能排除了合同风险，但受让人可能又增加了合同风险。因此，受让方应该妥善平衡利弊。

93. 请求撤销合同

请求撤销合同是指合同成立后当事人向人民法院或者仲裁机构申请撤销该合同的行为。请求撤销合同是合同法律风险救济非常重要的方法之一。申请撤销合同是一种请求权，申请必须符合法定理由。《民法典》第147条、第148条、第149条、第150条、第151条规定合同存在重大误解、受欺诈、受胁迫、显失公平时，当事人可以申请撤销合同。同时《民法典合同编通则解释》也规定债务人转让债务不合理时，当事人也可以申请撤销合同。由此可见，有五种情形可以申请撤销合同。

重大误解是指当事人对合同的签订、履行、内容作出了错误的理解、判断，致使误签了合同。误解可能是自己造成的，也可能是对方的误导、诱导造成的。因重大误解签订合同，致使误解一方明显处于不利地位，如果该合同不撤销，极有可能给误解一方造成利益损害。

受欺诈是指在合同签订过程中，一方故意隐瞒事实真相骗取另一方与其签订合同，不明真相的一方为受欺诈方。受欺诈的一方在签订合同的时候并不知道事实真相，所作出的决定是基于错误的合同信息，并非真实意思表示，如果当初了解事实真相，可能不会作出如此的决定。因此，法律给予受欺诈的一方救济的机会。

受胁迫是指合同签订人并非真实意思表示，而是受到威胁不得已才实施的民事行为。例如，一方用刀威胁另一方必须签订合同，受胁迫的一方为了免受伤害违背意愿签订了合同。

显失公平是指已经订立的合同明显存在对某一方非常不公平的约定，失去了公平性。显失公平违背合同公平原则，合同的签订、履行可能会给另一方带来损害性的后果。因此，法律对显失公平合同持否定的态度。合同是否存在显失公平的情况，不是由人的主观判断任意决定的，而是通过诉讼由人民法院决定的。法院主要考察一方当事人是否利用优势或者利用对方没有经验的情况，致使双方的权利义务明显违反公平、等价有偿原则。显失公平属于原则性规定，很难有量化标准。一份合同是否显失公平，由法官根据商业习惯和通行做法自由裁量。设置显失公平否定制度的必要性，在于保证合同双方在完全自愿、平等的基础上完成交易行为，督促合同当事人遵循诚实信用原则，同时赋予遭受不公平待遇的一方撤销合同的请求权利。

债务人转让债务不合理是指债务人转让债务时，以明显不符合市场交易价格的价格转让债务，这种转让损害了债权人的债权，也为法律所否定。

当事人一旦发现合同有重大误解、显失公平、受欺诈、受胁迫以及债务人转让债务不合理的情况，都可以向人民法院或者仲裁机构请求撤销该合同。但是行使撤销权有时间的限制。根据《民法典》第152条规定，有下列情形之一的，撤销权消灭：A. 当事人自知道或者应当知道撤销事由之日起一年内、重大误解的当事人自知道或应当知道撤销事由之日起九十日内没有行使撤销权；B. 当事人受胁迫，自胁迫行为终止之日起一年内没有行使撤销权；C. 当事人知道撤销事由后明确表示或者以自己的行为表明放弃撤销权。当事人自民事法律行为发生之日起五年内没有行使撤销权的，撤销权消灭。重大误解撤销权行使期限规定为九十日，这是新的变化，应予以关注。

向人民法院请求撤销合同，首先应递交民事起诉状，诉讼请求为撤销合同，阐述撤销的事实与理由，法院经过审理后决定是否撤销。向仲裁机构申请撤销合同的前提是必须在合同中有仲裁条款或者仲裁协议，否则，仲裁机构不能受理。向仲裁机构申请撤销合同，也同样要提交仲裁申请书，并受1年时间的约束。被人民法院或仲裁机构撤销的合同，从一开始就不发生法律效力。

当事人发现合同存在重大误解、显失公平、受欺诈、受胁迫等情况，不要在诉讼中请求认定合同无效，那样很容易被驳回起诉，而应当主张变更或撤销合同，使用这样的诉讼策略才能处于不败之地。

【相关规定】

《中华人民共和国民法典》

第一百四十七条　基于重大误解实施的民事法律行为，行为人有权请求人民法院或者仲裁机构予以撤销。

第一百四十八条　一方以欺诈手段，使对方在违背真实意思的情况下实施的民事法律行为，受欺诈方有权请求人民法院或者仲裁机构予以撤销。

第一百四十九条　第三人实施欺诈行为，使一方在违背真实意思的情况下实施的民事法律行为，对方知道或者应该知道该欺诈行为的，受欺诈方有权请求人民法院或者仲裁机构予以撤销。

第一百五十条　一方或者第三人以胁迫手段，使对方在违背真实意思的情况下实施的民事法律行为，受胁迫方有权请求人民法院或者仲裁机构予以撤销。

第一百五十一条　一方利用对方处于危困状态、缺乏判断能力等情形，致使民事法律行为成立时显失公平的，受损害方有权请求人民法院或者仲裁机构予以撤销。

最高人民法院《关于适用〈中华人民共和国民法典〉合同编通则若干问题的解释》

第四十三条　债务人以明显不合理的价格，实施互易财产、以物抵债、出租或者承租财产、知识产权许可使用等行为，影响债权人的债权实现，债务人的相对人知道或者应当知道该情形，债权人请求撤销债务人的行为的，人民法院应当依据民法典第五百三十九条的规定予以支持。

94. 解除合同

解除合同，是指合同生效后当事人以合法的方式解除双方的合同关系。这是合同法律风险救济非常重要的方法，可以使合同在尚未到达终点时戛然而止，从而使合同权利义务关系终止。

解除合同的前提条件是合同有效，无效的合同和未生效的合同无需解除。解除合同有三种方式，即协商解除、约定解除、法定解除。协商解除是当一方需要解除合同时，与另一方进行协商并使合同解除。协商解除被普遍采用，效果也非常明显。《民法典》第562条规定，当事人协商一致，可以解除合同。约定解除是指当事人在合同中直接约定解除的事由，当事由发生时，合同才可以解除。有的合同还约定自动解除，当某种条件或事由出现时，合同自动解除，无需协商或者诉讼。例如，在买卖合同中，双方约定合同签订后七日内，买方付款人民币10万元，逾期付款本合同自动解除。而实际履行时买方没有在七日内付款，满足了合同自动解除的条件。法定解除是指法律直接规定合同解除的情形，当解除情形发生时，合同可以解除。法定解除规定在《民法典》第563条中，法定解除实际填补了约定解除的不足与空白，为当事人解除合同开辟一条新的路径。《民法典》第563条规定，有下列情形之一的，当事人可以解除合同：A. 因不可抗力致使不能实现合同目的；B. 在履行期限届满前，当事人一方明确表示或者以自己的行为表明不履行主要债务；C. 当事人一方迟延履行主要债务，经催告后在合理期限内仍未履行；D. 当事人一方迟延履行债务或者有其他违约行为致使不能实现合同目的；E. 法律规定的其他情形。

"法律规定的其他情形"似乎指向不明，《民法典》不可能在合同编总则中详细列出。但在该法有关买卖合同、租赁合同、借款合同、保证合同、融资租赁合同、承揽合同、建设工程合同、技术开发合同、保管合同、委托合同、物业服务合同，保证合同的条文中都作了明确规定，不同的合同有不同的解除事由或者情形。

第一，关于租赁合同解除，《民法典》第716条规定，承租人未经出租人同意转租的，出租人可以解除合同。《民法典》第722条规定，承租人无正当理由未支付或者迟延支付租金的，出租人可以请求承租人在合理期限内支付，承租人逾期不支付的，出租人可以解除合同。《民法典》第724条又规定，有下列情形之一，非因承租人原因致使租赁物无法使用的，承租人可以解除合同：A. 租赁物被司法机关或者行政机关依法查封、扣押；B. 租赁物权属有争议；C. 租赁物具有违反法律、行政法规关于使用条件的强制性规定情形。《民法典》第 729 条又进一步规定，因租赁物部分或者全部毁损、灭失，致使不能实现合同目的的，承租人可以解除合同。

第二，关于建设工程合同解除，《民法典》第 806 条规定，承包人将建设工程转包、违法分包的，发包人可以解除合同。发包人提供的主要建筑材料、建筑构配件和设备不符合强制性标准或者不履行协助义务，致使承包人无法施工，经催告后在合理期限内仍未履行相应义务的，承包人可以解除合同。

第三，关于物业服务合同解除，《民法典》第 948 条规定，当事人可以随时解除不定期物业服务合同，但是应当提前六十日书面通知对方。

第四，关于融资租赁合同解除，《民法典》第 752 条规定，承租人应当按照约定支付租金，承租人经催告后，在合理期限内仍不支付租金的，出租人可以请求支付全部租金；也可以解除合同，收回租赁物。《民法典》第 753 条规定，承租人未经出租人同意，将租赁物转让、抵押、质押、投资入股或者以其他方式处分的，出租人可以解除融资租赁合同。《民法典》第 754 条又进一步规定，有下列情形之一的，出租人或者承租人可以解除融资租赁合同：A. 出租人与出卖人订立的买卖合同解除、被确认无效或被撤销，且未能重新订立买卖合同；B. 租赁物因不可归责于当事人的原因毁损、灭失，且不能修复或者确定替代物；C. 因出卖人的原因，致使融资租赁合同的目的不能实现。

第五，关于分期付款买卖合同的解除，《民法典》第 634 条规定，分期付款的买受人未支付到期价款的数额达到全部价款的 1/5，经催告后在合理期限内仍未支付到期价款的，出卖人可以请求买受人支付全部价款或者解除合同。

第六，关于承揽合同解除，《民法典》第 772 条规定，承揽人将其承揽的主要工作交由第三人完成的，应当就该第三人完成的工作成果向定作人负责；未经定作人同意的，定作人也可以解除合同。《民法典》第 778 条规定，定作人不履行协助义务致使承揽工作不能完成的，承揽人可以催告定作人在合理期限内履行义务，并可以顺延履行期限；定作人逾期不履行的，承揽人可以解除合同。

第七，关于技术开发合同解除，《民法典》第 857 条规定，作为技术开发合同标的的技术已经由他人公开，致使技术开发合同的履行没有意义的，当事人可以解除合同。

第八，关于合伙合同解除，《民法典》第 976 条规定，合伙人可以随时解除不定期合伙合同，但是应当在合理期限之前通知其他合伙人。

《民法典》关于典型合同解除的规定，具有可操作性，为当事人提供了不同类型合同解除的依据。除了《民法典》之外，我国其他法律对解除合同也有相关规定。

在三种解除合同方式中，协商解除更便捷、更灵活，效率较高。但前提是双方有诚意进行协商，并有互谅互让的态度。例如，A 公司向 B 公司投资 1 亿元建设景区，三年后 A 公司希望解除合同，B 公司理解 A 公司的苦衷，双方经三次协商后同意解除投资合同，B 公司退还 A 公司投资款 1 亿元。如果双方不协商解除合同，按照仲裁条款规定应该在上海仲裁委员会仲裁，可能耗费的时间更长。约定解除在合同中普遍存在，成功范例也比比皆是，关键看如何约定。约定自动解除如同快刀斩乱麻，解除的速度更快。解除合同有多种方式，当事人可以选择使用。当事人一方主张解除合同，应当通知对方，合同自通知到达对方时解除。对解除合同有异议的，可以请求人民法院或者仲裁机构确认解除行为的效力。当事人将解除合同争议诉至人民法院时，由人民法院确认是否解除。人民法院如何确认合同解除，《民法典合同编通则解释》第 52 条作了指引性规定。

当事人依法行使合同解除权，还应当关注以下问题。

第一，没有约定解除权时，应与对方协商，这或许比采用法定解除方式更好一些。

第二，在各类合同中都应设定解除条款，为解除合同打开方便之门。

在买卖合同中，为买方设定解除条件：卖方不按时供货且超过合同规定日期二十天或供货存在严重质量问题，买方可以解除合同；为卖方设定解除条件：买方签订合同后不按时付款且超过合同规定日期二十天，卖方可以解除合同。

在租赁合同中，为承租人设定解除条件：租赁物不符合合同约定，承租人可以解除合同；为出租人设定解除条件：承租人不按约定使用租赁物或对租赁物造成损失，出租人可以解除合同。

在装修合同中，为承包方设定解除条件：发包方不按规定付款，承包方可以解除合同；为发包方设定解除条件：承包方使用不符合合同约定的材料，发包方可以解除合同。

在设计合同中，为委托人设定解除权：设计人应在一个月内交付设计成果，如果到期不能交付设计成果且超过规定时间十五天，委托人有权解除合同；为设计人设定解除权：委托人应在合同签订后七日内向设计方支付总设计费的50%，即人民币60万元，如果委托人不能如期支付且超过规定时间十日，设计人有权解除合同。

在合同中设定解除事由，可以为一方设定，也可以为双方设定，设定什么事由根据当事人在合同中的地位和需要确定。

第三，解除合同通知应采用符合要求的电子邮件、微信、纸质通知、特快专递、派人专送、传真等方式送交对方。对方如有异议应及时提出或提起诉讼。

第四，解除通知应当写明合同签订的时间、编号、解除合同的依据。

第五，准确判断是采用约定解除方式还是法定解除方式。

第六，确定解除合同通知生效时间，这直接关系到双方权利义务关系的终止。依据《民法典合同编通则解释》第53条的规定，解除通知到达对方时合同解除，这就要充分考虑何时发出解除合同的通知，早发早解除，晚发晚解除。依据《民法典合同编通则解释》第59条的规定，经过诉讼的，一般以起诉状副本送达对方的时间作为合同终止的时间。如果法院迟迟不送达起诉状副本，合同也迟迟不能解除，催促法院送达起诉状副本很有必要。

第七，了解解除合同不生效的情形，避免解除合同不生效。

第八，解除权有期限的，应当在期限内行使。

第九，错误解除合同要承担违约责任或赔偿责任。

第十，以持续履行的债务为内容的不定期合同，当事人可以随时解除合同。但应当在合理期限内通知对方。

第十一，合同解除后，尚未履行的，终止履行。

充分注意上述有关解除合同的问题，使解除合同依照法律规定或合同约定操作，确保合同关系顺利终止。

【相关规定】

《中华人民共和国民法典》

第五百五十七条 ……

合同解除的，该合同的权利义务关系终止。

第五百六十二条 当事人协商一致，可以解除合同。

当事人可以约定一方解除合同的事由。解除合同的事由发生时，解除权人可以解除合同。

最高人民法院《关于适用〈中华人民共和国民法典〉合同编通则若干问题的解释》

第五十九条 当事人一方依据民法典第五百八十条第二款的规定请求终止合同权利义务关系的，人民法院一般应当以起诉状副本送达对方的时间作为合同权利义务关系终止的时间。……

95. 终止合同

终止合同是合同法律风险救济方法之一。终止合同是指合同按约定已经履行完毕或因其他法定因由而不再履行，合同到此为止。

《民法典》第 7 章关于合同权利义务终止的规定，吸收了《合同法》（已失效）的相关规定，《民法典》第 557 条中规定债权债务终止有六种情形：A. 债务已经履行；B. 债务相互抵销；C. 债务人依法将标的物提存；D. 债权人免除债务；E. 债权债务同归于一人；F. 法律规定或者当事人约定终止的其他情形。

《民法典》关于合同终止的规定，与《合同法》（已失效）在文字上略有差别。合同终止后，当事人权利义务关系消灭，合同不再履行，合同风险也不再继续。但各方还应当履行通知、保密、协助的义务。

终止合同与解除合同不同。解除是合同尚未到达终点时双方提前解除合同关系，从而使合同关系归于消灭，属于合同终止的一种形式。而终止合同是合同已经到达了终点，不必再继续履行。一个在中间站，一个在终点站，所处位置不同。终止合同与解除合同法定情形也不相同。

终止合同与中止合同也不同，中止合同是暂时停下，恢复后可以继续履行，直至履行完毕。而终止合同是合同已经到终点了，不再履行了。

应该注意的是，合同因履行完毕或其他法定情形终止时，各方不必再签订终止协议。但解除合同必须签订解除协议。终止合同后，如果当事人原来存在违约，权利人并不因为终止合同而失去追究的权利。

96. 追究违约责任

追究违约责任是合同法律风险救济最通常的做法。追究违约责任的前提是违约行为的存在，当合同一方发生违约时，非违约方可以追究违约方的违约责任。违约有的是由主观原因造成的，有的是由客观外部条件造成的，但只要不存在法定免责理由，非违约方就有权利追究违约方的违约责任。

追究违约责任，涉及问题较多且复杂，分述如下。

（1）违约责任的性质

违约责任归根到底是赔偿损失。违约责任依约定或者法定而产生。约定违约责任是当事人在合同中约定违约行为所应承担的责任。《民法典》第 582 条规定，履行不符合约定的，应当按照当事人的约定承担违约责任。在合同签订时，当事人可以约定承担合同总额一定比例的违约金，也可以约定违约造成损失的计算方法，但约定不得超过合理合法的限度。法定违约责任就是依照法律规定所应承担的违约责任。《民法典》和《民法典合同编通则解释》中对典型合同违约责任都作出了相应规定，最高人民法院在有关司法解释中也作了补充规定，这都构成了法定违约责任的认定依据。

（2）违约责任承担方式

依据《民法典》的规定，承担违约责任的方式主要有，采取补救措施、继续履行、赔偿损失以及适用定金罚则。继续履行是指将合同未完成的事项履行完毕。采取补救措施包括修理、重作、更换、退货、减少价款、减少报酬等，不同的合同有不同的补救方法。例如，如果承揽合同承揽方违约，可以要求重作、更换、返修；如果买卖合同供货方违约，可以要求退货、换货；如果施工合同承包方违约，可以要求返工、维修、加固；如果影视合同拍摄方违约，可以要求重拍、重作；如果广告合同发布方违约，可以要求补发、重播等。赔偿损失包括赔偿直接损失、间接损失和可获得利益。设定多种违约责任承担方式，主要是便于弥补，如果无法弥补，兜底措施就是赔偿损失。总之，违约必须承担责任。

（3）构成法定违约的情形

《民法典》合同编通则对承担违约责任作了一般性的规定。其中第577条规定，当事人一方不履行合同义务或者履行合同义务不符合约定的，应当承担继续履行、采取补救措施或者赔偿损失等违约责任。《民法典》第578条规定，当事人一方明确表示或者以自己的行为表明不履行合同义务的，对方可以在履行期限届满前请求其承担违约责任。

《民法典》除了对违约责任作了一般性的规定外，还在十九种典型合同中，对承担违约责任分别作了规定，列举如下。

第一，《民法典》第597条规定，因出卖人未取得处分权致使标的物所有权不能转移的，出卖人承担违约责任。

第二，《民法典》第617条规定，出卖人交付的标的物不符合质量要求的，买受人可以请求出卖人承担违约责任。

第三，《民法典》第781条规定，承揽人交付的工作成果不符合质量要求的，定作人可以合理选择请求承揽人承担修理、重作、减少报酬、赔偿损失等违约责任。

第四，《民法典》第801条规定，因施工人的原因致使建设工程质量不符合约定的，发包人有权请求施工人在合理期限内无偿修理或者返工、改建。经过修理或者返工、改建后，造成逾期交付的，施工人应当承担违约责任。

第五，《民法典》第854条规定，委托开发合同的当事人违反约定造成研究开发工作停滞、延误或者失败的，应当承担违约责任。

第六，《民法典》第872条规定，技术许可合同中的许可人未按照约定许可技术的，应当返还部分或者全部使用费，并应当承担违约责任；实施专利或者使用技术秘密超越约定的范围的，违反约定擅自许可第三人实施该项专利或者使用该项技术秘密的，应当承担违约责任；违反约定的保密义务的，应当承担违约责任；技术许可合同让与人违反前述规定的，承担违约责任。

第七，《民法典》第873条规定，技术许可合同中，被许可人未按照约定支付使用费的，应当补交使用费并按照约定支付违约金；不补交使用费或者支付违约金的，应当停止实施专利或者使用技术秘密，交还技术资料，承担违约责任；实施专利或者使用技术秘密超越约定的范围的，未经许可人同意擅自许可第三人实施该专利或者使用该技术秘密的，应当停止违约行为，承担违约责任。

第八，《民法典》第884条规定，技术服务合同的受托人未按照约定完成服务工作的，应当承担免收报酬等违约责任。

《民法典》在典型合同中结合日常交易所见的违约行为，确定应当由哪一方承担违约责任，便于分清责任，减少争议，为合同当事人确立了法定违约责任的标准尺度。

《民法典合同编通则解释》对《民法典》在违约责任划分方面进行了补充，其中第12条规定，对合同负有报批义务的当事人不履行报批义务或者履行报批义务不符合合同约定或者法律、行政法规的规定，承担违约责任。

（4）追究违约责任的合同类别

追究违约责任的合同包括本约合同和预约合同。当事人不论违反本约合同还是预约合同，都要承担违约责任。《民法典》第495条第2款特别规定违反预约合同也承担违约责任。

（5）追究违约责任的方法

追究违约责任方法可分为协商、直接扣除、诉讼、仲裁以及调解这五种。当事人可以采用协商方式追究违约责任，前提是当事人自愿协商，可以用给付金钱的方式承担，也可以用物或服务承担。如果用金钱承担，当事人应就承担数额、计算方法、支付时间、支付方式进行协商。承担违约责任大与小、多与少，都由当事人协商确定。协商的方式自由、灵活，氛围温和，易于接受，是解决承担违约责任问题的好方式。如果当事人协商达成一致，应签订协议。但有时双方矛盾深刻，意见分歧大，无法协商解决。此时，只能考虑诉讼或者仲裁。有的合同预先对违约责任的承担作了约定，一方违约由非违约方直接从合同中扣除一定款项，这也是追究违约责任的一种方式。直接扣除，有时会引起对方的反感或者不认可，此时还得通过诉讼或仲裁方式解决。追究违约责任，接受调解组织的调解也是一种好方法，在调解组织的斡旋下，有时双方也能达成调解协议。采用诉讼方式追究违约责任，是最严厉的一种方法，由受诉法院判令违约方承担违约责任，如果违约方不主动承担，当事人可以申请强制执行。最后一种就是仲裁方式，仲裁确认违约责任，与司法审判确认违约责任具有同等法律效力。

(6) 请求调整违约金

《民法典》第 585 条规定,当事人可以约定一方违约时应当根据违约情况向对方支付一定数额的违约金,也可以约定因违约产生的损失赔偿额的计算方法。约定的违约金低于造成的损失的,人民法院或者仲裁机构可以根据当事人的请求予以增加;约定的违约金过分高于造成损失的,人民法院或者仲裁机构可以根据当事人的请求予以适当减少。《民法典合同编通则解释》第 65 条规定,当事人主张约定的违约金过分高于造成的损失,请求予以适当减少的,人民法院应当以《民法典》第 584 条规定的损失为基础,兼顾合同主体、交易类型、合同的履行情况、当事人的过错程度、履约背景等因素,遵循公平原则和诚信原则进行衡量,并作出裁判。约定的违约金超过损失 30% 的不予支持。当事人可以请求减少违约金,但对恶意违约一方提出的,不予调整。违约方支付违约金后,还应当履行债务。

(7) 违约责任抵销

合同履行中出现双方或多方交叉违约的时候,各方可以通过协商相互抵销违约责任。在违约程度轻重不同时,违约严重的一方,应对违约较轻的一方适当给付违约金。如果当事人不能互相抵销违约责任,只能通过诉讼或仲裁解决。

追究违约责任是非违约方的合同权利和法定权利,如何追究和追究多少,完全由当事人自主决定。行使追究权利,可以降低或者减少合同风险的不利后果。

97. 追究缔约过失责任

缔约过失给合同一方造成损失的,受损失方可以追究缔约过失责任。缔约过失主要表现如下。

第一,假借订立合同,与对方进行恶意磋商。磋商的目的不是订立合同,而是故意损害对方的利益,对这种故意损害对方利益的行为,法律规定要承担缔约过失责任。

> **【案例】**
> A公司希望将本公司的部分写字楼出租，年租金240万元。B公司大股东陈某知道后，为了报股权纠纷诉讼之仇，派其办公室主任去谈租赁事宜，实际上根本不想租赁该房屋，只想阻止A公司把房屋租给他人。商谈两个月后，B公司放弃租赁，A公司浪费两个月的时间，损失40万元。B公司与A公司进行租赁谈判，实际是假借订立合同进行恶意磋商，目的是阻止对方出租房屋，类似这样的行为，应承担缔约过失责任。但是，许多合同当事人，明知对方在欺骗自己，却不能拿起法律的武器，原因是不知道对方假借订立合同与己方进行恶意磋商要承担缔约过失责任。

第二，故意隐瞒与订立合同有关的重要事实或者提供虚假情况，也应承担缔约过失责任。与合同有关的重要事实，可以理解为影响合同当事人作出决定的事实。例如，在股权转让合同中，转让方声称公司没有负债，受让方据此才作出决定，接受转让的股权。如果股权转让后，受让方发现公司有负债的情况，转让方就构成了隐瞒与合同有关的重要事实的行为，隐瞒方应承担缔约过失责任。同时，合同当事人也不能提供虚假情况，提供虚假情况也同样要承担责任。法律之所以如此规定，就是防止有的合同当事人采用欺诈手段骗取对方的信任，从而给对方造成损失。如果因为违背诚实守信原则给对方造成损失，缔约过失方要赔偿受损失一方的损失。

第三，泄露或不正当使用对方的商业秘密也要承担缔约过失责任。合同在缔结过程中，一方很可能会接触另一方的商业秘密，如果把在缔约过程中知道的商业秘密泄露给第三方，致使合同相对人利益受到损害的，应承担缔约过失责任。同时，在合同缔约阶段不正当使用对方的商业秘密也应承担赔偿责任。

第四，因一方过失致使合同无效。如果一方的原因导致合同无效并且给对方造成损失，过错方应承担缔约过失责任。

第五，因一方过失致使合同被撤销。合同被撤销可能会给另一方造成损失，有过失的一方也应承担缔约过失责任。

第六，违反诚实信用原则的其他缔约过失行为。一般表现为未尽到通知、说明、协助、保护、忠实等义务而给对方造成损失，此时也应承担缔约过失责任。

追究缔约过失责任，主要是承担损害赔偿责任，其前提是损失的发生。任何一个合同的签订，如果出现了合同无效、合同被撤销或者泄露商业秘密等情形，一般都有损失的发生，只是损失大小有所不同。《民法典》规定缔约过失责任，就是要求缔约人充分尽到注意义务，未尽到注意义务应对损失承担责任。

缔约过失责任与违约责任产生于合同不同阶段，违约责任产生于合同履行中，而缔约过失责任产生于缔约阶段。违约责任补救方法较多，而缔约过失责任只能赔偿损失。追究缔约过失责任是合同法律风险救济重要方法之一，在缔约阶段如果对方存在过失并且造成了损失，应当追究赔偿责任。

【相关规定】

《中华人民共和国民法典》

第五百条 当事人在订立合同过程中有下列情形之一，造成对方损失的，应当承担赔偿责任：

（一）假借订立合同，恶意进行磋商；

（二）故意隐瞒与订立合同有关的重要事实或者提供虚假情况；

（三）有其他违背诚信原则的行为。

第五百零一条 当事人在订立合同过程中知悉的商业秘密或者其他应当保密的信息，无论合同是否成立，不得泄露或者不正当地使用；泄露、不正当地使用该商业秘密或者信息，造成对方损失的，应当承担赔偿责任。

98. 要求违约方赔偿损失

要求违约方赔偿损失是合同风险救济最主要的办法，也是诉讼中最常见的请求。合同违约方给守约方造成损失时，守约方有权要求赔偿损失，这是最基础的民事责任。要求违约方赔偿损失，操作时应考虑以下问题。

(1) 赔偿损失的前提

前提是损失已经发生，才能要求对方赔偿，不是可能发生或者未发生。

(2) 赔偿损失的范围

包括直接损失、间接损失和可获得利益，这是赔偿损失的三个层级。直接损失是财产的直接减少、灭失或金钱支出。例如，货物买卖合同中，卖方因供货发生1万元运费支出，货物到达买方时，买方拒收货物，卖方的运费就是直接损失。间接损失是为履行合同而间接产生的损失，例如，甲方委托乙方经营管理甲方的下属企业，乙方在经营中使用了甲方下属企业的抵扣税款，导致甲方下属企业抵扣税款数额的减少，产生了间接损失。关于可获得利益，《民法典合同编通则解释》第60条规定，可获得利益按照非违约方能够获得的生产利润、经营利润或者转售利润等计算。

(3) 赔偿损失涉及的合同类别

包括本约合同损失和预约合同损失，当事人有约定的按照约定赔偿，没有约定的，由人民法院酌定。

(4) 赔偿损失数额的确定

《民法典》第585条允许当事人在合同中约定损失赔偿额的计算方法。没有约定计算方法时，在损失发生后计算赔偿额时，应相当于因违约所造成的损失，包括合同履行后可获得的利益。因合同违约而造成损失，要求违约方赔偿损失是合同当事人的一项权利，受损失的一方可以与违约方直接协商赔偿数额，如果双方能够达成一致，不必诉诸法律。如果不能达成一致，受损失的一方可以向人民法院起诉，要求给予赔偿。依据《民法典》第585条第2款的规定，赔偿损失数额可以适当减少，但必须是受损失的一方对损失的发生存在过错，如果不存在过错，赔偿损失不能减少。请求赔偿的数额要得当，一般按实际发生损失计算，损失多少计算多少。守约方不可以利用诉权漫天要价，损失的计算必须笔笔有据，并附有相关证据。如果证据不足，不会得到法院的支持。有的合同当事人，在向对方要求赔偿损失时，总想多索要一些，不管损失发生多少，胡乱计算一番，在这种情况下，违约一方一定会断然拒绝。协商损失赔偿数额，实际上是讨价还价的过程，受损失一方希望多得，违约一方希望少支付。作为受损失的一方，应该实事求是，损失多少则要求对方赔偿多少。而违约方也应该主动承担责任，不能把占便宜作为长期的商业习惯或谈判的筹码。如果双方就赔偿损失能够达成一致意见,就可以化干戈为玉帛。如果双方不能达成一致,可能引发诉讼。在此种情况下,违约方将处于诉讼压力之下。与其诉诸法院被判决赔偿,不如主动协商赔偿。

(5) 损失赔偿实现渠道

协商、调解、诉讼、仲裁,这与要求对方承担违约责任的渠道相同。采用何种方式,完全根据客观情况决定。在能协商、调解的情况下,尽量避免诉讼或仲裁。

(6) 法律规定承担赔偿责任的情形

依据《民法典》第577条和第583条,当事人一方不履行合同义务或者履行合同义务不符合约定的,应当赔偿损失。在履行义务或者采取补救措施后,对方还有其他损失的,应当赔偿损失。上述是赔偿损失的一般性规定,除此之外,《民法典》在所列典型合同中分别作出规定,明确由哪一方承担赔偿责任,现列明如下。

第一,供电人未按照国家规定的供电质量标准和约定安全供电,造成用电人损失的,应当承担赔偿责任。(《民法典》第651条)

第二,供电人未事先通知用电人中断供电,造成用电人损失的,应当承担赔偿责任。(《民法典》第652条)

第三,因自然灾害等原因断电,供电人未及时抢修,造成用电人损失的,应承担赔偿责任。(《民法典》第653条)

第四,用电人未按照国家有关规定和当事人的约定用电,造成供电人损失的,应当承担赔偿责任。(《民法典》第655条)

第五,赠与合同中赠与人故意不告知瑕疵或者保证无瑕疵,造成受赠人损失的,应承担赔偿责任。(《民法典》第662条)

第六,租赁合同中承租人未按照约定的方法或者未根据租赁物的性质使用租赁物,致使租赁物受到损失的,出租人可以请求解除合同并赔偿损失。(《民法典》第711条)

第七,承租人未经出租人同意,对租赁物进行改善或者增设他物的,出租人可以请求承租人恢复原状或者赔偿损失。(《民法典》第715条)

第八,承租人经出租人同意转租,第三人造成租赁物损失的,承租人应当赔偿损失。(《民法典》第716条)

第九，融资租赁合同中，出租人怠于行使只能由其对出卖人行使的索赔权利，造成承租人损失的，承租人有权请求出租人承担赔偿责任。（《民法典》第 743 条）

第十，融资租赁合同中，出租人有下列情形之一的，承租人有权请求其赔偿损失：A. 无正当理由收回租赁物；B. 无正当理由妨碍、干扰承租人对租赁物的占有和使用；C. 因出租人的原因致使第三人对租赁物主张权利；D. 不当影响承租人对租赁物占有和使用的其他情形。（《民法典》第 748 条）

第十一，承揽合同中，承揽人发现定作人提供的图纸或者技术要求不合理的，应当及时通知定作人。因定作人怠于答复等原因造成承揽人损失的，应当赔偿损失。（《民法典》第 776 条）

第十二，承揽合同中，定作人中途变更承揽工作的要求，造成承揽人损失的，应当赔偿损失。（《民法典》第 777 条）

第十三，承揽合同中，承揽人交付的工作成果不符合质量要求的，定作人可以合理选择请求承揽人承担修理、重作、减少报酬、赔偿损失等违约责任。（《民法典》第 781 条）

第十四，承揽人应当妥善保管定作人提供的材料以及完成的工作成果，因保管不善造成毁损、灭失的，应当承担赔偿责任。（《民法典》第 784 条）

第十五，定作人在承揽人完成工作前可以随时解除合同，造成承揽人损失的，应当赔偿损失。（《民法典》第 787 条）

第十六，建设工程合同中，勘察、设计的质量不符合要求或者未按照期限提交勘察、设计文件拖延工期，造成发包人损失的，勘察人、设计人应当继续完善勘察、设计，减收或者免收勘察、设计费并赔偿损失。（《民法典》第 800 条）

第十七，建设工程合同中，因承包人的原因，致使建设工程在合理使用期限内造成人身损害和财产损失的，承包人应当承担赔偿责任。（《民法典》第 802 条）

第十八，货运合同中，因托运人申报不实或者遗漏重要情况，造成承运人损失的，托运人应当承担赔偿责任。（《民法典》第 825 条）

第十九，多式联运合同中，因托运人托运货物时的过错造成多式联运经营人损失的，即使托运人已经转让多式联运单据，托运人仍然应当承担赔偿责任。（《民法典》第 841 条）

第二十，技术开发合同中，当事人一方发现无法克服的技术困难，可能致使研究开发失败或者部分失败的情形时，应当及时通知另一方，并采取适当措施，减少损失；没有及时通知并采取适当措施，致使损失扩大的，应当就扩大的损失承担责任。(《民法典》第 858 条)

第二十一，保管合同中，寄存人交付的保管物有瑕疵，或者根据保管物的性质需要采取特殊保管措施的，寄存人应当将有关情况告知保管人。寄存人未告知，致使保管物受损失的，保管人不承担责任；保管人因此受损失的，除保管人知道或者应当知道且未采取补救措施外，寄存人应当承担赔偿责任。(《民法典》第 893 条)

第二十二，保管合同中，保管人不得将保管物转交第三人保管，如有违反造成保管物损失的，应当承担赔偿责任。(《民法典》第 894 条)

第二十三，受托人超越权限造成委托人损失的，应当赔偿损失。(《民法典》第 929 条)

第二十四，受托人处理委托事务时，因不可归责于自己的事由受到损失的，可以向委托人请求赔偿损失。(《民法典》第 930 条)

第二十五，中介人故意隐瞒与订立合同有关的重要事实或者提供虚假情况，损害委托人利益的，不得请求支付报酬并应当承担赔偿责任。(《民法典》第 962 条)

上述赔偿责任的规定，为合同当事人解决纠纷提供了明确的法律依据。

【相关规定】

《中华人民共和国民法典》

第五百八十三条 当事人一方不履行合同义务或者履行合同义务不符合约定的，在履行义务或者采取补救措施后，对方还有其他损失的，应当赔偿损失。

第五百八十五条 当事人可以约定一方违约时应当根据违约情况向对方支付一定数额的违约金，也可以约定因违约产生的损失赔偿额的计算方法。

……

99. 请求第三人赔偿

当事人因合同产生损失，不但可以要求相对人赔偿，还可以要求第三人赔偿。请求第三人赔偿损失同样是合同法律风险救济方法之一，值得考虑和运用。当事人在合同当中产生损失，一般情况下都是出于自己或对方的原因，但也有第三人原因的，在此情况下，可以要求第三人赔偿。《民法典合同编通则解释》第5条规定，第三人实施欺诈、胁迫行为，使当事人在违背真实意思的情况下订立合同，受到损失的当事人请求第三人承担赔偿责任的，人民法院依法予以支持。这条解释增加了赔偿义务主体，将第三人列入其中，使第三人在给他人造成损失时，不能免除民事责任。第三人给他人造成损失，很少主动赔偿，受损失的一方只能向人民法院提出请求。第三人承担赔偿责任的前提是，在订立合同时第三人实施了欺诈、胁迫行为，导致合同当事人违背真实意思而签订合同并且受到了损失。例如，胡某欠武某人民币7万元，武某几次索要不成，又带着何某、刘某向胡某讨债，何某、刘某用刀威胁胡某重新写下欠条，数额为9万元，胡某不敢反抗而多写2万元，后来武某将9万元要回。何某、刘某属于第三人，对胡某采用了胁迫的方式，并且造成胡某2万元的损失，胡某有权向法院提起诉讼，要求何某、刘某赔偿损失。对于第三人实施的欺诈、胁迫行为，请求赔偿的当事人应当进行举证。

100. 行使先履行抗辩权

合同出现风险时，当事人可以根据实际情况采取相应措施，先履行抗辩权就是救济合同法律风险的方法之一。先履行抗辩权是《民法典》规定的一种救济权利，仅适用于双方当事人互负债务，且存在先后履行顺序的情况，当先履行的债务人未履行或者履行不符合约定时，后履行的一方可以拒绝对方履行请求，这就是先履行抗辩权的基本含义。行使先履行抗辩权，必须符合法定条件，《民法典》第526条规定，其法定条件是当事人互负债务，合同履行有先后顺序，如交钱付货，交钱在先，付货在后，先履行的一方不能要求后履行的一方先履行且先履行一方履行债务不符合约定，后履行的一方可以拒绝履行请求。准确把握先履行抗辩权，必要时可以行使这种正当权利。

先履行抗辩权属于延期的抗辩权，行使这种权利并不等于自己可以不再履行合同，而是在对方没有履行或履行不符合约定的情况下所行使的抗辩权。抗辩之后，如果对方完全履行了合同义务，那么行使抗辩权的一方应当恢复履行。当事人行使先履行抗辩权致使合同迟延履行的，只要符合法律规定，就不承担迟延履行的责任。

实践中，基于交易习惯，许多合同有先后履行顺序，负有先履行义务的一方应该首先履行。但有的当事人混淆了先后顺序，一味要求后履行的一方先履行，将导致合同纠纷发生。

【案例】

某房地产开发公司与上海某设计院签订房屋设计合同，合同约定设计方完成第一步设计后，由委托方提出修改意见，并支付设计费的30%。设计方完成第二步设计后，委托方应支付设计费的60%。设计方完成全部设计后，委托方应支付剩余的设计费。上海某设计院交付第二步设计成果后，某房地产开发公司拒绝支付设计费，认为上海某设计院交付全部设计成果后，才应支付第二笔设计费。在本案例中，某房地产公司抗辩理由并不成立，因为上海某设计院已经交付了第二步设计成果，按合同约定的先后顺序，某房地产公司应支付第二笔设计费，要求上海设计院交付全部设计成果后再支付设计费，不符合先履行抗辩的法定理由。但此案在仲裁时，仲裁庭并没有考虑履行合同的先后顺序，裁定上海某设计院交付全部设计成果后，某房地产公司再支付第二笔设计费，违背了履行合同约定的先后顺序，错误适用先履行抗辩权。

【相关规定】

《中华人民共和国民法典》

第五百二十六条 当事人互负债务，有先后履行顺序，应当先履行债务一方未履行的，后履行一方有权拒绝其履行请求。先履行一方履行债务不符合约定的，后履行一方有权拒绝其相应的履行要求。

101. 中止履行

合同一旦签订都应当履行，但发生法律允许的特殊情况可以中止履行。中止履行是对合同可能发生的风险实施的一种救济措施。中止履行只是暂时中断履行合同，一旦条件具备还要恢复履行。虽然中止履行是防止合同风险的一种合法措施，但采取这种措施必须符合中止履行的条件。《民法典》第 527 条规定，应当先履行债务的当事人，有确切证据证明对方有下列情形之一的，可以中止履行：A. 经营状况严重恶化；B. 转移财产、抽逃资金，以逃避债务；C. 丧失商业信誉；D. 有丧失或者可能丧失履行债务能力的其他情形。《民法典》第 529 条又规定，债权人分立、合并或者变更住所没有通知债务人，致使履行债务发生困难的，债务人可以中止履行或者将标的物提存。只有《民法典》第 527 条和第 529 条规定的情形出现时，才可以中止履行合同。合同当事人采取中止履行措施，要履行通知的义务，告知对方中止履行的时间、原因。在对方提供适当担保时，应当恢复履行。行使中止履行权的当事人如果没有确切证据而中止履行的，应承担违约责任。可见，虽然可以采取中止履行措施，但应有确切证据，当事人不可以随意中止履行，必须把握好分寸。

102. 请求确认合同效力

当事人签订合同后，合同可能呈现为八种状态，即合同不成立、合同确定不发生效力、合同有效、合同无效、合同变更、合同被撤销、合同解除、合同终止。确认合同效力历来是当事人争议焦点之一，包括确认合同有效或者无效，这对当事人会产生至关重要的影响。合同有效，合同对当事人具有约束力，违约一方应承担违约责任。合同无效，自始至终不发生效力，也不产生违约责任。合同当事人争夺合同效力，是为利益而战，都是从各自的角度出发来看待合同的效力。当事人对合同效力产生争议，由人民法院或仲裁机构根据当事人的请求予以确认，确认的意义不但关乎当事人双方利益，有的还关乎社会利益。请求确认合同效力是启动程序的重要一步，此后才由裁判机关予以确认。在民事诉讼中，有的当事人要求人民法院确认合同有效，有的当事人要求确认合同无效。利益相悖，主张相反。裁判机关确认合同效力，主要是基于《民法典》及相关司法解释关于合同无效的规定，凡是法律明令规定合同无效的，应当认定为无效。请求仲裁机关确认合同效力，必须有仲裁协议或者仲裁条款，否则仲裁机构无权受理。经过裁判机构对合同效力确认后，合同要么确认为有效，要么确认为无效。主张确认合同有效的一方会对有效结论表示欢迎，而另一方则表示反对。不服一审法院对合同效力的认定的，当事人可以上诉，由二审法院作出最终裁判。对于仲裁机构作出的仲裁结论，当事人很少有机会挽救。

当事人就确认合同无效向人民法院提起诉讼请求，对方当事人以合同已办理备案、已获批准、已办变更登记、已办转移登记为理由进行合同有效抗辩，人民法院不予支持。关于合同无效的情形参见本书关于无效合同新识别部分。

103. 请求撤销债务人放弃的债权

对外负有债务的个人、企业、公司以及其他组织统称为债务人。债务人对外所欠的债务可能是金钱，也可能是其他财产或者某种服务等。债务可以因合同产生，也可以因侵权产生。有很多债务人具有双重性，在对别人负债的同时，其他债务人又向其负债，从而使其享有一定的债权。在享有的债权中，有的属于到期债权，有的属于未到期债权，到期债权应当偿还。债务人享有债权对债权人很重要，债权人在债务人怠于行使债权时，可以要求债务人的债务人偿还。在日常生活中，有许多债务人故意放弃享有的债权，阻碍了债权人实现债权。这是一种恶意放弃行为，法律并不允许。如果允许恶意放弃，会对债权人的利益造成更大损害。债权人发现债务人不适当地放弃债权，可以请求人民法院或仲裁机构予以撤销，这又是一种合同法律风险救济方法，此方法对于债权人意义重大。债权人行使此项请求权，有利于维护自身利益不受损害。向人民法院或者仲裁机构请求撤销债务人放弃的债权，必须符合相应条件：A. 债务人享有债权；B. 债务人放弃了债权；C. 放弃的债权影响了债权人实现债权。

债权人请求人民法院撤销债务人放弃的债权，必须通过诉讼行使权利。债权人的撤销权应当在一年内行使，自债权人知道或应当知道撤销事由之日起计算。对一审法院裁定不服的，可以上诉。

请求撤销债务人放弃到期债权的意义不可小觑。

第一，法院或仲裁机构撤销债务人放弃的债权后，债务恢复到原始状态，债务人放弃债权行为被否定，债权人实现债权又有了希望；

第二，债权人获得代位诉讼的机会，加速实现债权。

撤销放弃的债权与撤销合同不同，撤销合同是使合同归于消灭，而撤销放弃的债权是使债务人放弃债权的行为不发生法律效力。虽然都属于撤销行为，都经过司法程序，但撤销的内容不同，法律后果也不相同，这是两种不同的合同风险救济方法，各有各的长处。

【相关规定】

《中华人民共和国民法典》

第五百三十八条 债务人以放弃其债权、放弃债权担保、无偿转让财产等方式无偿处分财产权益，或者恶意延长其到期债权的履行期限，影响债权人的债权实现的，债权人可以请求人民法院撤销债务人的行为。

第五百四十条 撤销权的行使范围以债权人的债权为限。……

---

104. 请求撤销债务人低价转让财产、高价受让财产的行为

请求撤销债务人低价转让财产、高价受让财产的行为是合同法律风险救济方法之一，也是《民法典》赋予债权人的一项民事权利。债务人低价转让财产，高价受让财产，影响了债权人债权的实现。为了保护债权人的利益，法律赋予债权人撤销权。《民法典》第539条规定，债务人以明显不合理的低价转让财产、以明显不合理的高价受让他人财产或者为他人的债务提供担保，影响债权人的债权实现，债务人的相对人知道或应当知道该情形的，债权人可以请求人民法院撤销债务人的行为。为了明确明显不合理低价、明显不合理高价的界限，最高人民法院认为，以明显不合理的低价转让财产是指转让价格未达到交易时交易地的市场交易价或者指导价的70%；以明显不合理的高价受让是指受让价格高于交易时交易地的市场交易价或者指导价的30%。债务人低价转让和高价受让财产，都构成对债权人实现债权的妨碍，债权人在债务人的相对人知道或者应当知道的情形下，可以行使撤销权。《民法典》第539条考虑到了债务人的各种不良行为，不同程度地堵住了债务人逃避债务的路线，是对债务

人不良行为的限制。虽然债权人获得了法律允许的撤销权，但行使撤销权应当在一年内行使，自知道或应当知道撤销事由之日起计算。如果一年内未行使撤销权，法律不予保护。

债权人发现债务人低价转让财产或者高价受让财产，是否行使撤销权，由债权人决定。但撤销请求从程序上必须经过人民法院审理，而且撤销权的行使范围以债权人的债权为限。例如，债务人欠债权人 100 万元，债权人不能请求撤销 100 万元以上部分。

在实践中，有许多债务人为了逃避债务，故意低价转让资产，使资产大大贬值，也有的故意高价受让资产，花大价钱买少量的资产，使自己的财务状况或者资产状况更加糟糕，利用各种方法减少自己的资产，甚至变得一无所有，以逃避法院的强制执行。《民法典》为债权人设定的该项撤销权，加强了对债权人债权的保护和实现。

105. 请求返还财产

当事人请求返还财产，是合同法律风险救济的又一种方法。请求返还财产是当事人的民事权利，其前提是财产已被对方占有。合同不成立、合同无效、合同被撤销、合同被确定不发生效力时，当事人可以请求返还财产，这是一种请求权。请求返还财产一般在两个当事人之间很难自行解决，更多的需要经过诉讼或者仲裁以确认。在诉讼或者仲裁中，经审查财产能够返还的，则裁决返还。不能返还或者不必要返还的，应当折价补偿。例如，2020 年，北京某公司拟收购天津某公司，自带钢材 1800 吨存入天津某公司仓库，后收购不成，北京某公司要求天津某公司返还钢材，天津某公司拒绝。北京某公司提起诉讼，要求解除合同并返还财产，法院审理认为应该解除合同，但钢材数量难以确认，判决按公证处盘点的钢材量返还，但比实际交付的钢材少了许多。《民法典合同编通则解释》第 29 条规定，合同依法被撤销或者被解除，债务人向债权人请求返还财产的，人民法院应予支持。该解释是对民事财产权利秩序的有效维护，合同不成立、被撤销、被解除，对方取得财产没有合同依据，应该物归原主。请求返还财产案件，关键是当事人当初应当详细办理财产交接手续，列出财产明细，并加盖双方公章确认。否则，法院难以确认财产数额，请求返还的一方有不能取回全部财产的风险。

106. 请求确认调解协议

请求确认调解协议是合同法律风险救济的有效方法之一，民事纠纷各方当事人可以根据自愿与合法的原则进行调解。调解可以由人民法院主持，也可以由有关调解组织主持，还可以由行业协会主持。我国每年都有大量民事纠纷案件，除了诉讼、仲裁以外，也有许多案件是通过各级调解组织解决的。经调解成功的案件，各方当事人要签订调解协议，以便履行。但调解协议只是当事人的和解协议，没有经过司法确认，效力级别较低，一旦一方反悔，另一方束手无策，执行缺乏保障。为了提升调解协议效力，确保双方执行调解协议，当事人可以请求人民法院对调解协议进行司法确认，使之产生司法效力。确认调解协议效力是人民法院的职责之一，也是依法设立的调解组织调解民事纠纷案件的有效保证。《民事诉讼法》第205条规定，经依法设立的调解组织调解达成调解协议，申请司法确认的，由双方当事人自调解协议生效之日起三十日内，共同向人民法院提出。调解协议经人民法院审查，符合法律规定的，裁定调解协议有效，送达当事人各方。一方当事人拒绝履行或者未全部履行的，对方当事人可以向人民法院申请强制执行。如果调解协议未经确认，不具有强制执行效力。可见，请求确认调解协议的意义十分重大，调解协议经过司法确认，保护力度增强。

107. 债务转移

依据法律规定，债务人可以将债务转移，这也可谓合同法律风险救济方法之一。《民法典》第551条规定，债务人将债务的全部或者部分转移给第三人的，应当经债权人同意。这是债务人转移债务的法律依据，设定的条件必须经债权人同意，债权人不同意，债务不能转移，债权人居决定地位。

【案例】

2022年7月，甲乙公司合拍一部电影，总投资5000万元，甲公司签订合同一个月后，准备将合同投资义务转给兄弟单位丙公司履行，乙公司同意转让，认为丙公司可以增加一部分投资，而且在

> 影视制作方面有良好业绩。经协商，丙公司同意承继甲公司在合同中的投资义务。于是，三方签订协议，由丙公司增加出资，电影从剧本到演员，从拍摄到剪辑都很顺利，债务转移圆满完成。

债务转移是多种原因促成的，有的是因为己方履行不了，有的是因为第三方履行更为稳妥，当然也有的是为了规避合同可能发生的风险，出于策略的考虑把债务转移到其他公司名下。总而言之，原因多种多样，有的是正常转移，有的是阴谋转移，目的是规避法律或者逃避债务。由于法律允许合同债务转移，企业可以依法操作，但重要的是找到承接的第三方以及得到债权人同意。如果没有债权人同意，没有第三方承接，债务转移不可能成功。虽然合同债务可以转移，但当事人不能擅自转移，这样才能保证合同相对稳定。

108. 债权转让

债权转让是指债权人将自己的债权转让给他人，使他人对债务人享有债权，而自己不再享有债权。债权转让与债务转移是民事法律中对应的行为，同属合同法律风险救济的好方法，但主体和内容有所不同。债权转让由债权人转出，债务转移由债务人转出，一个出让债权，一个转移债务，处置权利义务正相反。债权是一种期待权，有的能实现，有的不能实现。因此，债权人有权处理自己的债权，债权转让可能是风险的转移，也可能是利益的转让，就看转让的债权是优质债权还是劣质债权。《民法典》第 555 条规定，当事人一方经对方同意，可以将自己在合同中的权利和义务一并转让给第三人。《民法典》第 551 条与第 555 条规定似乎接近，其实用语有区别，因此在第 556 条中补充规定，合同的权利义务一并转让的，适用债权转让、债务转移的规定。

债权转让可以是因为偿还债务需要而转让，也可以是因为经营需要而转让。转让的可以是普通债权，也可以是生效判决债权。生效判决债权的转让，实质是风险的转移，胜诉当事人对执行成功率把握不大时，有的自愿放弃未来较大利益，由受让方承担不能执行的风险。受让方虽然承担风险，但通过法院强制执行或许可以圆满实现债权，具有更大的期待利益。当事人债权转让后，与债务人债务关系消灭,由新的债权人持有债权。对于人民法院生效判决确认的债权转让,实践中并不多见,也不提倡。

> 【案例】
> 某市电器有限公司向银行借款 500 万元,某省供销总社为其提供担保,银行起诉后法院执行某省供销总社 500 万元及利息。某省供销总社向人民法院起诉行使追索权,胜诉后向法院申请强制执行却几次陷入困境。后来供销总社将此笔胜诉债权以 500 万元转让给某房地产开发公司,但向法院申请强制执行时,本金及利息已经达到了 667 万元。执行法院查封某市电器有限公司办公大楼后,获得 667 万元,此 667 万元由某省供销总社支付给某房地产开发公司。此案中某省供销总社虽然少获得 167 万元,但已经保底获得 500 万元,大大降低了不能执行的风险。

109. 双方相互抵销合同债务

合同分为单务合同和双务合同,双务合同如果有一方未履行,对另一方就是负债,有的时候是互相负债。《民法典》规定,相互负债可以相互抵销,这又是合同法律风险救济的一种方法。但使用这种救济方法的前提是相互负债已经到期,债务人应当予以履行。如果不属于这种情况,则不能抵销。合同债务抵销不是任意抵销,该债务的标的物种类、品质相同才可抵销,不相同的,不符合抵销的条件。合同债务抵销,可以由合同当事人协商确定抵销数额和质量,达成抵销协议。如果双方不能达成抵销协议,也可以起诉请求抵销。相互抵销合同债务,为合同当事人解决合同纠纷提供了新的方法,可以成为当事人新的选择。

法律允许当事人抵销债务,但超过诉讼时效的债务不可以抵销,且侵权行为人不得主张抵销,这是在抵销时应当掌握的界限。

110. 办理强制执行公证

根据《中华人民共和国公证法》(以下简称《公证法》)的规定,公证是公证机构根据自然人、法人或者其他组织的申请，依照法定程序对民事法律行为、有法律意义的事实和文书的真实性、合法性予以证明的活动。具体形式是公证机构出具公证文书证明目标对象的真实性，而且在办理过程中过滤违法因素，这是非常好的合同法律风险救济方法之一。

随着我国市场规则的建立和经济的发展，公证在经济和日常生活中快速成为法律服务的热点。发展较快，影响力陡增的项目是"赋予债权文书强制执行效力公证"，简称"赋强公证"，在金融界又称其为"强执公证"。

"赋强公证"就是给普通的合同、协议等债权文书赋予强制执行效力。当事人将合同、协议办理了"赋强公证"后，若对方违约，就可越过法院的审判程序，直接就公证文书申请法院强制执行，与法院的判决、裁定文书具有同样执行效力。它有两个特点，一是在效力上比普通的债权文书有更高的法律效力；二是显著提高实现债权的效率。在司法实践中，签订合同后若有一方违约，守约方通过司法程序维权，需花费半年到数年的时间来保护利益，遑论经济成本。但是经过公证处"赋强"的债权文书，可以直接进入法院的执行程序，不仅节约了诉讼环节的时间成本，而且有的还能在被执行财产转移之前，通过法院的执行查封锁定标的物，保证实现债权。

随着法律的不断完善和经济的发展，"赋强公证"的内涵和外延也发生着巨大的变化，成为规避合同风险的利器。

债权文书的范围有了较大的扩展，最高人民法院、司法部《关于公证机关赋予强制执行效力的债权文书执行有关问题的联合通知》规定，公证机关赋予强制执行效力的债权文书的范围为：A. 借款合同、借用合同、无财产担保的租赁合同；B. 赊欠货物的债权文书；C. 各种借据、欠单；D. 还款（物）协议；E. 以给付赡养费、扶养费、抚育费、学费、赔（补）偿金为内容的协议；F. 符合赋予强制执行效力条件的其他债权文书。

最高人民法院、司法部、中国银监会《关于充分发挥公证书的强制执行效力服务银行金融债权风险防控的通知》规定，公证机构可以对银行业金融机构运营中所签订的符合《公证法》第37条规定的以下债权文书赋予强制执行效力：A. 各类融资合同，包括各类授信合同、借款合同、委托贷款合同、信托贷款合同等各类贷款合同，票据承兑协议等各类票据融资合同，融资租赁合同，保理合同，开立信用证合同，信用卡融资合同（包括信用卡合约及各类分期付款合同）等；B. 债务重组合同、还款合同、还款承诺等；C. 各类担保合同、保函；D. 符合本通知第二条规定条件的其他债权文书。

近些年，有的地方公证处根据实践需要，适当扩大了"赋强"项目。例如在对赌协议、股权代持协议、债转股、租赁和财产买断、保理等事项中也出现了"赋强公证"。法院对"赋强公证"文书的适用给予积极的支持，"赋强公证"成了法院审判案件的好帮手。"赋强公证"越来越显示其高效性和威力。

首先，司法部《关于经公证的具有强制执行效力的合同的债权依法转让后，受让人能否持原公证书向公证机构申请出具执行证书问题的批复》规定，债权人将经公证的具有强制执行效力的合同的债权依法转让给第三人的，受让人持原公证书、债权转让协议以及债权人同意转让申请人民法院强制执行的权利的证明材料，可以向公证机构申请出具执行证书。该批复使得债权的转让和变现更加方便，极大地提高了债权的市场价值。

其次，法院对"赋强公证"文书的执行力度也在提高。最高人民法院《关于公证债权文书执行若干问题的规定》第24条规定，利害关系人提起诉讼，不影响人民法院对公证债权文书的执行。利害关系人提供充分、有效的担保，请求停止相应处分措施的，人民法院可以准许；债权人提供充分、有效的担保，请求继续执行的，应当继续执行。

最后，全国人民代表大会常务委员会《关于〈中华人民共和国刑法〉第三百一十三条的解释》将拒不执行"赋强公证"文书纳入了拒不执行判决、裁定罪的惩罚范围，提高了债权文书的安全性。

从执行效果看，"赋强公证"越过诉讼程序直接进入执行，提高了守约方的权利救济效率。更重要的是，在订约后，会给潜在的违约人极大的压力。债权文书在办理了"赋强公证"后，若一方当事人违约，在极短时间内就会变为法院的强制执行对象，无法再像以往那样通过冗长的诉讼程序阻却对方维权。这会在很大程度上震慑违约方。

"赋强公证"目前已被很多企业法务和律师知晓并使用，但若想用好这一合同法律风险救济措施，需注意以下实操问题。

第一，及时行权。办理"赋强公证"后，违约方也知道被法院执行的速度快，所以会比正常情况下更快地转移可供执行的财产。因此，权利人应在发现违约情形后立刻申请公证处出具强制执行证书。

第二，注重证据的收集和保存。当权利人申请公证处出具强制执行证书时，公证处需要履行法定的核实程序。核实过程中违约方大多会极力否认，矢口抵赖，如果申请人提交的对方违约的证据不足或者不清晰，会使公证处浪费较多的核实时间，对申请人形成风险。

第三，尽量在办理"赋强公证"时约定电子核实方式。在实践中，公证处接到出具执行证书的申请后，常用的核实方式是信函核实、电话核实、当面核实等。电话核实不易存证，其他方式容易被"合理理由"拖延。可以参照法院电子送达的方式，在办理"赋强公证"时，约定使用电子邮箱、微信、短信等电子方式进行核实，且规定电子信息一经发送成功，视为已接收，若不能在规定时间内进行实质性回应，不能提交相反证据，即视为申请人的主张成立。

第四，注意公证处和法院的管辖问题。办理"赋强公证"应选择在约定的管辖法院所在地的公证处或者债务人所在地的公证处申办"赋强公证"。涉及不动产转让的有强制执行效力的债权文书，应当由不动产所在地的公证机关办理。选择在执行法院所在地的公证处办理"赋强公证"有利于出具执行证书，快速进入执行程序。"赋强公证"对于债权保护来说是妙不可言的好方法。

（二）仲裁方式

111. 申请仲裁

仲裁是解决纠纷的一种优秀方式，虽然与审判有诸多不同之处，但与审判具有相同的法律效力。因此，它也是救济合同法律风险的最好方式之一。仲裁与审判构成了我国处理商务纠纷的两大权威系统。在我国，仲裁与审判有明显的区别，其程序和管辖范围有明显不同。

（1）申请仲裁的前提条件

①必须有仲裁条款

申请仲裁前或申请仲裁时，当事人在合同中必须有仲裁条款或仲裁协议确定发生纠纷由某个仲裁机构解决，如果没有类似的条款，仲裁机构不能受理，则应由人民法院管辖。选择的仲裁机构名称应准确，仲裁协议应写明仲裁事项。

②必须属于仲裁范围

申请的仲裁事项必须属于仲裁机构受案范围，仲裁委员会虽然是处理合同纠纷的重要机构，但在受案范围上没有法院的受案范围广泛，凡是涉及民事纠纷的案件都属法院受案范围，而仲裁机构仅可受理民事纠纷的一部分，不可受理婚姻家庭、收养、抚养、监护、继承、人身伤害等人身关系纠纷。

③仲裁条款必须有效

如果仲裁条款无效，仲裁机构无权受理。确保仲裁条款有效，就必须在仲裁条款中明确仲裁机构名称。例如，某直播平台服务合同约定"如甲乙双方不能协商，任何一方有权提交北京相关仲裁机构裁决或向人民法院提起诉讼"。这样的条款在选择仲裁机构上就存在着明显的瑕疵，"北京相关仲裁机构"可指北京仲裁委员会，也可指中国国际经济贸易仲裁委员会，出现了多种选择，不具有唯一性。

④不能超过时效规定

仲裁与诉讼一样，都对时效有严格的要求，申请仲裁应在一定期间内提起。依照《民法典》第188条的规定，诉讼时效期间为三年。依照《民法典》第594条规定，因国际货物买卖合同和技术进出口合同争议提起诉讼或者申请仲裁的时效期间为四年。当事人在仲裁机构申请仲裁时，应当符合时效的要求，必须满足以上条件。

（2）向仲裁委员会申请仲裁应采取的八个步骤

第一，向仲裁委员会提交书面申请，表明请求事项并阐明事实。

第二，向仲裁委员会提交书面仲裁协议或合同中载明的仲裁条款，以便仲裁委员会审查立案。

第三，向仲裁委员会缴纳仲裁费。由申请人垫付，将来由败诉方承担，各仲裁委员会对仲裁费的收费标准不尽相同，但差别不大。

第四，提交相关证据和材料。例如，双方签订的合同、补充协议、汇款凭证、对账单据、工程决算书、工程签证、设计图纸、变更设计图纸、双方来往信函、运单、催款函、货物验收单、工程验收书等，凡是与签订、履行合同和引起纠纷有关的一切材料都应包含在其中。立案时应携带证据原件，核对后将原件返回，复印件留在仲裁委员会秘书处。

第五，选择仲裁员。仲裁与法院审理不同，法院审理案件时，法官由法院指派，当事人不能选择。而仲裁则不然，当事人可以在仲裁委员会提供的名单中选择仲裁员。选择仲裁员一般应选择公道正派、业务精良的仲裁员。申请方有权选择仲裁员，被申请方也有权选择仲裁员。一般的仲裁庭由三人组成，首席仲裁员由双方共同选择，如果双方不能达成一致，则由仲裁委员会秘书处指定。其余两名仲裁员，申请方和被申请方各选一名，仲裁委员会根据选择结果组成仲裁庭并向双方送达，让双方都清楚仲裁庭组成情况。仲裁开庭由首席仲裁员负责主持，另外两个仲裁员协助首席仲裁员完成仲裁工作。

第六，如果申请人需要查封、冻结、扣押对方的资产，还应向仲裁委员会提出书面保全申请，在提供担保后，由仲裁委员会向财产所在地人民法院提出请求，再由人民法院采取保全措施。如果保全失误，应当由申请人承担赔偿责任。因此，是否采取保全措施，申请人应当谨慎决定。

第七，仲裁委员会立案后，由首席仲裁员主持第一次仲裁庭成员评议，确定开庭日期和审理要点，三名仲裁员共同发表庭前评议意见，书记员记录在案。确定开庭日期后，向双方当事人发出开庭通知。

第八，当事人可以自己出庭，也可以聘请代理律师出庭。

（3）仲裁开庭

仲裁庭开庭由首席仲裁员主持，与法院开庭很接近，不同的是没有法庭的威严感，不会对当事人造成心理压力。双方当事人在仲裁庭主持下，由申请方先发言或举证，被申请方质证。申请人举证后，由被申请人举证，申请人进行质证。质证就是对证据的真伪和效力发表意见和评价，说明证据与本案是否存在关系，以及证明力的强弱。双方举证结束后，进行事实和法律适用辩论，还是由申请人先辩论发言，被申请人进行反驳辩论。第一轮辩论结束后，还可以进行第二轮、第三轮辩论，一直到双方把问题辩透。仲裁庭的辩论一般时间充足，也很少打断代理人的发言，这与法院辩论环节有明显的差别。辩论结束后，一般由仲裁庭主持双方进行调解，各方可以同意调解，也可以不同意调解，主要视其情况而定。一般来说，如果双方意见分歧不大，调解情况比较好，既能快速结案，又避免伤了和气。如果分歧太大，调解难度也会增加。在双方都不愿意再调解时，仲裁庭也会再次作出努力使双方和解。其实，调解是仲裁一个很大的优势，当调解实在无法达成时，由仲裁庭出具裁决书，送达双方当事人。仲裁的特点是一裁终局，没有上诉的机会，在救济程序上不如法院，但国际上一般都采用一裁终局制，我国也不例外。

（4）仲裁救济

如果仲裁确有错误，还有司法救济途径，可以向仲裁机构所在地的中级人民法院申请撤销仲裁裁决，根据《仲裁法》第58条，申请撤销的法定条件如下：A. 没有仲裁协议；B. 仲裁委员会无权仲裁或裁决事项不属于仲裁协议范围；C. 仲裁庭的组成或者仲裁的程序违反法定程序；D. 裁决所根据的证据是伪造的；E. 对方当事人隐瞒了足以影响公正裁决的证据；F. 仲裁员在仲裁该案时有索贿受贿、徇私舞弊、枉法裁决行为。

凡具有上述情形之一，人民法院审查核实后应当裁定撤销仲裁裁决。人民法院认为裁决违背社会公共利益的，应当裁定撤销。

（5）仲裁途径的评价

仲裁是合同风险救济的好方法，但仲裁一旦出现错误，纠正起来有时会非常困难，有时甚至根本就无法纠正。

【案例】

A影视公司与B服装厂签订房屋租赁合同，A影视公司将400平方米的临街房屋租给B服装厂使用，租期三年，每年租赁费7万元。合同签订后，B服装厂按期支付租金，最后一年拖欠9900元。合同到期后，A影视公司决定不再租赁，B服装厂以无处搬迁为由表示反对，拒不腾房。由于合同中附有仲裁条款，A影视公司向当地仲裁委员会申请仲裁。仲裁委员会开庭审理认为该仲裁委员会不具有管辖权，理由是合同期限已过，遂作出裁决，驳回A影视公司关于腾出房屋和给付剩余租金的申请。A影视公司不服裁决，向当地中级人民法院提起诉讼，要求撤销仲裁裁决。法院受理后认为仲裁委员会组成程序合法，不对实体裁决进行审查，驳回申请。无奈之下，A影视公司向区级人民法院提起诉讼，诉讼开庭时，对方代理律师出示了仲裁委员会的裁决书，认为该案已经仲裁过了，人民法院不宜再进行审理。受理法院认为被申请人答辩有理，该院立案时，申请人并未说明此案已经过仲裁，于是要求原告撤诉，原告不同意，法院遂裁决驳回原告诉讼请求。A影视公司又上诉到中级人民法院，中级人民法院以同样理由驳回上诉。A影视公司不服二审判决，向中级人民法院申请再审，中级人民法院通知不予立案，在向该省高级人民法院申诉后，又遭到驳回，最后向最高人民法院申请再审，也同样不被受理。此案历经二十年，一直没有结果。本案仲裁委员会明知出租房屋是申请人的，又明知服装厂拖欠房租费，理应支持申请人的主张，但作出了驳回请求的裁决。

【相关规定】

《中华人民共和国仲裁法》

第二十一条　当事人申请仲裁应当符合下列条件：

（一）有仲裁协议；

（二）有具体的仲裁请求和事实、理由；

（三）属于仲裁委员会的受理范围。

（三）诉讼方式

112. 一审民事诉讼

民事诉讼是合同法律风险救济最有效的方法，当合同纠纷当事人无法自行解决时，只能通过诉讼解决合同纠纷。但民事诉讼程序繁杂，耗费时间长，专业素质要求高，各种问题稍不注意就有可能会带来新的风险。有些官司看似能赢，结果却事与愿违。有些官司即便是胜诉了，早已时过境迁，物是人非。提起民事诉讼必须精准分析、充分准备、谨慎操作。在一审民事诉讼中，以下问题会对诉讼产生重大影响，应当予以特别注意。

（1）起诉不能超过诉讼时效

《民法典》第188条规定，向人民法院请求保护民事权利的诉讼时效期间为三年，改变了过去两年的规定。诉讼时效期间自权利人知道或者应当知道权利受到侵害以及义务人之日起开始计算。自权利受到侵害之日起超过二十年的，人民法院不予保护，有特殊情况的，人民法院可以根据权利人的申请决定延长。结合日常商业交易习惯，为充分保护债权人诉权，《民法典》第189条进一步规定，当事人约定同一债务分期履行的，诉讼时效期间自最后一期履行期限届满之日起计算。因此，原告在起诉之前，应该将诉讼时效期间计算准确。起诉超过诉讼时效的，被告可以进行抗辩，如果抗辩理由成立，原告不能获得胜诉的结果。案件超过诉讼时效，对于原告而言，隐藏着较大的诉讼风险。无论被告是否提出诉讼时效抗辩，原告都应该作好诉讼时效的准备。被告进行诉讼时效抗辩，只能在一审阶段提出，二审阶段提出法院不予考虑。关于诉讼时效，《民法典》第594条另外规定，国际货物买卖合同和技术进出口合同争议，向法院提起诉讼或者申请仲裁的时效期间为四年，这与普通诉讼时效有一年的差别。

（2）起诉必须符合法定条件

《民事诉讼法》第122条规定，起诉必须符合下列条件：A. 原告是与本案有直接利害关系的公民、法人和其他组织；B. 有明确的被告；C. 有具体的诉讼请求和事实、理由；D. 属于人民法院受理民事诉讼的范围和受诉人民法院管辖。该法第126条规定，人民法院应当保障当事人依照法律规定享有的起诉权利，对符合《民事诉讼法》第122条的起诉，必须受理。对于法院不予受理的裁定，可以提出上诉。

（3）管辖法院选择准确

《民事诉讼法》第24条规定，因合同纠纷提起的诉讼由被告住所地或者合同履行地人民法院管辖。关于被告住所地，会出现两种情况需辨认，一种是登记注册地址，另一种是实际办公地址。有的公司登记注册地在一处，办公地址却在另一处。在被告住所地址与实际办公地址不一致时，最高人民法院认为被告实际办公地址为住所地，统一规定便于立案。合同履行地也是选择起诉的地点，但确认合同履行地比较复杂。几十年来，最高人民法院多次出台司法解释和进行调整，各地法院掌握起来还是各有差异。管辖法院选择准确，后续才会进入正常程序。选择不准确，可能不予立案或者立案后被移送至其他法院。

> 【案例】
>
> 2019年6月，长春某企业因合拍电影投资纠纷起诉上海某被告，按被告在合同中披露的地址，原告到上海市静安区人民法院立案。静安区人民法院认为原被告之间属于知识产权纠纷案件，此类案件应该由上海市普陀区人民法院管辖。原告又到普陀区人民法院立案，普陀区人民法院认为是否立案要等待通知。一个月后，立案庭通知可以立案，原告缴纳诉讼费8万元，诉讼保全费100万元。被告接到诉状后，提出管辖权异议，认为本公司注册地在上海市徐汇区，应该由徐汇区人民法院管辖。于是，普陀区人民法院通知原告将案件移送至上海市徐汇区人民法院。原告决定撤诉，普陀区人民法院同意。2019年11月，原告又在上海市徐汇区人民法院起诉，被告再次提出管辖权异议，认为实际办公地址在上海市静安区。徐汇区人民法院认为原被告之间的纠纷不属于知识产权纠纷，初步认为属于民间借贷纠纷，应该由静安区人民法院管辖。2020年2月，徐汇区人民法院又将案件移送至静安区人民法院。原告起诉转了一圈，又回到了原点。原告当初选择静安区人民法院起诉并没有错，而是案由界定问题让原告辗转。

原告因合同纠纷提起诉讼，除了在被告住所地、合同履行地起诉外，还可以依当事人书面协议选择合同签订地、原告住所地、标的物所在地法院起诉，选择的范围比较宽泛。接到原告起诉状，被告有权在答辩期间对管辖权提出异议。异议理由成立的，受诉法院应当将案件移送其他有管辖权的法院或告知并问询原告是否撤诉。异议理由不成立的，裁定驳回。当事人对裁定不服可以上诉，由二审法院作最终结论。从现实看，绝大多数二审法院都维持一审法院的管辖裁定，即便有错误也很少予以纠正，这是几十年以来难以克服的顽疾。管辖法院选择正确，案件会顺利进入程序，否则步步有坎。

(4) 起诉状要简明扼要

起诉状要有明确的诉讼请求，对事实和理由概括清晰、论述全面，具有充分的说理性。没有必要长篇大论，但又不能过于太简单粗糙。过于简单对事实没有充分的描述和说理，法官看后不能全面了解案情。2024年春，一起民间借贷纠纷的原告在吉林省四平市起诉被告，诉状称"2021年被告因资金周转需要，向原告借款80万元，被告给原告出具借条一张，约定利息为年利率24%，现原告多次要求被告偿还借款，被告以各种理由推诿拒绝，故诉至人民法院，请依法判决"，这样的起诉状实在是太过简单，没有描述是否已经还款，还了多少，尚欠多少。事实上被告2023年已经偿还三笔，应当予以叙述，证明起诉时未超过诉讼时效。诉讼请求非常重要，是起诉状的点睛之笔，必须精准。如不精准，被驳回的风险极高。例如，内蒙古一起投资合作纠纷，原告可以告合同无效，也可以告被告违约，还可以告合同解除，到底告什么，必须选择准确，请求出现误差就会被驳回。同时，起诉状的案由、定性也十分关键。例如，案件定性为合作纠纷，还是借贷纠纷，其后果完全不同。如果是合作纠纷，投资款有可能冲抵亏损。但如果是借贷纠纷就与亏损毫无关系。诉讼请求是整个官司的核心，一切论述和证据都应当围绕诉讼请求展开。

(5) 准确变更诉讼请求

《民事诉讼法》第54条规定，原告可以放弃或变更诉讼请求。诉讼请求可以增加、减少或者放弃。但诉讼请求可以变更几次，法律没有规定。变更一次、两次，一般的法院都会允许，但变更多了，就会引起法院的反感。例如，2023年7月，内蒙古某基层人民法院审理一起投资设立公司纠纷案件，原告第一次起诉，法院怀疑存在虚假诉讼，原告只好申请撤诉。第二次原告起诉请求返还投资款2800万元，开庭前另一位代理人认为诉讼请求有误，如不变更，有被驳回的风险，于是再次申请撤诉。第三次原告起诉后，被告也另案起诉，要求返还土地补偿款8830万元，这与原告起诉的争议标的相关，经原告与被告庭前协商，双方都同意申请撤诉，由被告向法院申请破产重整，法院同意后双方撤诉。十个月后，原告又重新起诉，开庭前一日，原告新聘请的律师团队又调整诉讼请求和诉状内容九处，审判长征求被告人、第三人意见，是否需要答辩期，被告表态不要，但第三人表示需要。于是审判长宣布休庭，七日后法院下达裁定，不开庭、不审理，直接驳回起诉，法院认为原告反复无常，一份诉状变来变去，不再给变更的机会。这类案件比较少见，原告多次变更诉讼请求让基层法院不知所措，上述案件法律关系错综复杂，投资、债务、破产、第三人法律关系交织在一起，直接驳回起诉正是某些基层法院的无奈选择。因此，变更诉讼请求必须找准切入点，应围绕事实和法理，适当调整角度，不要多次反复变更。变更诉讼请求策略性很强，最佳的方案就是让法院判决时只能得出一个结论，不能得出第二个结论，这样胜诉的把握就会更高。因此，对诉讼请求必须反复缜密思考，多方案比较后确定一个精准的诉讼请求。虽然变更诉讼请求属于当事人的诉讼权利，但有的当事人经法庭释明后不予变更，应预料到驳回的后果。

（6）应诉和反诉

被告接到起诉状副本后应积极应诉，全面充分地收集证据，编写证据目录，准备好原件及复印件，装订成册给法院一份，给原告和第三人各一份。尽快确定代理人，尽早熟悉案情，针对原告的起诉状在十五日内提交答辩状，全面阐述意见和说明理由。也有许多代理人为了不暴露自己的诉讼策略，当场提交答辩状，甚至不给对方答辩状副本。诉讼中被告有反诉的权利，反诉必须有事实和证据支撑。不是每个案件都要反诉，原告没有违约或没有给被告造成损失，被告不能随意反诉，否则会被驳回。例如，某原告起诉被告拖欠三年房屋租赁费600万元，并要求与被告解除房屋租赁合同。被告承认拖欠，但认为自己装修房屋支付了1000万元，反诉原告承担房屋装修费、变压器安装费等。法院审理后认为被告违约，反诉理由不成立，驳回反诉请求。在实务中，被告反诉被驳回的比比皆是，被告不可无理反诉，反诉要有确切的事实，确凿的证据和充分的理由。

（7）合并审理

在民事诉讼中，经常会遇到合并审理的情况。合并审理可以提高审判效率，节省司法资源。可以合并审理的情形分布在不同的法律和司法解释中，现归纳如下。

第一，原告增加诉讼请求，被告提出反诉，第三人提出与本案有关的诉讼请求，可以合并审理。（《民事诉讼法》第143条）

第二，两个以上债权人以债务人的同一相对人为被告提起代位权诉讼的，

人民法院可以合并审理。(《民法典合同编通则解释》第 37 条)

第三，债权人向人民法院起诉债务人后，又向同一人民法院对债务人的相对人提起代位权诉讼，属于该人民法院管辖的，可以合并审理。(《民法典合同编通则解释》第 38 条)

第四，在代位权诉讼中，债务人对超过债权人代位请求数额的债权部分起诉相对人，属于同一人民法院管辖的，可以合并审理。(《民法典合同编通则解释》第 39 条)

第五，两个以上债权人就债务人的同一行为提起撤销权诉讼的，人民法院可以合并审理。(《民法典合同编通则解释》第 44 条)

第六，债权人请求受理撤销权诉讼的人民法院一并审理其与债务人之间的债权债务关系，属于该人民法院管辖的，可以合并审理。(《民法典合同编通则解释》第 46 条)

在诉讼中，只要符合法律规定，当事人应当接受合并审理。但是对于不符合合并审理条件的，有权提出异议。对于合并审理的案件，代理人之间也会有不同的意见，是否同意合并审理，当事人应当根据利弊作出判断。

(8) 第三人参加诉讼

第三人分为有独立请求权的第三人和无独立请求权的第三人。根据《民事诉讼法》第 59 条规定，对当事人双方的诉讼标的，第三人认为有独立请求权的，有权提起诉讼。第三人虽然没有独立请求权，但案件处理结果同其有法律上的利害关系的，可以申请参加诉讼或者由法院通知参加诉讼。《民法典合同编通则解释》第 30 条规定，下列民事主体，人民法院可以认定为《民法典》第 524 条第 1 款规定的对履行债务具有合法利益的第三人：A. 保证人或者提供物的担保的第三人；B. 担保财产的受让人、用益物权人、合法占有人；C. 担保财产上的后顺位担保权人；D. 对债务人的财产享有合法权益且该权益将因财产被强制执行而丧失的第三人；E. 债务人为法人或者非法人组织的，其出资人或者设立人；F. 债务人为自然人的，其近亲属；G. 其他对履行债务具有合法利益的第三人。除了上述所列七种第三人，该解释第 47 条又规定，债权转让后，债务人向受让人主张其对让与人的抗辩的，人民法院可以追加让与人为第三人。债务转移后，新债务人主张原债务人对债权人的抗辩的，人民法院可以追加原债务人为第三人。当事人一方将合同权利义务一并转让后，对方就合同权利义务向受让人主张抗辩或者受让人就合同权利义务向对方主张抗辩的，人民法院可以追加让与人为第三人。第三人参加诉讼以后还可以申请撤诉，撤诉以后也有权重新起诉。

（9）诉讼保全

原告在起诉时有权提出诉讼保全申请，法院根据申请查封、冻结被告的银行账户存款或资产，以便判决生效后的执行。但如果查封、冻结出现错误，申请人将承担法律责任。

（10）鉴定

当事人在起诉前可以自己委托有鉴定资质的机构作出鉴定，证明自己主张的成立。也可以在进入诉讼程序后向法院提出鉴定申请，由法院委托鉴定，鉴定结论作为证据使用。有的鉴定结论比较客观、公平，有的误差很大，甚至造假。根据《民事诉讼法》第81条规定，当事人对鉴定意见有异议或者人民法院认为鉴定人有必要出庭的，鉴定人应当出庭作证。拒不出庭的，鉴定意见不得作为认定事实的依据。在通常情况下，鉴定机构的鉴定意见都被法院采纳作为定案的依据。有时当事人或代理人反驳鉴定意见心有余而力不足，多数人会申请重新鉴定，但效果并不一定理想。其实还可以申请人民法院通知有专门知识的人出庭，就鉴定意见作出肯定或者否定回答，有时专家咨询意见能成功推翻原有的鉴定意见。

（11）虚假诉讼

虚假诉讼是指故意捏造虚假事实提起民事诉讼，企图通过审判达到非法目的。虚假诉讼是近年来出现的一种民事诉讼欺诈行为，以判决、调解方式使非法的行为合法化，侵害了他人合法利益。例如，张某与妻子离婚，为了使妻子少分财产，称自己在外欠款50万元，并给假债权人于某写了欠条，让于某起诉自己，于某起诉开庭，张某承认欠款，法院制作调解书。张某拿着调解书要求妻子承担一半债务。张某根本不欠于某的钱，欠款完全是虚构的，其行为构成虚假诉讼。《民事诉讼法》将虚假诉讼列为应被制裁行为之一，以遏制虚假诉讼的蔓延。对虚假诉讼可以罚款、拘留，甚至可以追究刑事责任。在民事诉讼中，虚假诉讼已构成诉讼风险，当事人不可以触碰红线。如果法院发现或怀疑存在虚假诉讼，民事案件会中止审理，移交公安机关侦查。诉讼代理人绝不应当帮助被代理人编造虚假诉讼案件，否则要承担法律责任。

（12）撤回诉讼

原告起诉至法院后，在宣判前可以申请撤诉，是否准许由法院决定。申请撤诉可能基于多种原因，一是诉讼请求错了，不撤诉就可能被驳回起诉。二是证据不足，打下去会很被动；三是和被告庭下已经和解，不必寻求判决结果；四是被法院释明涉嫌虚假诉讼；五是放弃诉讼请求。原告撤诉后可以不再起诉，也可以重新起诉。撤诉是一种诉讼策略，在什么情况下撤诉必须综合考虑。例如，某原告在某市中级人民法院起诉，发现案件进行得非常不顺利，于是申请撤诉，之后又更换了管辖法院重新起诉，诉讼活动有时看起来是走程序，其实是策略安排，目的是取得胜诉的结果。被告在法庭宣判前也可以撤回反诉，撤回反诉主要是基于以下因素：一是反诉事实不成立；二是反诉证据不充分；三是已被法院释明反诉不成立；四是存在虚假诉讼因素；五是双方同意和解。是否允许由法院决定。

（13）中止诉讼

民事诉讼进入程序以后，也可能会出现中止诉讼的情形。根据《民事诉讼法》第153条的规定，中止诉讼的情形有：A. 一方当事人死亡，需要等待继承人表明是否参加诉讼的；B. 一方当事人丧失诉讼行为能力，尚未确定法定代理人的；C. 作为一方当事人的法人或者其他组织终止，尚未确定权利义务承受人的；D. 一方当事人因不可抗拒的事由，不能参加诉讼的；E. 本案必须以另一案的审理结果为依据，而另一案尚未审结的；F. 其他应当中止诉讼的情形。中止诉讼的原因消除后，应当恢复诉讼。实践中也有许多诉讼，没有任何法定情形出现就中止了诉讼，背后的原因非常复杂。中止诉讼只要不符合法律规定，当事人都可以向法院提出异议并要求恢复诉讼。

（14）举证、质证

原告提起诉讼具有举证的义务，证据应当按顺序梳理，编制证据目录，说明每一份证据证明的内容，用全部证据证明诉讼主张的成立。原告提供证据应当进行筛选，而不是把所有收集到的证据全部呈送到法庭，并且不要相互矛盾。被告对原告提供的证据要进行质证，主要是向法院说明原告的证据是否真实、合法，是否与原告的诉讼请求有关联性以及证明力的强弱和证据来源是否合法，证据是否应当采信。举证、质证是法院庭审的调查过程，也是当事人向法官阐明自己主张的过程，法庭关心的是证据的真实性和关联性，被告质证的观点要表达清晰，语言准确，增强法官内心确信。在质证环节，多数代理人只是对"三性"简单发表意见，没有指出对方证据的致命弱点，对证据的质疑和否定，有时比辩论环节还重要。

(15) 错话更正

代理人在法庭上有时说错了话，针对错话可以更正，但必须在庭审结束前。例如，长春某公司将自己的房屋租赁给某一人有限公司，租期三年。后来某一人有限公司注销，开办人刘某继续使用该房屋多年，长春某公司要求刘某支付房屋占用费，刘某拒绝，遂被起诉至法院。双方在证据交换时，刘某称双方又达成了口头协议，租期十年。原告代理人不同意刘某说法，但在回答法庭提问时，也说过"继续承租"，庭后认为自己说错了，不应该说"承租"而应当说"占用"。在这种情况下，完全可以在下次开庭时纠正自己的说法，将"承租"改为"占用"，并声明以此次表达意思为准。

(16) 代理词

代理人在法庭上发表代理词，直接阐述对本案定性、事实、证据、法律关系的看法，好的代理词会对法院的判决思路产生一定的影响。因此代理词表述的观点应当清晰、准确、合法。代理人发表代理词不应该前后矛盾，更不应该违背客观事实。代理词有书面的，也有口头的。许多代理人在法庭上发表代理意见以后，并不提交书面代理意见，认为法庭已经有了记录，这是懒惰的拖辞。有许多庭审记录速度较慢，有的书记员甚至故意篡改代理人意见原意，为合议时制造依据。为防止作弊，必须提交书面代理词。对于重大疑难案件，全面、细致的书面代理词是必不可少的重要文书。

(17) 发问提纲

代理人在法庭调查中应该拟定发问提纲，凡涉及本案的关键问题，法官没有问到的，代理人必须向对方发问，而且要刁钻，让对方陷于逻辑矛盾或者自认错误，这是代理人精心雕刻之作。代理人对于法官可能对己方的提问要进行模拟回答，庭审的焦点问题不能遗漏，做到不打无准备之仗。许多代理人并不拟定发问提纲，想起来就问，想不起来就不问，敷衍了事可能会损害当事人的利益。

上述十七项内容是在一审当中可能会经常遇到的实际问题，有时比这还要复杂得多。代理诉讼是一项较为复杂的工作，每一次都是在考试、过关，都是一次战斗。只有精心准备，才能在诉讼活动中表现优异，从而争取更多的胜诉。

113. 二审民事诉讼

当事人不服一审法院的判决、裁定，有权提出上诉，上诉有可能改变原审的不利判决，也是降低合同法律风险的方法之一。在二审阶段应当关注以下问题。

第一，在法定期间内上诉，超过期限等于未上诉。不服判决应在判决书送达之日起十五日内上诉；不服裁定应在裁定书送达之日起十日内上诉。具体操作时，绝不可以最后一天提出上诉，如果出现其他意外情况，就错过了上诉期，加快风险到来。

第二，依据《民事诉讼法》第173条规定，当事人不服一审法院判决，上诉状应当通过原审法院提出。上诉状应明确不服判决、裁定的事项、事实及理由，指出一审法院在事实上、适用法律上、程序上存在哪些错误，让二审法院通过阅读上诉状一目了然。上诉状应当按照对方当事人或者代表人的人数提交副本。当事人直接向二审法院上诉的，二审法院在五日内将上诉状移交原审人民法院。因此，当事人上诉没有必要舍近求远。例如，河南省某市某区人民法院要求当事人上诉不能告一审法院，必须修改上诉状，否则不接收上诉状。遇到这种情况，当事人只好直接向二审法院提出上诉，以免错过上诉机会。

第三，上诉状与一审起诉状不同，不能套用一审的起诉状或答辩状，更不可以由助理直接粘贴。而是要针对一审法院判决书认定的事实和论据对判决理由进行驳斥，一份好的上诉状必须由最熟悉案情和思路最清晰的人撰写。

第四，二审法院上诉什么审什么，没上诉的不审理。因此，上诉事项不能遗漏。

第五，发现和提供新的证据，在二审中至关重要，可能会获得改判的机会。

第六，如果一审代理人不尽心尽力，二审可以更换代理人。选择尽心敬业的代理人，不聘用无暇顾及本案的代理人。

第七，关于二审法院是否开庭审理，《民事诉讼法》第176条规定，上诉案件应当开庭审理。但又规定经过阅卷、调查和询问当事人，对没有提出新的事实、证据或者理由的案件，可以不开庭审理。基于此，有的二审法院直接书面审理，然后驳回上诉，上诉人失去了当庭陈述、发问、补正和辩论的机会。在二审程序中，有的能走完全部程序，有的只能半途而废，这就要求上诉状必须写得充分、彻底，引起二审法官的高度关注，绝不可以写得简明扼要。从实践得知，凡是二审法院不开庭审理的，结果多数令人大失所望。

第八，二审法院开庭在程序上比一审简单，有的只问几个关心的问题，而不是从头至尾详细查明，此时可以判断案件改判可能性不大。如果调查得特别详细，说明上诉已经引起二审法院的重视，有可能撤销原判或发回重审，否则不会调查得很详细。

第九，如果一审判决结果不好，己方确实有责任，最好能够争取和解，坚持原诉求效果不一定好。

第十，二审代理词不应当照搬一审代理词，必须根据案件的变化情况，调整角度进行论证、论理，充分说服主审法官。

第十一，向二审法院提供同案同判的案例，以供二审法院判决参考。

第十二，精心准备二审法官可能提问的问题，回答必须准确无误，不准确或准备不充分，效果一定不会好。

总之，二审非常重要，尽管绝大多数会维持原判，但也有改判或发回重审的情况。代理人有大量工作要做，必须精心准备，为当事人争取最大利益。

114. 申请支付令

申请支付令是指债权人向基层人民法院提出要求债务人给付金钱、有价证券的请求，由人民法院向债务人发出给付欠款的司法命令。向法院申请支付令比诉讼更快产生效果，也是合同法律风险救济方法之一，可以广泛采用。《民事诉讼法》第 225 条规定，债权人请求债务人给付金钱、有价证券，符合下列条件的，可以向有管辖权的基层人民法院申请支付令：A. 债权人与债务人没有其他债务纠纷的；B. 支付令能够送达债务人的。

支付令申请书应当写明请求给付金钱或者有价证券的数量和所根据的事实、证据。法院审查后，对明确、合法的债权债务关系，在受理之日起十五日内向债务人发出支付令；申请不成立的，裁定予以驳回。债务人对支付令裁定有异议的，应当以书面形式向法院提出。一旦债务人提出异议，支付令不发生效力，债权人可以提起诉讼，由法院按诉讼程序审理争议。当事人申请支付令条件并不复杂，在符合条件的情况下，可以更快实现债权。

115. 代位诉讼

代位诉讼是合同法律风险救济另辟蹊径的重要方法，它是指债权人在债务人怠于行使债权而影响债权人到期债权实现时，由债权人代替债务人进行诉讼的行为。代位诉讼，是法律为保护债权人的利益而设立的一项诉讼救济权利。《民法典》第535条规定，因债务人怠于行使其债权或者与该债权有关的从权利，影响债权人到期债权实现的，债权人可以向人民法院请求以自己的名义代位行使债务人对相对人的权利，但是该权利专属于债务人自身的除外。代位权的行使范围以债权人的到期债权为限。《民法典》第536条还规定，债权人的债权到期前，债务人的债权或者与该债权有关的从权利存在诉讼时效期间即将届满或者未及时申报破产债权等情形，影响债权人的债权实现的，债权人可以代位向债务人的相对人请求其向债务人履行、向破产管理人申报或者作出其他必要的行为。

债权人行使代位权，必须是债务人怠于行使债权并且影响了债权人实现到期债权。《民法典合同编通则解释》第33条规定，债务人不履行其对债权人的到期债务，又不以诉讼或者仲裁方式向相对人主张其享有的债权或者与该债权有关的从权利，致使债权人的到期债权未能实现的，人民法院可以认定为《民法典》第535条规定的"债务人怠于行使其债权或者与该债权有关的从权利，影响债权人的到期债权实现"。债务人采取诉讼或仲裁方式行使权利，才不属于"怠于行使"。在代位权诉讼中，债权人的主张必须符合代位权行使条件，否则代位诉讼不会获得人民法院支持。债权人行使代位权胜诉后，由债务人的相对人向债权人履行义务。法律规定代位诉讼由被告住所地人民法院管辖，有专属管辖规定的适用专属管辖。因此，债权人行使代位诉讼权，在实体和程序上都不能出现错误。

代位诉讼与本诉不同，本诉只要符合《民事诉讼法》第122条规定的条件，就可以提起。而代位诉讼既要满足《民事诉讼法》第122条的规定，又要满足《民法典》第535条的规定。

【案例】

　　A 公司与 B 公司为长期合作伙伴，A 公司向 B 公司供应煤矿设备，B 公司拖欠货款 300 万元。C 公司与 B 公司也是长期合作伙伴，C 公司欠 B 公司 303 万元，B 公司本应向 C 公司追款，但 B 公司没人出差，所欠货款一直无人问津。由于 B 公司不按期还款，造成 A 公司资金困难。A 公司得知 C 公司欠 B 公司 300 万元后，以代位权向被告人住所地人民法院起诉 C 公司，要求其直接还款。C 公司认为自己与 A 公司不存在合同关系，不认可还款请求。法院依据原告的诉讼保全申请，冻结了 C 公司银行账户存款 300 万元。经审理判令 C 公司向 A 公司偿付人民币 300 万元及银行利息。C 公司上诉后，二审法院驳回上诉，维持原判。

116. 申请再审

申请再审是合同法律风险救济的又一方法。《民事诉讼法》第 210 条规定，当事人对已经发生法律效力的判决、裁定，认为有错误的，可以向上一级人民法院申请再审；当事人一方人数众多或者当事人双方为公民的案件，也可以向原审人民法院申请再审。《民事诉讼法》第 211 条列举申请再审的情形如下。

第一，有新的证据，足以推翻原判决、裁定的；

第二，原判决、裁定认定的基本事实缺乏证据证明的；

第三，原判决、裁定认定事实的主要证据是伪造的；

第四，原判决、裁定认定事实的主要证据未经质证的；

第五，对审理案件需要的主要证据，当事人因客观原因不能自行收集，书面申请人民法院调查收集，人民法院未调查收集的；

第六，原判决、裁定适用法律确有错误的；

第七，审判组织的组成不合法或者依法应当回避的审判人员没有回避的；

第八，无诉讼行为能力人未经法定代理人代为诉讼或者应当参加诉讼的当事人，因不能归责于本人或者其诉讼代理人的事由，未参加诉讼的；

第九，违反法律规定，剥夺当事人辩论权利的；

第十，未经传票传唤，缺席判决的；

第十一，原判决、裁定遗漏或者超出诉讼请求的；

第十二，据以作出原判决、裁定的法律文书被撤销或者变更的；

第十三，审判人员审理该案件时有贪污受贿，徇私舞弊，枉法裁判行为的。

除《民事诉讼法》第211条之外，第212条还规定，已经发生法律效力的调解书，当事人提出证据证明调解违反自愿原则或者调解协议的内容违反法律的，可以申请再审。

根据上述规定，有十四种情形可以申请再审。这体现了《民事诉讼法》对当事人申请再审的范围规定，也体现了对审判监督的深度规定，只要符合十四种情形之一，就可以申请再审。

启动再审程序有三种途径：

(1) 当事人申请

《民事诉讼法》第210条至第214条都是对申请再审的规定。但还有一些特殊情况没有列入申请再审之列。例如，河北省某公司与对方签订一份烂尾楼转让合同，总标的额4000万元，实际支付了800万元。合同约定出让方应在收款之日起三个月内将烂尾楼交付，但晚交付三个月，构成违约。之后，双方对烂尾楼权益产生纠纷，经过一审法院、二审法院判决，确定为河北某公司拥有，并办理产权登记，该公司为烂尾楼恢复重建和装修花费8300万元。对方再次争夺烂尾楼，起诉要求解除合同，一审法院不考虑违约方无权解除合同，仍然判决支持。河北某公司法定代表人被监察委留置时，法院下达判决书，该公司无法上诉，对方利用了时间差，烂尾楼又被重新更名到对方名下。本案情况特殊，人身受到限制，又无法会见，因客观原因不能上诉。但《民事诉讼法》对此没有作出兜底性的规定，申请再审遇到困境。

(2) 当事人申请检察院建议或者抗诉

《民事诉讼法》第220条规定有下列情形之一的，当事人可以向人民检察院申请检察建议或者抗诉：A. 人民法院驳回再审申请的；B. 人民法院逾期未对再审申请作出裁定的；C. 再审判决、裁定有明显错误的。

(3) 法院自行启动

《民事诉讼法》第209条规定，各级人民法院院长对本院已经发生法律效力的判决、裁定、调解书，发现确有错误，认为需要再审的，应当提交审判委员会讨论决定。法院不会轻易启动再审程序，除非有新的证据足以推翻原判决。

上述三种途径，前两种涉及当事人申请，当事人不申请，不能启动再审程序。如果当事人要求人大常委会机关监督，有时也会引起法院的重视。

申请再审可分为三个阶段：

（1）受理阶段

当事人申请再审，应当在判决、裁定发生法律效力后六个月内提出。人民法院自收到再审申请书之日起五日内将再审申请书副本发送对方当事人，对方当事人应当在收到再审申请书副本之日起十五日内提交书面意见。

（2）审查阶段

人民法院主要审查申请人提出的申请是否存在《民事诉讼法》第211条所列的情形，这也是决定是否再审的法定依据。前期审查主要包括审阅提交的再审材料、调卷审阅、询问当事人或举行较正式的听证。审查期限为三个月。经过审查认为符合《民事诉讼法》第211条规定的再审条件的，裁定再审，不符合的裁定驳回申请。如果申请再审有证人，一定要申请证人出庭。法院同意证人出庭，就有了听证的机会，就可以充分表达申请人的意愿。申请再审是很艰难的争取过程，成功率很低，有的就是走马观花，一听了之。要获得再审成功，关键是推翻原审判决的错误逻辑，重点是法庭是否没有采纳当事人提交的关键证据，导致事实认定错误，这些都会引起再审法官的密切关注。

（3）审理阶段

人民法院审理再审案件应当另行组成合议庭。对一审法院作出的判决、裁定，按照第一审程序审理，审理后所作出的判决、裁定，当事人可以上诉。对二审法院作出的判决、裁定，按照二审程序审理，其判决、裁定直接发生法律效力。上级法院提审的案件，按照二审程序审理，其判决、裁定直接发生法律效力。

申请再审是当事人诉讼程序上最后的机会，如果再审开庭审理，成功就有了一半的希望，往往案件会得到纠正，应全力作好申请再审相关准备。

第一，写一份好的再审申请书。申请书应当概括全面，语言精练，突出问题，击中要害，论理性强，重点说明一、二审判决错在哪里。再审申请书写得不好，就失掉了一半机会。再审申请书应长短相宜，不是越长越好，写十几页效果不一定好。

第二，尽量委托有再审经验的代理人代理，经常做再审代理与不经常做再审代理，在经验上还是有差别的。

第三，准备好相关资料。包括申请书、一审判决书、二审判决书、裁定书、双方证据、庭审笔录、谈话笔录等所有材料，装订成册。为了提升再审的可能性，应当重新按申请书顺序编制证据。再审很多时候是书面审理，书面材料极为重要，仅此一次机会，机不可失，时不再来。

第四，拟定回答法官提问提纲。使法官通过提问解除疑虑，全面掌握事实真相。代理人不能一问三不知或模棱两可，更不可绕弯子，如此就失去了再审的良机。

第五，作好听证、谈话、开庭准备。不管是哪种方式，都一定要千方百计作好各种准备，没有任何疏忽的余地。

第六，再审应当以案件事实和主要证据为表达的重点，书面表达和庭审表达都是非常珍贵的机会。

第七，要争取与本案法官当面沟通和交流，把问题说清说透，让法官产生一定印象。

申请再审案件绝大多数被驳回，主要是因为不符合再审条件或者其他复杂原因，另外也需要维持已生效判决、裁定的稳定性。经过再审发回重审、提审的少之又少。尽管如此，还是给当事人留下了翻案的机会。

117. 申请抗诉

《民事诉讼法》第 14 条规定，人民检察院有权对民事诉讼实行法律监督。抗诉是人民检察院履行监督职责的重要方式。抗诉分为依职权抗诉和申请抗诉。依职权抗诉是指最高人民检察院、上级人民检察院、地方各级人民检察院对人民法院已经发生法律效力的判决、裁定发现有《民事诉讼法》第 211 条规定情形之一的，或者发现调解书损害国家利益、社会公共利益的，应当依职权提出抗诉。而申请抗诉是指民事诉讼当事人经过一审诉讼程序、二审诉讼程序和再审程序驳回后，仍然认为判决存在明显的错误，可以向人民检察院申请抗诉，使案件进入再审程序。向人民检察院申请抗诉，必须有书面申请，由人民检察院审查理由是否成立，如果理由成立，启动抗诉程序。对申请人民检察院抗诉的案件，人民法院应在三十日内作出再审的裁定。向人民检察院申请抗诉，是民事诉讼失败后留下的最后一次机会。《民事诉讼法》第 220 条规定，申请抗诉应满足下列情形之一：A. 人民法院驳回再审申请的；B. 人民法院逾期未对再审申请作出裁定的；C. 再审判决、裁定有明显错误的。

人民检察院对当事人的申请应当在三个月内进行审查，审查的标准是《民事诉讼法》第 211 条所列的情形。当事人向人民检察院申请抗诉只可申请一次，除了提交申请书，还应提交相关证据，以备审查。在实践中，向人民检察院申请抗诉，有时也可以获得柳暗花明的效果。但对人民检察院抗诉的案件，有的法院会予以采纳，纠正错误判决，有的不予采纳。检察院抗诉的案件有成功的，也有失败的，当事人只能存有希望而不能完全指望。

118. 执行异议

执行异议是指申请人对法院的执行行为不服而提出的异议。执行异议是当事人采取的自我保护措施，也是对合同诉讼所带来的法律风险的救济。《民事诉讼法》规定，提出执行异议的主体主要有三类，即当事人、利害关系人和案外人。《民事诉讼法》第 236 条规定，当事人、利害关系人认为执行行为违反法律规定的，可以向负责执行的人民法院提出书面异议。该法第 238 条规定，案外人也可以提出执行异议。

提出执行异议，其目的是防止执行错误的发生，依法保护异议人的合法财产。提出执行异议有以下三种方式。

其一，向执行法院提出异议申请书，说明异议的事实和理由以及法律根据，请求审查异议的真实性、合法性。

其二，提供必要的证据，例如，财产证明、票据、合同、生效判决及裁定、公证文件等。

其三，提起异议之诉。

对于当事人、利害关系人提出书面异议的，执行法院应当自收到书面异议之日起十五日内审查，理由成立的，裁定撤销执行或者纠正执行。理由不成立的，裁定驳回。对裁定不服的，异议人可以自裁定送达之日起十五日内，向上一级人民法院申请复议。执行过程中，案外人对执行标的提出书面异议的，人民法院应当自收到书面异议之日起十五日内审查,理由成立的,裁定终止对该标的物的执行,理由不成立的,裁定驳回。

> **【案例】**
>
> 　　2022年,刘女士与房地产开发商签订房屋订购合同,购买商品房一套,价格180万元。订购合同签订后刘女士付全款,开发商开具了正式发票,向刘女士交了钥匙并办理了入住手续,刘女士交纳了物业费、水电费、装修保证金等。后刘女士要求开发商办理产权证,开发商表示办不了,早在刘女士之前,该房屋就被开发商抵顶给了债权人赵女士。刘女士气愤之下提起诉讼,诉讼请求判令开发商办理产权证。案件开庭前,法院释明原告撤诉,刘女士犹豫不决,征询多位律师意见,仁者见仁,各执一词。有的认为不能撤诉,开发商应当为刘女士办理产权证,有的认为应先开庭后撤诉。刘女士听取了建议撤诉律师的意见,撤回了诉讼,等待在执行中提出异议。2023年夏,赵女士对开发商债务之诉案件进入执行程序,刘女士等人所购买的房屋被执行法院发出公告,要求腾退房屋。刘女士等人向法院提出执行异议,并提交了购房合同、付款凭证、发票、入住手续、装修合同、装修付款凭证、连年交纳物业费及水电费收据以及表明此房为名下唯一一套住宅等证据。执行法院经过审查认为,异议具备了最高人民法院关于执行异议规定的条件,异议人已经支付了全部房款,并且已经实际占有和使用,异议理由成立,裁定不予执行。刘女士通过执行异议保住了一生积累的财产,感谢律师在关键时刻提出的准确建议。如果刘女士不撤诉,坚持办理产权证,案件的走向就发生了逆向变化。

　　当事人对执行有异议,还可以提起异议之诉,异议之诉与一审程序相同,对判决不服的,可以提出上诉。

（四）债权保护

119. 妥善保护诉讼时效

保护诉讼时效是合同法律风险救济非常重要的方法之一。《民法典》颁布后，法律将诉讼时效期间调整为三年，改变了原有的两年的规定。诉讼时效期间自权利人知道或者应当知道权利受到侵害以及义务人之日计算。《民法典》第 189 条规定，当事人约定同一债务分期履行的，诉讼时效期间至最后一期履行期限届满之日起计算。本条规定延长了重新计算诉讼时效的起始时间，更有利于债权保护。当事人应当在诉讼时效期间内行使权利，超过诉讼时效期间，将丧失保护。因此，保护好诉讼时效，就等于保护了胜诉权。

根据《民法典》第 195 条规定，有下列情形之一的，诉讼时效中断，从中断、有关程序终结时起，诉讼时效期间重新计算：A. 权利人向义务人提出履行请求；B. 义务人同意履行义务；C. 权利人提起诉讼或者申请仲裁；D. 与提起诉讼或者申请仲裁具有同等效力的其他情形。结合上述规定和实践，引起诉讼时效中断的方法很多，归纳如下。

（1）还款计划

还款计划是债务人向债权人出具的还款安排，是债务人同意履行债务的凭证。还款计划一般以书面方式呈现，如果是个人写的还款计划，应当签名或者画押，再写上身份证号码和住址。如果是单位写的还款计划，应当加盖公章。无论是单位还是个人出具的还款计划，都必须写明日期，日期是判断诉讼时效中断的关键。如果没有日期，无法判断下一次诉讼时效从何时开始计算。还款计划有三个重要意义，一是写计划的人承认债权债务关系存在；二是可能在一定时期内还款；三是证明权利人此时此刻主张过权利，诉讼时效中断。还款计划的实际意义是偿还欠款，而它的法律意义是保护诉讼时效。

（2）还款协议

还款协议是债权人与债务人就还款问题所达成的协议，也是债务人同意履行债务的一种凭证。还款协议与还款计划不同，还款计划是债务人一方写给债权人的，是单方面的意思表示。而还款协议是双方的意思表示，既有债权人的意思，也有债务人的意思，是双方合意的。还款协议应由双方签字或者盖章，保证形式的完整性。还款协议有两个重要意义，一是债务人按此协议还款，还款的进度已经得到债权人的同意。二是该协议能够引起时效的中断，如果欠款分批次偿还，诉讼时效从最后一次还款日起计算，如果没分批次还款，诉讼时效从签订日期开始计算。还款协议是保护诉讼时效最好的方法之一。还款协议必须签字盖章和写明日期。

(3) 催款函

催款函是债权人向债务人发出的要求付款的信函，是权利人向义务人提出履行请求的凭证。催款函一般都有要求还款的内容，表明债权人在向债务人主张权利，是引起诉讼时效中断最简单的方法之一。催款函实用性较高，比还款计划、还款协议更便捷，只需单方发出即可，无需与对方协商。而还款协议则受债务人的影响很大，债务人不同意，双方就不能达成合意。债权人向债务人发出催款函可以用信函方式，也可以采用传真、电子邮件方式以及微信聊天记录方式。如果使用书面方式，可以通过特快专递、挂号信寄送，将催款函与特快专递、挂号信票据一同保存，这些都是证明其主张过权利的非常好的书面证据。

债权人向债务人催款必须写明日期，如果没有日期，就会不知道诉讼时效期间从何时开始重新计算。催款函必备内容有两点：一是催款内容；二是催款时间。有了这两点，足以引起诉讼时效的中断。催款函具有积极、主动、便捷的优势。

(4) 欠据

欠据或欠条，都是债务人给债权人出具的欠款证明。称呼不一样，证明力没什么差别。欠据是债务人出具的证明文件，欠据的内容应包括欠款的因由、数额，出具欠据的时间以及签字盖章。个人出具的欠据应该亲笔签名并注明身份证号码。如果欠据由他人代写，应由债务人签字画押，以确保生效。如果个人欠据上债务人没有亲笔签名，而是由他人代写，一旦债务人不承认，就很难证明双方债务关系的成立，也很难证明诉讼时效中断。

【案例】

北京居民秦女士起诉王女士，声称王女士欠自己6万元人民币，是买房时的欠款，欠据落款写的是王女士。王女士对欠据一口否认，认为自己不欠秦女士的钱，而且欠据也不是自己所写，是张先生写的王女士的名字，该欠款应找张先生去要。秦女士坚持提起诉讼，法院经过开庭审理，确认该款项已被张先生拿走，虽署名是王女士，但应由张先生返还，遂判决驳回诉讼请求。

单位出具的欠据要加盖公章或财务章，也可以由法定代表人签字。有的时候，由于各种原因，单位没有盖公章，而是由总经理个人在欠据上签字，在这种情况下，虽然也可以证明对方欠款，但如果对方以总经理不是法人代表为由进行抗辩，就会引起麻烦，不如盖公章有效。也有的时候，欠据只是由业务员或部门领导签字，在这种情况下，虽然可以认定为表见代理，但争议处理起来差别较大。有时债权人要求债务人在欠据上盖章困难很大，在万不得已的情况下，由业务人员或部门领导签字也总比什么都没有好。总之，由债务人书写欠据是证明债权债务关系最好的证据。债务人出具欠据后如果偿还了一部分，下次可以再写一个欠据，将其还款数额从中扣除，也可证明诉讼时效被中断。

（5）手机短信、电子邮件

电子邮件属于最快捷的通讯方式之一，只要将催款电子邮件发出，对方很快会收到。电子邮件也是引起诉讼时效中断的可取方法。信息产业的发展为人们保护诉讼时效提供了新手段。无论是网上交易，还是彼此通讯联络，电子邮件都是主要渠道之一，具有很强的优势。因此，它也自然成为保护诉讼时效的方式之一。债权人为了向债务人催款，电子邮件能够迅速、快捷表达债权人的意愿。债权人用电子邮件主张债权，应注意两点：一是在电子邮件中明确主张权利的内容，对方欠什么款、欠多少、双方确认的结果是什么；二是发件人和收件人的邮件地址应是双方所确认的邮件地址。邮箱都是以个人名字开通的，如果两个单位往来邮件都是通过个人邮箱传递的，虽然大多数债务人并不否认电子邮件来信，但确实也有少部分否认的，这会使债权人陷入被动。如果电子邮件发给债务人的董事长或总经理，其安全系数要高于普通业务人员。

（6）财务对账

财务对账也是债权人向债务人提出履行债务的方式。债权人为了保护诉讼时效，在债务人不愿意出具欠据或者还款计划的情况下，也可以采取双方财务对账的方法保护诉讼时效。双方财务对账，是指就有关欠款余额进行核对，如果让债务人在对账单上加盖公章并署上日期，那就更加完美，从对账之日起重新计算诉讼时效。因此，不断与对方对账，只要不超过三年就核对一次，债权人留下对账单，诉讼时效可以得到有效保护。

双方财务人员对账，应注意两个问题：一是对账内容、数额；二是对账时间。如果双方只对账，没有时间记载，重新计算诉讼时效的起算点将不好判断，失去对账的意义。如果债务人对账后不盖公章，也可以证明双方发生过对账的事实，只是对账单证明力受到削弱。

（7）收据

收据是债权人在收取还款后写给债务人的凭据，收据也称收条。收据一般写有收到款项的数额和日期，证明债务人还款情况。收据记载的日期，就是诉讼时效中断的日期。如果债务人多次还款，债权人应在每次收款时为其出具收据，最后的日期是重新计算诉讼时效的日期。

（8）收货单

收货单是收货方写给交货方的凭据，证明收货人已经收到货物，收货单记载收货的数量，也有日期的记载，同样可以引起诉讼时效中断。

（9）汇款单据

汇款单据是付款方汇款给收款方的凭据。汇款是银行的重要业务之一，汇款单据记载汇款数额、时间、汇款人等事项，足以引起诉讼时效的中断。

（10）微信支付

微信支付已经十分普遍，债务人通过微信向债权人支付，无论数额多少，都会引起诉讼时效的中断。但微信支付要求支付人与收款人有债权债务关系。

（11）委托支付

委托支付就是债务人委托他人向债权人支付欠款，只要受托人向债权人支付款项，诉讼时效就可以重新计算。

（12）还款保证书

还款保证书是债务人给债权人出具的还款保证。还款保证书主要是一种信誉保证，债务人向债权人保证在一定时期内偿还债务，债权人收取和保存该保证书，当债务人不予还款时，该保证书可以证明诉讼时效期间中断且重新计算。还款保证书与还款计划不同。还款计划是对如何还款作出安排，而还款保证书则是一种具有保证意义的承诺，如果不还款则应承担某种加重责任的后果。

（13）还款担保书

还款担保书是债务人的担保人向债权人出具的，它不同于还款保证书，还款保证书是由债务人出具的，而还款担保书是债务人的担保人出具的，主体身份不同。还款担保书具有担保的内容和性质，当债务人到期不偿还时，可以要求担保人偿还。还款担保书日期还可以证明出具的保证的时间，诉讼时效可以从此时开始重新计算。

（14）抵账协议

抵账协议是指债务人与债权人同意用其他物品抵偿债款所达成的协议。抵账可以是单方的，如债务人用物品偿还债权人，也可以是双方的，如互相用产品、机械设备、办公用品、车辆、租金等抵顶。由于抵账协议载有日期，从抵账协议签订之日起，诉讼时效中断。

（15）诉讼

诉讼是当事人主张权利的司法方式，无论诉讼是否进行到底，哪怕起诉后撤诉，都会引起诉讼时效的中断。《民法典》第 195 条规定，权利人提起诉讼，诉讼时效期间重新计算。

（16）仲裁

当事人向仲裁机构申请仲裁，是主张债权的重要方式，无论是仲裁开庭还是撤回申请，都可以中断诉讼时效。《民法典》第 195 条规定，权利人申请仲裁，诉讼时效期间重新计算。

（17）申请支付令

申请支付令是债权人行使债权的一种方式，申请支付令也会引起诉讼时效的中断。

（18）会议纪要、会议记录、会谈纪要

会议纪要、会议记录是指债权人与债务人就偿还债务问题，通过会议的方式所达成的纪要或记录。纪要一般是对双方讨论的问题加以归纳，形成双方认可的文件，由双方法定代表人在纪要上签字或事后双方加盖公章。而会议记录只是对会议讨论的问题加以记录，是会议过程的反映，不一定形成共识。无论会议纪要还是会议记录，都记载了双方讨论的事项，反映了债权人主张权利的过程，可以使诉讼时效中断。会谈纪要也具有同样的效果。

（19）备忘录

债权人与债务人就还款问题，经协商后可以达成备忘录。无论债务人是否承诺偿还债务，只要备忘录记载了债权人主张债权的过程，即产生诉讼时效中断的法律后果。

（20）和解协议

和解协议是当事人就有关纠纷事项所达成的一致意见。和解协议的达成，是双方努力的结果，签字或盖章后生效。和解协议从签订之日起诉讼时效中断。

（21）微信聊天记录

微信是人们最普遍、最广泛使用的联系方式，债权人通过微信聊天催要债款，也会引起诉讼时效的中断。微信聊天记录关键要证明聊天人之间存在债权债务关系。

（22）部分还款

债务人在资金状况不好时，可以偿还部分欠款。偿还部分欠款也会引起诉讼时效中断。民间借贷、企业资金拆借、金融机构贷款中都存在分批偿还债务的情形。每一次偿还后，诉讼时效都重新计算。

（23）电话催款录音

电话催款也是债权人行使权利的主要方式之一。电话催款表面不留痕迹，如果伴有录音录像，可以证明电话催款的事实。

（24）调解组织调解

除了法院、仲裁机构进行调解外，也有许多民间调解组织可以进行民事调解，无论是否达成调解协议，调解过程客观证明了债权人与债务人在进行接触和商讨相关事宜，也可以证明权利人主张权利的事实。

（25）还款说明

还款说明是债务人单方为债权人书写的说明材料，说明债务产生的背景和在什么情况下还款，还款出现了什么障碍和困难，以求得债权人的宽容并延长期限。还款说明也可以引起诉讼时效中断。还款说明不同于还款计划，它对还款只是说明，不一定作出还款安排。

(26) 律师函

律师函是律师应债权人请求向债务人发出的函告。律师函写明的内容和签署日期，也引起诉讼时效中断。

(27) 欠款说明、声明

欠款说明或声明是应债权人要求，债务人向债权人出具的说明或声明，从说明或声明的签署日期开始，诉讼时效重新计算。欠款说明、声明与还款说明不同，一个是"欠"，一个是"还"。

(28) 申请延长诉讼时效

根据《民法典》第188条的规定，当事人有特殊情况，可以向人民法院申请延长诉讼时效，法院同意延长后，诉讼时效重新计算。

在实践中，保护诉讼时效的方法还有很多，债权人无论用哪种方法，只要能够引起诉讼时效中断，法律就可以持续保护债权人的胜诉权。合同当事人在无法实现自己权利的时候，无论如何也要先把诉讼时效保护好。只要保住了诉讼时效，日后还可以重新主张权利，不给债务人在时效抗辩上留下可乘之机。

【相关规定】

《中华人民共和国民法典》

第一百八十八条　向人民法院请求保护民事权利的诉讼时效期间为三年。法律另有规定的，依照其规定。

诉讼时效期间自权利人知道或者应当知道权利受到侵害以及义务人之日起计算。法律另有规定的，依照其规定。但是，自权利受到侵害之日起超过二十年的，人民法院不予保护，有特殊情况的，人民法院可以根据权利人的申请决定延长。

附录一 推荐合同示范条款、范本和管理规范

目 录

1. 推荐国内仲裁示范条款 / 242
2. 推荐涉外仲裁示范条款 / 243
3. 推荐合同纠纷解决方式条款 / 243
4. 推荐逾期付款滞纳金条款 / 244
5. 推荐鉴于条款 / 244
6. 推荐不可抗力条款 / 245
7. 推荐限制条款 / 246
8. 推荐违约责任条款 / 248
9. 推荐保密条款 / 250
10. 推荐约定解除合同条款 / 251
11. 推荐验收条款 / 253
12. 推荐知识产权归属条款 / 254
13. 推荐承诺与保证条款 / 255
14. 推荐付款条款 / 256
15. 推荐通知条款 / 256
16. 推荐文本语言条款 / 257
17. 推荐工作衔接条款 / 258
18. 推荐合作协议范本 / 258
19. 推荐采购合同范本 / 263
20. 推荐股权转让协议范本 / 271
21. 推荐公司合同管理规范 / 277

1. 推荐国内仲裁示范条款

北京仲裁委员会（北京国际仲裁中心）：

因本合同引起的或与本合同有关的任何争议，均提请北京仲裁委员会/北京国际仲裁院按照其仲裁规则进行仲裁。仲裁裁决是终局的，对双方均有约束力。

上海仲裁委员会：

凡因本合同引起的或与本合同有关的任何争议，均应提交上海仲裁委员会

按照该会仲裁规则进行仲裁。仲裁裁决是终局时，对双方当事人均有约束力。

广州仲裁委员会：

凡因本合同引起的或与本合同有关的任何争议，均提请广州仲裁委员会按照该会现行仲裁规则进行仲裁。仲裁裁决是终局的，对双方均有约束力。

深圳国际仲裁院：

凡因本合同引起的或与本合同有关的任何争议，均应提交深圳国际仲裁院仲裁。

中国国际经济贸易仲裁委员会（中国国际商会仲裁院）：

凡因本合同引起的或与本合同有关的任何争议，均应提交中国国际经济贸易仲裁委员会（贸仲）_____分会/仲裁中心，按照申请仲裁时贸仲有效的仲裁规则进行仲裁。仲裁裁决是终局的，对双方均有约束力。

仲裁法庭必须有三名仲裁员。协议双方均有权指定一名仲裁员，第三名仲裁员由协议双方指定的仲裁员选出，并担任该仲裁的主席职务。仲裁必须以中文进行。仲裁裁决为终局裁决，并对本协议双方都具有约束力。

2. 推荐涉外仲裁示范条款

香港国际仲裁中心：

凡因本合同所引起的或与之相关的任何争议、纠纷、分歧或索赔，包括合同的存在、效力、解除、履行、违反或终止，或因本合同引起的或与之相关的任何非合同性争议，均应提交香港国际仲裁中心管理的机构仲裁，并按提交仲裁通知时有效的《香港国际仲裁中心机构仲裁规则》最终解决。

新加坡国际仲裁中心：

凡因本合同而引起的或与本合同有关的任何争议，包括合同的存续、效力或终止等任何问题，提交新加坡国际仲裁中心（下称"新仲"），依据仲裁开始时最新施行的《新加坡国际仲裁规则》，以新加坡为仲裁地，通过仲裁方式最终解决。新仲规则则视为本仲裁条款的一部分。

3. 推荐合同纠纷解决方式条款

可选下列中的一项：

之一

因本合同引起的纠纷由双方协商解决，双方协商不成时，任何一方均可向甲方所在地有管辖权的人民法院起诉。

之二

因本合同引起的纠纷由双方协商解决，双方协商不成时，由本合同工程所在地有管辖权的人民法院管辖。

之三

双方签订、理解、履行合同产生任何争议，应在 20 日内协商，协商不成时，任何一方均可向合同履行地有管辖权的人民法院起诉。

之四

双方认可合同履行地为甲方收货地，乙方负责交货前的运费承担，如果发生纠纷，由合同履行地的人民法院管辖。

4. 推荐逾期付款滞纳金条款

可选下列中的一项：

之一

买方未按合同规定时间付款，每逾期一日应向卖方承担万分之五的滞纳金。

之二

发包人应按本合同规定的金额和日期向设计人支付设计费，每逾期支付一天，应承担应支付金额万分之五的逾期违约金，且设计人提交设计文件的时间顺延。

5. 推荐鉴于条款

可选下列其中的一项：

之一

鉴于：甲乙双方为繁荣电影创作，开拓市场并获得经济效益，本着资源共享、互利互惠的原则，决定在_____市共同投资成立_____有限公司（名称最终以市场监督管理部门核发的企业法人营业执照为准，以下称"公司"），经双方友好协商，根据《中华人民共和国公司法》《中华人民共和国民法典》及其他相关规定，达成如下一致协议，以资遵守。

之二

甲乙双方依照《中华人民共和国民法典》以及有关规定，本着平等互利、共同发展的原则，结成长期全面的战略合作伙伴关系，就乙方承揽甲方_____的相关事宜，经友好协商一致，特签订本战略合作协议，以资遵守。

之三

鉴于：甲方是中国××集团旗下承担动漫生产制作业务的公司，乙方是拥有××系列知识产权形象及运营权的运营公司，甲乙双方于×年×月×日在_____签订了《×××项目框架合作协议书》，乙方拟委托甲方创作五十集动画电视剧《×××》和二十集电视连续剧《×××》（暂命名）文学剧本，甲方同意接受乙方的委托。甲乙双方根据自愿、平等、诚实信用的原则，经友好协商，达成如下协议。

6. 推荐不可抗力条款

可选下列其中的一项：

之一

不可抗力是指不能预见、不能避免且不能克服的客观情况，包括地震、台风、洪水、火山爆发等自然灾害及战争、暴乱、罢工、国家有关法律政策的改变等社会现象。

因不可抗力致使本协议无法正常履行的，甲、乙双方都不承担法律责任。遭受不可抗力的一方应及时采取措施，防止对方损失扩大，否则将对损失扩大部分承担赔偿责任。

发生不可抗力时，遭受不可抗力的一方应以最快的速度通知对方，并采取相应的救济措施，防止损失的扩大。

之二

本合同履行中发生不可抗力事件、发生的一方应在发生三日内通知对方，并提供相应证明。如不能提供，不免除违约责任。不可抗力事件是指不可抗拒的自然灾害或社会重大事件，包括自然灾害，如水灾、火灾、台风、地震、泥石流、山崩、海啸以及战争、暴动、罢工等。

之三

如果任何一方由于不可抗力因素，致使合同履行受到影响，履行合同的期限应予以延长，延长的期限应相当于不可抗力对本合同履行所造成影响的时间。

受不可抗力影响的一方应在不可抗力发生之日起三个工作日内以书面形式通知另一方,并在事故发生后十四天内,将有关部门出具的证明文件用特快专递或挂号信寄给另一方。如果不可抗力影响时间延续一百二十天以上时,双方应通过友好协商,在合理的时间内达成进一步履行合同或解除合同的协议。

之四

(1) 如果本协议任何一方因受不可抗力事件影响,而未能履行其在本协议下的全部或部分义务,该义务的履行在不可抗力事件妨碍其履行期间应予中止。

(2) 受到不可抗力事件影响的一方应尽可能在最短的时间内,通过书面形式将不可抗力事件的发生通知另一方,并在该不可抗力事件发生后三日内向另一方提供关于此种不可抗力事件及其持续时间的适当证据及本协议不能履行或者需要延期履行的书面资料。声称不可抗力事件导致其对本协议的履行在客观上成为不可能或不实际的一方,有责任尽一切合理的努力减轻或消除此等不可抗力事件的影响。

(3) 不可抗力事件发生时,各方应立即通过友好协商,决定如何执行本协议。不可抗力事件或其影响终止或消除后,各方须立即恢复履行各自在本协议项下的各项义务。如不可抗力及其影响无法终止或消除,致使本协议任何一方丧失继续履行本协议的能力,则各方可协商解除本协议或暂时延迟本协议的履行,且遭遇不可抗力一方无需为此承担责任。当事人迟延履行后发生不可抗力的,不能免除责任。

(4) 本协议所称"不可抗力",是指受影响一方不能合理控制的、无法预料或即使可预料到也不可避免且无法克服,并于本协议签订日之后出现的,使该方对本协议全部或部分的履行在客观上成为不可能或不实际的任何事件。此等事件包括但不限于自然灾害,如水灾、火灾、旱灾、台风、地震,以及社会事件,如战争(不论曾否宣战)、动乱、罢工、政府行为或法律规定等。

7. 推荐限制条款

可选择下列其中的一项:

之一

(设计合同)由于设计人员错误设计造成工程质量事故损失,设计人除负责采取补救措施外,应根据损失的程度和设计人责任大小向发包人支付赔偿金,双方商定赔偿金为实际损失的__%。

设计人应保护发包人的知识产权,不得自己使用或向第三人泄露、外借或转让发包人提交的产品图纸、设计成果等技术经济资料。

之二

由于设计人原因延误了设计文件交付时间,每延误一天应减收500元,减收最大限额不超过合同价款的2‰。

之三

(1) 本合同义务乙方不得转让给第三方履行。

(2) 任何一方不得向第三方泄露本合同内容。

(3) 乙方不得擅自使用、复制甲方的商标、标识、域名、商业信息、技术资料。

(4) 乙方不得转授权给协议以外任何第三方使用。

之四

乙方应自行完成合同工程所规定的全部施工任务,不得转包,如有转包行为,甲方可以立即解除合同。

之五

双方均应保护对方的知识产权,未经对方同意,任何一方均不得对对方的资料及文件擅自修改、复制或向第三人转让或用于本合同项目外的项目。如发生以上情况,泄密方承担由此引起的一切后果并承担赔偿责任。

之六

设计人应保护发包人的知识产权,不得向第三方泄露、外借或转让本合同所约定的资料和本合同设计成果。如发生以上情况并给发包人造成经济损失的,发包人有权向设计人索赔。

之七

甲方提供的稿件只供乙方在《×××报》上使用。乙方在使用时:

(1) 不在本协议未列明的子报、子刊或其他媒体上使用甲方的稿件。

(2) 不向任何第三方转让或许可其使用甲方稿件。

(3) 乙方《×××报》网站(网址:_____)登载的PDF格式的报纸电子版上使用的甲方稿件,不得超出乙方已在其媒体刊登或播出的内容。

(4) 不得将甲方稿件以任何形式传输到乙方本地局域内部工作网络和登载 PDF 格式的报纸电子版的《×××报》网站（网址：＿＿＿＿＿＿＿＿＿＿）之外的任何网络和网址。如乙方需向其他网址发布甲方的稿件，应与甲方另行签订网络供稿服务协议。

(5) 甲方提供给乙方的新闻信息产品仅限于乙方在协议规定的范围内规范使用，未经甲方许可不得将甲方提供的新闻信息产品用于（包括但不限于）短信、彩信、WAP 等无线互联业务，乙方如需使用，须与甲方另行签订相关合作协议。

(6) 不得向第三方转让或许可其使用甲方稿件、图片、图表的检索权，不得复制、解密检索软件。乙方应当对进入甲方系统的密码保密，若因乙方过错导致密码被第三方获悉，乙方应及时以书面方式通知甲方更改密码，并确保不再发生类似事件。

(7) 在本协议规定的使用范围内，乙方再次使用甲方稿件时，应征得甲方的书面同意。

8. 推荐违约责任条款

可选择下列其中的一项：

之一

(1) 甲方不按第×条规定支付工程进度款，每超过一日，应承担未付款额的万分之三违约金。

(2) 乙方不能按照合同约定的日期竣工，每超过一日，应承担合同额万分之三的违约金。

(3) 工程质量达不到合同约定的质量标准，乙方应承担合同总额 20% 的违约金，如果违约金不足以弥补甲方的损失，乙方还应补齐不足部分。

(4) 乙方不履行合同其他义务，应承担合同额 10% 的违约金。

(5) 违约金在双方结算时进行清算。

之二

(1) 甲、乙双方任何一方违反本协议约定时，另一方均有权向其提出口头或书面交涉，并有权依照本协议的相关条款追究违约方的违约责任。

（2）若甲方不能按时供稿，乙方应书面通知甲方。若甲方接到乙方书面通知后仍未恢复供稿且超过限定时间七天，应按不能供稿部分相对应的供稿费用的20%承担违约责任。

（3）如乙方未按照本协议规定的范围使用甲方的新闻产品，甲方有权要求乙方支付相当于本协议供稿服务费用的赔偿金，并有权提前解除协议，甲方已收取的费用不予退回。

（4）若在甲方完全履行其于本协议项下义务的前提下，乙方未按本协议约定按时向甲方履行付款义务，则应按支付金额每日万分之五的比例向甲方支付滞纳金，如乙方迟延履行付款义务十天以上，则甲方有权立即停止向乙方提供供稿服务或提前解除协议，甲方已收取的费用不予退回，并且甲方有权向乙方收取不低于本协议标的供稿费用30%的赔偿金。

之三

凡因承包人造成施工质量不合格，承包人应在发包人规定的时间内无偿返工以达到工程质量验收标准。返工后仍达不到标准的，由承包人承担违约责任，向发包人支付合同价格的20%作为违约金。

之四

（1）协议双方中的任何一方违约，另一方有权要求违约方停止违约行为。自另一方发出停止违约行为通知后七日内，违约方不停止违约行为的，守约方有权单方面解除本协议，解除本协议的通知到达违约方时本协议解除，解除协议不影响守约方要求违约方承担违约责任和赔偿责任。

（2）任何一方违反其于本协议项下的陈述、承诺、保证或义务，而使守约方遭受任何诉讼、纠纷、索赔、处罚等，守约方有权利向违约方进行追偿，守约方因此发生的任何费用、额外责任或遭受的直接经济损失，违约方应当负责赔偿。

（3）当一方（违约方）实质性违反其在本协议项下的义务，并且经非违约方请求后仍不履行，非违约方拥有对本协议的解除权并有权要求违约方赔偿因此产生的损失。

（4）本协议未授予对方商标、标识、网站Logo或域名等任何权益，包括所有权或其他许可（本协议所述除外）；除为履行本协议目的，一方未经对方事先书面同意，不得擅自使用或授权他人使用。本协议期满或终止后，本条款仍继续有效。

（5）如果甲方能够出示初步的证据证明乙方曾登载或提供过某内容，而乙方却拒绝协助甲方出示登载或提供过该内容的证据，或乙方拒绝承认登载或提供过该内容，则甲方因此内容而承担的责任，由乙方进行相应的补偿。

之五

卖方逾期交货七日内，承担合同额 2% 违约金；逾期交货十五日，承担合同额 5% 违约金；逾期交货二十日，承担合同额 10% 违约金。同时买方可以解除合同。

9. 推荐保密条款

可选择下列其中的一项：

之一

任何一方因签订本协议而知晓的对方商业秘密、技术秘密，均应采取严格措施予以保密，未经对方书面同意，不得向任何第三方透露、告知、转让，如有违反应承担赔偿责任。

商业秘密是指甲乙任何一方未公开的任何技术信息和经营信息，包括但不限于：产品计划、销售计划、奖励政策、客户资料、销售渠道、财务信息、合作协议、非专利技术、设计、程序、技术数据、制作方法、资讯来源。

之二

合同各方保证对在讨论、签订、执行本协议过程中所获悉的属于其他方的且无法自公开渠道获得的文件及资料（包括但不限于商业秘密、公司计划、运营活动、财务信息、技术信息、经营信息及其他商业秘密）予以保密。未经该资料和文件的原提供方同意，对方不得向任何第三方泄露该商业秘密的全部或部分内容。

之三

除非法律明确要求，任何一方均不得就本协议、其他附属文件及拟进行的交易，在未经本协议各方一致书面同意的情况下作出任何公开或披露。

之四

双方对于本合同以及与本合同有关的事项承担保密义务，未经对方书面同意，一方不得将本合同的任何有关事项向除本合同以外的第三方披露，但是因以下情况所进行的披露除外。

（1）甲方履行法律法规或信托文件规定的信息披露义务，向委托人和受益人进行的披露；

（2）向在正常业务中所委托的审计、律师等工作人员进行的披露，但前提是该等人员必须对其在进行前述工作中所获知的与本合同有关的信息承担保密义务；

（3）该等资料和文件可由公开途径获得或者该资料的披露是法律法规的要求；

（4）应法院或者根据任何诉前披露程序或类似程序的要求，或是根据所采取的法律程序所进行的与本合同有关的披露；

（5）甲方根据金融监管机构的要求，向金融监管机构进行的披露。

本条规定在本合同终止后仍然有效。

10. 推荐约定解除合同条款

可选择下列其中的一项：

之一

购销合同买方解除合同条款

出现下列情形之一，买方有权解除合同：

（1）卖方不按期供货且超过供货时间二十天。

（2）卖方货到后三日内应为买方安装、调试，但卖方拒绝安装、调试时。

之二

建设工程发包人解除合同条款

出现下列情形之一，发包人有权解除合同：

（1）承包人将其承包的全部工程或者任何部分转包给他人或者支解以后以分包的名义转包给他人。

（2）因承包人的原因导致停止施工超过二十天。

（3）承包人施工混乱或使用不合格材料，经发包人通知仍不能改正或不能提高施工质量。

（4）承包人不按期开工拖延达三十天，或者施工能力不足或低下或严重拖延工期或施工明显存在安全隐患而不改正或竣工拖延工期达二十天时。

另一种建设工程解除合同条款

有下列情形之一，合同可以解除：

（1）甲方拒绝为施工提供水、电等施工条件，经乙方催告后五日内仍不提供时，乙方可以解除合同，但因公共原因停水、停电除外。

（2）乙方未经甲方同意擅自转包工程或支解后分包，或者乙方无能力施工，甲方可以解除合同。

（3）乙方的施工未能通过政府相关部门验收，经整改后仍未能通过的，甲方有权解除合同。

（4）乙方严重拖延工期或经验收该工程不合格或施工存在严重混乱、缺陷，甲方有权解除合同。

（5）一方依法或依合同规定解除合同时，不承担违约责任或赔偿责任。

（6）依法或依合同规定解除合同时，应采用书面方式。书面解除通知到达对方时，本合同即刻解除，无需诉讼或者仲裁机构确认。

之三

建设工程设计合同发包人解除合同条款

（1）设计人发生合并、兼并、破产、歇业、吊销营业执照或重大诉讼、仲裁导致合同履行受到严重影响，发包人有权解除合同，并不承担违约责任或赔偿责任。

（2）设计人超过合同规定期限二十天交付设计成果，发包人有权解除合同。

之四

房屋租赁合同出租方约定解除条款

承租方有下列行为之一的，出租方有权终止合同，收回房屋，因此造成损失的，由承租方赔偿：

（1）将承租的房屋擅自转租的。

（2）将承租的房屋擅自拆改结构或改变用途的。

（3）利用承租房屋进行严重违法活动，使出租方或公众利益受到严重损失的。

（4）故意损坏承租房屋情节严重的。

（5）承租方超过规定付款时间后，经出租方催要后十日内仍不付款的。

之五

装修合同发包方约定解除条款

承包人有下列情形之一，发包人有权解除合同

（1）承包人不按期开工超过合同规定十日；

（2）承包人拖延竣工时间二十日以上；

（3）承包人不按合同规定使用发包人要求的装饰材料或擅自使用次等材料。

之六

影视拍摄合同甲方解除条款

乙方有下列情形之一，甲方可以解除合同：

（1）本协议签订后六个月内乙方没有开始拍摄该剧或拍摄中途停止拍摄累计超过六十日。

（2）乙方缺乏资金或制片人与导演、导演与主要演员之间等内部纠纷导致拍摄中断。

（3）该剧粗制滥造或主题立意不符合国家规定，经甲方通知要求改正后仍不能有效改正。

（4）封镜前已经发生大量债务或资金管理混乱可能殃及甲方的。

（5）剧本存在著作权纠纷已被起诉或仲裁或可能被起诉、仲裁。

（6）乙方拒不缴纳电视剧管理抵押金或拖欠超过三十日。

（7）甲方依法认为乙方履行本合同不当的其他有关情形。

依照法律规定或本合同规定解除合同时，解除方不承担违约责任和赔偿责任。

11. 推荐验收条款

可选择下列其中的一项：

之一

验收时间：

乙方完工后甲方开始组织技术人员进行验收。验收时间以乙方通知甲方进行验收的第二个工作日为准，如乙方通知甲方验收后三个工作日内甲方不予验收，每超过一天，甲方按总工程款的万分之三进行赔偿。

验收标准：

按第×条质量标准要求及本合同××条款规定验收。

验收方法：

乙方完工后通知甲方验收，甲方组织技术人员验收，验收合格双方签署验收单。验收不合格乙方应予返工，返工所需材料、工时由乙方承担。

之二

（1）乙方交货后应立即与甲方和（或）甲方指定收货人进行到货检验，检验内容为包装是否完整、清洁，数量、外形是否与本合同一致，并共同签署到货检验单。

（2）乙方将货物运送至甲方指定交货地点当日，乙方、甲方和（或）甲方指定收货人应指派代表共同对货物进行开箱检验，共同根据乙方提供的装箱单、货物清单、材料清单检查货物。乙方在上述日期内拒绝或未参加检验的，甲方和（或）甲方指定的收货人有权单独进行检验，并视为乙方自动接受检验结果。

（3）各方应共同签署一个详细的检验报告，该报告应详细列明检验结果，包括检验合格或发现的任何货物短缺、毁损或与合同的规定不符之处。对检验中发现货物短缺、毁损或与合同规定有不符之处的，即为检验不合格。甲方和（或）甲方指定收货人有权拒收货物。乙方应在接到甲方通知的七日内（日历天数）免费修理、更换或补足以上的货物。因此产生的一切费用，包括额外的运输费用等，将由乙方承担。如在甲方通知的期限内，乙方未能进行修理、更换或补足，则乙方应承担本合同约定的关于逾期交货的违约责任。

（4）验收合格的，甲方签署验收合格证书。验收不合格的，乙方应在七日内（日历天数）及时采取调换、补充或其他补救措施以使货物达到合格标准并再次验收，并且乙方制作工期不予顺延。

12. 推荐知识产权归属条款

可选择下列其中的一项：

之一

（1）本合同所涉知识产权归甲方所有，乙方应保护甲方的知识产权，不得向第三人泄露、转让甲方提交的文件资料等技术经济资料。如发生以上情况或者给甲方造成经济损失的，乙方应向甲方赔偿相应的经济损失。

（2）乙方向甲方提交的所有设计成果等知识产权在乙方提交后均属甲方所有，甲方有权使用、修改等，同时乙方应保证其向甲方提交之设计成果等没有任何权利上的瑕疵，且本设计成果只限于甲方处使用，不得在其他处使用，否则由此造成的法律责任由乙方承担，如因此造成甲方损失的，由乙方承担赔偿责任。

（3）无论在本合同有效期内或在合同有效期届满后，乙方都应当对公司或其雇员侵犯他人的知识产权的行为负全部责任，对此给甲方或第三方造成的损失，应给予包括法律费用在内的充分有效的赔偿。

之二

双方均应保护对方的知识产权，未经对方同意，任何一方均不得对对方的资料及文件擅自修改、复制或向第三人转让或用于本合同外的项目。如发生以上情况，泄密方承担由此引起的一切后果并承担赔偿责任。

之三

设计后的成果由发包人享有知识产权，但设计人享有署名权。

之四

该影片的著作权归×××频道节目制作中心、×××集团有限责任公司共同拥有，承制方不拥有知识产权，但可享有署名权。

13. 推荐承诺与保证条款

可选择下列其中的一项：

之一

乙方保证对向甲方提供的产品具有独立的知识产权和所有权，未侵害任何第三方知识产权和利益，也不会使甲方因使用乙方所提供产品而产生任何纠纷、诉讼或仲裁。

之二

乙方应保证其具有履行本协议的相应资质，并保证其提供的服务合法合规且不侵犯第三方的合法权益，否则因此甲方受到有关机关的处罚或受到第三方的投诉、诉讼、索赔等，乙方应负责解决，因此给甲方造成名誉损害的，乙方应负责恢复，同时给甲方造成损失的，乙方负责予以赔偿。

之三

本协议签订各方作出如下声明和保证：

（1）出资人各方均为具有独立民事行为能力的法人，并拥有合法的权利或授权签订本协议。

（2）出资人各方投入本公司的资金，均为各自所拥有的合法财产。

（3）出资人各方向本公司提交的文件、资料等均是真实、准确和有效的。

（4）各方保证履行本合同项下的各项义务，严格按照规定的时间、数额、币种出资。

（5）如有违约，保证主动承担违约责任，不向其他股东讨价还价和推卸责任。

14. 推荐付款条款

可选择下列其中的一项：

之一

合同签订后五日内，甲方支付合同总额30%的预付款，乙方完成合同所有内容后，经甲方相关部门验收合格且乙方开具发票后，拨付至合同总价款的95%，其余5%留作质保金，质保期满且没有质量问题后一次付清（不计利息）。

之二

付款方式及期限：

合同签订后三日内买方支付合同总额的50%作为预付款；安装验收完毕且卖方提供合法发票后按合同数额支付剩余款项。

15. 推荐通知条款

可选择下列其中的一项：

之一

根据本协议一方需要向另一方发出的全部通知以及各方的文件往来及与本协议有关的通知和要求等，必须用书面形式，可采用挂号邮寄、传真、微信、当面送交等方式传递，任何一方拒绝接受信函、通知，视为拒绝履行合同和毁约，另一方可以立即解除合同，由拒绝方承担全部责任。以上方式无法送达的，也可采取公告送达的方式。

一方变更通知或通讯地址，应自变更之日起五日内，以书面形式通知其他方，否则，由未通知方承担由此而引起的相关责任。

之二

（1）双方之间的一切通知均为书面形式，可由专人送达、挂号邮递、特快专递等方式传送，传真或者微信可作为辅助送达方式，但事后必须以约定书面方式补充送达。

（2）通知在下列日期视为送达：

①专人递送的通知，在专人递送之交付日为有效送达；

②以挂号信（付清邮资）发出的通知，在寄出（以邮戳为凭）后的第四日为有效送达；

③以特快专递（付清邮资）发出的通知，在寄出（以邮戳为凭）后的第三日为有效送达。

（3）双方在本合同中填写的联系地址即为其有效的通讯地址。

（4）双方均有权在任何时候更改其通讯地址，但应按本条约定的送达方式在变更后七个工作日内向对方送达变更通知。

16. 推荐文本语言条款

可选择下列其中的一项：

之一

本合同以中文书写，以任何其他语言准备的文本应视为仅供参考的翻译本，如果任何其他语言的文本中有任何不一致的地方，以中文文本为准。（适合涉外合同）

之二

本协议及其附件由中、英两种文字书写，中、英版本原件各两份，中文文本和英文文本对双方具有同等法律效力和约束力，当两版本内容发生冲突时应以中文版本为准。双方执两种语言版本原件各一份。

之三

本合同文件使用汉语语言文字书写、解释和说明。如专用条款约定使用两种（含两种）以上语言文字时，汉语应为解释和说明本合同的标准语言文字。

17. 推荐工作衔接条款

为履行本合同，发包人工作联系人为＿＿＿＿，邮件地址为＿＿＿＿＿，设计人工作联系人为＿＿＿＿＿，邮件地址为＿＿＿＿＿。

双方联系人邮件地址为各自的指定地址，按邮件地址往来的邮件有效。

双方工作往来各种通知可以采用专人递送，也可以采用特快专递、电子邮件、微信（双方确定的人员）等方式。

18. 推荐合作协议范本

×××合 作 协 议

合作各方：

甲方：（全称）

地址：

法定代表人：

电话：

传真：

电子邮件地址（微信号）：

乙方：（全称）

地址：

法定代表人：

电话：

传真：

电子邮件地址（微信号）：

本协议由甲乙双方于＿＿＿＿年＿＿＿＿月＿＿＿＿日在＿＿＿＿签订。

鉴于：

甲方基于＿＿＿＿＿＿＿＿＿＿。

乙方基于＿＿＿＿＿＿＿＿＿＿。

双方本着自愿、平等、互惠互利、诚实信用的原则，经充分友好协商，就×××合作，订立如下合作协议，以资遵守。

一、合作项目

（1）_____。

（2）_____。

二、合作内容

（1）_____。

（2）_____。

（3）_____。

三、合作方式

（1）甲方以现金方式出资×××万元，用于双方合作项目。

（2）乙方以坐落于北京市朝阳区东三环北路××号××大厦七层500平方米的房屋使用权出资，由双方设立的公司使用，使用期为十年，十年后双方另议。

四、合作期限

自本协议签订之日起至____年____月____日止。

五、合作分工

甲方：

（1）_____。

（2）_____。

（3）_____。

乙方：

（1）_____。

（2）_____。

（3）_____。

六、财务管理与收入分配

（1）_____。

（2）_____。

七、债务及亏损分担

（1）_____。

(2) _____。

八、经营管理

(1) 甲方负责：_____。

(2) 乙方负责：_____。

九、承诺与保证

1. 双方互向对方声明、陈述和保证如下：

(1) 其是合法设立并有效存续的独立法人。

(2) 其有资格从事本合同项下之合作，而且该合作符合其经营范围之规定。

(3) 其授权代表已获得充分授权，可代表其签订本合同。

(4) 其有能力履行基于本合同项下之义务，并且该等履行义务的行为不违反任何对其有约束力的法律文件的规定。

2. 本合同一经签订即构成对双方合法、有效并应依本合同之条款全面履行的义务。

十、违约责任

(1) 任何一方违反本合同任何条款的约定，违约方应向守约方承担本合同项下所涉之总标的额的10%作为违约金，本合同继续履行。

(2) 除本合同所载明之违约行为外，甲、乙双方的任何一方的违约行为致使不能实现合同目的的，守约方有权解除本合同，违约方应按照本合同项下所涉及总标的额的20%承担违约金。

(3) 如任何一方违约，经守约方书面通知其纠正后三十天内仍不能消除违约状态，则视为该方违约行为致使合同目的不能实现。

(4) 如违约方按本条第一项或第二项约定向守约方所承担的违约金数额尚不足以弥补守约方实际损失的，则就前述不足部分，违约方应当向守约方补足。

(5) 本合同项下所约定之实际损失系指包括但不限于守约方经济利益的减损、守约方为证实违约方之违约行为所支出的各项调查取证、公证费用，守约方为寻求救济而支付的诉讼费用、律师费用等。

(6) 本合同其他条款对违约责任有特别约定的，从其约定。

十一、保密

任何一方对于因签订或履行本协议而了解或接触到的对方的商业秘密及其

他机密资料和信息(以下简称"保密信息")均应予以保密,非经对方事先书面同意不得向第三方泄露、给予或转让保密信息(向政府监管部门、律师提供除外)。任何一方违反保密义务,应赔偿给对方造成的全部损失。

十二、协议的变更、解除

(1)经双方协商一致可以书面变更本协议。

(2)经双方协商一致可以提前解除本协议。

(3)符合《民法典》规定的法定解除情形时,任何一方均可依法解除协议。

(4)如一方不履行本协议项下的义务,在收到对方书面要求其履行义务的通知后二十日内仍拒不履行的,通知方有权解除本协议。

(5)一方丧失履行本协议所需的法定许可、批准、执照、合法授权以及其他政府审批文件,另一方有权解除本协议。

(6)一方行使解除权时,应采用书面方式,本协议于解除协议书面通知到达时解除。

十三、协议终止

(1)协议期限届满时终止;

(2)因不可抗力致使协议无法继续履行的,协议终止;

(3)一方行使本协议规定的解除权致使本协议解除时终止。

十四、争议解决

关于本合同的签订、履行、理解等发生任何争议,双方先协商解决。协商不成时,任何一方均可将争议提请北京仲裁委员会裁决,裁决是终局的,各方应自动履行。

十五、通知

任何一方向另一方发出通知或其他传达,应以挂号信件、特快专递、传真、电子邮件等方式发往另一方。双方所留邮件地址为各方联系人的邮件地址,往返邮件代表己方意见。

十六、不可抗力

不可抗力是指履行合同的任何一方无法预料或无法克服的自然灾害或社会事件,包括但不限于自然灾害,如水灾、火灾、旱灾、台风、地震,以及社会事件,如战争(不论曾否宣战)、动乱、罢工、政府行为。任何一方因受不可抗力事件影响不能部分或全部履行本合同的，不承担责任。

十七、工作衔接

为使本协议顺利、完整履行，双方需指派代表人员衔接相关工作，双方各自保证联络畅通，通讯地址准确。签订文件时，应采用特快专递或特派专人递送，也可以使用电子邮件。

十八、协议构成

本协议由双方签订的主文和附件、补充协议及纪要组成，双方为履行协议所达成并认可的传真、电子邮件也视为协议的组成部分。

十九、其他

（1）如有未尽事宜，由双方协商签订补充协议。双方签订的补充协议与本协议具有同等法律效力。

（2）本合同自双方签章之日起生效。一式____份，甲方____份，乙方____份，具有同等法律效力。

（3）本协议有效期内，甲乙任何一方不得擅自变更或解除本协议。需变更本协议条款时，应经双方协商同意。

（4）本合同每一页都应由双方加盖公章，无公章或只有一方公章的，该页无效。本合同内容如有修改，应在修改处加盖双方公章，无双方公章或一方伪造另一方公章，修改后的内容不生效。

（以下无正文）

甲方（盖章）：　　　　乙方（盖章）：
委托代理人（签字）：　委托代理人（签字）：
日期：　年　月　日　　日期：　年　月　日

附件：

（1）_____

（2）_____

（3）_____

19. 推荐采购合同范本

××设备采购合同（买方使用）

买方（甲方）：　　　　　　公司
地址：
法定代表人：
电话：　　　　　　传真：　　　　　　电子邮箱：

卖方（乙方）：　　　　　　公司
地址：
法定代表人：
电话：　　　　　　传真：　　　　　　电子邮箱：

甲乙双方经过友好协商，就甲方向乙方购买____事宜，依据《中华人民共和国民法典》及有关法律、法规的规定，遵循平等、自愿、公平、诚信的原则，签订本合同，以资信守。

一、合同文件

下列文件构成本合同的组成部分：

（1）合同一般条款

（2）合同特殊条款

（3）中标通知书

（4）投标书（投标文件）

（5）投标货物数量、价格表（投标文件）

（6）招标货物清单及技术规范（招标文件第三部分）

（7）技术规范偏差表（投标文件）

（8）售后服务承诺及承诺书（投标文件）

（9）合同补充条款或说明

二、合同范围和条件

本合同的范围和条件应与上述规定的合同文件内容一致。

三、货物和数量

本合同要求提供的货物和数量见投标货物数量、价目表。

四、合同总价

本合同总价为人民币＿＿＿＿＿万元整（¥＿＿＿＿＿元），分项价格见投标货物数量、价格表（此金额已含货款、包装费、运费、安装费、使用培训费、税款等买方应支付的所有费用，卖方运送人员的人工费、差旅费等由卖方承担）。

五、付款方式

见合同特殊条款中规定。

六、交货时间及交货地点

本合同货物的交货时间和交货地点见投标货物数量、价格表及合同特殊条款中规定。

七、合同的生效

本合同经双方授权代表签订，买、卖双方加盖印章，且买方收到卖方提交的履约保证金之后生效。

买方： 卖方：
名称（印章）： 名称（印章）：
授权代表（签字）： 授权代表（签字）：
地址： 地址：
邮政编码： 邮政编码：
电话： 电话：
开户银行： 开户银行：
账号： 账号：

合同一般条款

1. 定义

下列术语应解释为：

（1）"合同"系指买卖双方签订的协议，包括所有的附件、附录和构成合同的所有文件。

（2）"合同价"系指根据合同规定，卖方在完全履行合同义务后买方应支付给卖方的价格。

（3）"货物"系指卖方根据合同规定须向买方提供的一切设备、机械、仪表、备件、工具、手册和其他技术资料及其他材料。

（4）"服务"系指根据合同规定卖方承担的与供货有关的辅助服务，如安装、调试、提供技术服务、培训和其他类似的义务。

（5）"工程施工"系指卖方根据合同规定须向买方提供的、与货物安装相关的房屋改造、装修等。

2. 技术规格

卖方提供和交付的货物技术规格、工程施工应与采购文件规定的技术规格以及所附的技术规格响应表一致。

3. 专利权

卖方应保证买方在使用该货物或其任何一部分时不侵犯第三方专利权、商标权和工业设计权；否则，卖方自行承担全部责任。

4. 包装要求

（1）除合同另有规定外，卖方供应的全部货物均应按标准保护措施进行包装。该包装应适用于远距离运输、防潮、防震、防锈和防野蛮装卸，确保货物安全无损运抵现场。由于包装不善所引起的货物锈蚀、损坏和损失均由卖方承担。卖方应在合同规定的交货期前7天以书面形式通知买方，内容包括合同号、货物名称、数量、包装件数、总毛重、总体积（立方米）和备妥待运日期，以及货物在运输和仓储中的特殊要求和注意事项。

（2）每件包装箱内应附一份详细装箱单和质量合格证。

5. 装运条件

（1）卖方负责安排运输，货物交付前的运输费由卖方承担。

（2）卖方装运的货物不应超过合同规定的数量或重量。否则，由卖方承担超过部分责任。

6. 单据

（1）本合同以人民币付款。

（2）卖方应按照双方签订的合同规定的时间、数量、质量交货。交货后卖方应向买方提供下列单据，买方按合同规定审核：

①装箱单；
②发票；
③验收证书。

7. 技术资料

所有的技术资料，如样本、图纸、操作手册、使用指南、应用软件开发文档、维修指南和（或）服务手册或示意图应于工程验收时一并交给买方。

8. 质量保证

（1）卖方应保证货物是全新、未使用过的，是用一流的工艺和最佳材料制造而成的正品，并完全符合合同规定的质量、规格和性能的要求。卖方应保证其货物在正确安装、正常使用和保养条件下，在其使用寿命内应具有满意的性能及稳定性。在货物最终验收后的质量保证期内，卖方应对由于设计、工艺或材料的缺陷而发生的任何不足或故障负责，费用由卖方负担。

（2）根据当地质检局或有关部门的检验结果，或者在质量保证期内，如果货物的数量、质量或规格与合同不符，或是证明货物是有缺陷的，包括潜在的缺陷或使用不符合要求的材料等，买方应尽快以书面形式向卖方提出本保证下的索赔，检验费用由卖方承担。

9. 检验

（1）在发货前，卖方应对货物的质量、规格、性能、数量和重量等进行准确而全面的检验，并出具一份证明货物符合合同规定的证书。该证书将作为提交付款单据的一部分，但有关质量、规格、性能、数量或重量的检验不应视为最终检验。卖方检验的结果和详细要求应在质量证书中说明。

（2）如果货物的质量和规格与合同不符，或者在质量保证期内证实货物是有缺陷的，包括潜在缺陷或使用不符合要求的材料，买方应报请当地质量检测局或有关部门进行检查，并有权凭质检证书向卖方索赔，检测费用由卖方承担。

10. 索赔

（1）根据当地质检局或有关部门出具的质检证书向卖方索赔，除非责任应由保险公司或运输部门承担。

（2）在本合同规定的检验期和质量保证期内，如果卖方对买方提出的索赔和差异负有责任，卖方应按照买方在其书面通知中从下列一种或多种方式中作出选择，解决索赔事宜。

①卖方同意退货，并用合同中规定的同种货币将货款退还给买方，并承担由此发生的一切损失和费用，包括利息、银行手续费、运费、保险费、检验费、仓储费、装卸费以及为保护拒收的货物所需的其他必要费用，同时向买方支付合同总价格的10%作为违约金。

②根据货物的低劣程度、损坏程度以及买方所遭受损失的数额，经买卖双方商定同意降低货物的价格。

③用符合规定要求的新零件、部件或设备来更换有缺陷的部分，卖方应承担一切费用和风险并负担买方所遭受的一切直接损失。同时，卖方应按本合同规定，对更换件相应延长质量保证期。

（3）如果在买方发出索赔通知后二十天内，卖方未作答复，上述索赔应视为已被卖方接受。如卖方未能在买方提出索赔通知后二十天内或买方同意的更长时间内，按照买方的书面通知要求解决索赔事宜，买方将有权要求卖方返还已付货款或不支付剩余货款，并追究卖方的违约责任。

11. 延迟交货

（1）卖方应按照合同规定的交货期交货。

（2）如果卖方拖延交货，买方有权按照本合同第12条第1款的约定增加违约金，且买方有权随时解除合同。

（3）在履行合同过程中，如果卖方遇到不能按时交货和提供服务的情况，应及时以书面形式将不能按时交货的理由、延误时间通知买方。买方在收到卖方通知后，应对情况进行分析，决定是否同意变更合同、酌情延长交货时间或要求卖方承担违约金或终止合同。若买方不同意卖方的变更申请，则卖方仍应按照原合同履行相关义务。

12. 违约责任

（1）卖方没有按照规定的时间交货和提供服务，对买方承担违约责任。逾期交货五日内，承担合同额1%的违约金；逾期交货五日后十五日内，承担合同额2%的违约金；逾期交货十五日后三十日内，承担合同额3%的违约金；超过三十日，承担合同额5%的违约金。同时，买方有权解除合同。

（2）买方逾期付款，对卖方承担违约责任。逾期付款五日内，承担合同额1%的违约金；逾期付款五日后十五日内，承担合同额2%的违约金；逾期付款十五日后三十日内，承担合同额3%的违约金；超过三十日，承担合同额5%的违约金。同时，卖方有权解除合同。

（3）卖方应在货物到达买方十五日内安装完毕并调试合格，保证设备正常运转。如果卖方未能在规定时间内完成上述工作，每迟延一天，应向买方支付合同额1%的违约金。超过二十日，买方有权解除合同，损失和费用全部由卖方承担。

13. 不可抗力

本合同履行期间发生不可抗力，发生的一方应在发生后的三日内，将不可抗力情况告知对方，并提供相应证明。如不能提供，不能免除违约责任。不可抗力是指不可抗拒的自然灾害或社会事件，包括但不限于自然灾害，如水灾、火灾、旱灾、台风、地震、泥石流、海啸，以及社会事件，如战争（不论曾否宣战）、动乱、罢工、政府行为等。

14. 税费

双方在履行本合同中所产生的各种税费，依照法律规定均由各方自行承担。

15. 履约保函

合同签订之前，卖方应向买方提供不少于合同金额5%的银行履约保函。

16. 争议的解决

在执行本合同中所发生的或与本合同有关的一切争端，买卖双方应友好协商解决。如从协商开始十五天内仍不能解决，任何一方均可向买方所在地人民法院提起诉讼。

17. 违约终止合同

（1）卖方有下列违约情形之一，买方有权向卖方发出终止部分或全部合同的书面通知。

①卖方未能按合同规定的期限或在买方同意延长的期限内提供部分或全部货物完成工程施工，每延迟一天卖方应向买方支付合同价款的0.5%作为违约金；延期超过十五日的，买方有权解除合同，并不承担任何责任。

②卖方在收到买方发出的违约通知后五个工作日内，或者经买方书面认可延长的时间内未能纠正其过失。

③卖方未能履行合同规定的任何其他义务。

（2）在买方根据上述第 17 条第 1 款规定，终止了全部或部分合同后，买方可以依其认为适当的条件和方法购买与未交货物相同或相似的货物进行工程施工，卖方应负担买方购买该等货物的费用，并继续执行合同中未终止部分，货物费用如超出本合同约定金额的，由卖方承担，如低于本合同约定金额的，卖方应将差额费用退还买方。

（3）买方未按合同规定日期付款，超过日期二十日后，卖方视为买方不再履行合同，可以解除合同。

18. 破产

卖方收取买方货款后出现破产情况，未付货物时，应立即交付货物或立即退款或将应收账款债权转让给买方，以确保买方不受损失。

19. 转让

除买方事先书面同意外，卖方不得部分转让或全部转让其应履行的合同义务。

20. 通知

（1）任何一方向另一方发出通知或其他传达，应以挂号信件、特快专递、传真、电子邮件等形式发往另一方。通知被视为收悉的日期。

①以挂号信件发出的，投递当日（以邮戳为准）后的第七天视为送达日；

②以特快专递发出的，发出当日（以快递公司签收日为准）后的第三天视为送达日；

③以传真形式发出的，发出当日后的第二个工作日视为送达日；

④以手递方式送达的，签收日为送达日；

⑤以电子邮件方式送达的，确认邮件收到日为送达日。

（2）根据本合同需要向对方发出的全部通知以及双方的文件往来，必须用书面形式。以第 20 条第 1 款方式无法送达时，可采取公告送达的方式。

（3）一方变更通知或通讯地址，应自变更之日起五日内，以书面形式通知对方。否则，由未通知方承担相关责任。

21. 其他

（1）本合同一式肆份，以中文书写，买方和卖方各执贰份，合同每页加盖双方骑缝章，没有骑缝章的页码不生效。

（2）如需修改或补充合同内容，经协商，双方应签订书面修改或补充协议，原合同与补充协议不一致时，以补充协议为准。

合同特殊条款

（1）交货地点：_____市_____街_____号，收货人_____。交货地为合同履行地。卖方负责安排运输及项目现场（买方指定位置）交货，并承担费用。

（2）结算货币：人民币。

（3）交货期：合同签订生效之日起二十天内。

（4）运费承担：由卖方负责承担货物发运至买方收货地点的运费，卖方承付运费、装卸费用及运输过程中的保险费用。

（5）付款方式：合同签订后一周内买方支付合同总额的30%，即人民币_____（¥_____元）；设备试运行三个月后无问题，一周内支付合同总额的5%，即人民币_____元（¥_____元）；剩余5%留作质保金，即人民币_____元（¥_____元），质保期满后一次性付清（不计利息）。每次买方付款前卖方应先出具相应价款合法等额发票。

（6）安装及验收：货物到达买方指定地点后卖方负责安装、调试及检测，保证设备的正常运行。设备安装后买方及相关质检部门按照合同技术附件中的内容在买方现场逐项验收，买方验收合格并出具验收证明后，设备风险转移至买方。在货物验收后的质量保证期内，卖方对由于设计、工艺或材料的缺陷而发生的任何不足或故障负责，费用由卖方承担。

（7）质量保证期：货物经买方验收合格签字后一年的保修期内，卖方应免费维修，并保证保质期内及时、免费供应零配件，提供现场安装与培训服务。

（8）售后服务：保修期满后，卖方提供长期的备件保证和售后服务。保修期满后，卖方保证以优惠的价格提供数字放映设备终身所需配件。关于货物中的解码器及功放，如果发生损坏卖方免费提供备用机，并免费进行软件升级。在质保期内就产品本身的质量问题，卖方负责免费修理、更换零部件。在质保期内，卖方应对产品出现的质量及安全问题负责处理和解决。保修期间发生的所有费用都由卖方承担。保修期满后维修仅收取配件成本费。

（9）维护：验收合同之日起一年内硬件维修及调试免费。质量保证期满后，卖方提供不少于三年的备件供应保证和售后服务。卖方有责任在售后服务期内根据产品维修需要，免费派遣有能力的技术人员来货物使用地点维护和修理。若由于产品质量问题造成损坏，卖方应在接到买方的通知后二十四小时内派专业工程师到现场维修，更换受损的零部件，使货物恢复正常使用，直至买方满意为止。如不能恢复正常使用，卖方负责更换，运费由卖方承担。货物出现重大问题或其他无法迅速解决的问题，应在三日内解决或提出明确解决方案，否则卖方应赔偿相应损失。调换有缺陷的零件、部件和设备，换货必须全新并符合本合同规定的规格、质量和性能。卖方承担因此产生的一切费用和风险，负担买方遭受的一切直接损失，同时卖方应相应延长被更换货物的质量保证期。

（10）培训：卖方安装调试结束时，应对买方人员进行不少于五天的培训，并保证买方至少有三人能够正常操作使用，并进行简单日常维护。

20. 推荐股权转让协议范本

股权转让协议

甲方（转让方）：
法定代表人：
住所地：
邮编：
电子邮箱地址：
联系人：
或者
甲方（转让方）：姓名_____年龄_____性别_____家庭住址_____职业_____身份证号码_____联系电话_____电子邮箱地址（微信号）_____

乙方（受让方）：
法定代表人：
住所地：

邮编：
电子邮箱地址：
联系人：
或者
乙方（受让方）：姓名_____年龄_____性别_____家庭住址_____职业_____身份证号码_____联系电话_____电子邮箱地址（微信号）_____

鉴于：
（1）甲方为影视拍摄有限公司，拥有其_____公司（下称目标公司）____%的股权，依照法律规定可以转让目标公司的股权。

（2）甲方同意将其持有的_____公司____%的股权转让给乙方，乙方同意受让该股权，并成为_____公司股东。

经甲乙双方友好协商，依据《中华人民共和国民法典》和《中华人民共和国公司法》等相关法律规定，现就股权转让事宜，达成如下协议：

第一条 目标公司基本情况

（1）目标公司登记全称为_____，成立于____年____月____日，在_____市场监督管理局登记注册，统一社会信用代码为_____，经营期限为_____年，_____年已经通过_____市场监督管理局年检，其经营范围为：_____。公司住所地为_____市_____区_____路_____号，注册资本_____万元，截至本协议签订时实收资本_____万元。目标公司法定代表人为：_____。

（2）本协议签订时目标公司股东为：_____，各股东持股比例为：_____。

（3）本协议签订时目标公司债权债务情况详见本协议附件1。

第二条 转让标的、股权转让价款与付款方式

（1）甲方将其持有的目标公司____%的股权转让给乙方。

（2）股权转让价款为人民币_____元（大写：_____）。

（3）股权转让价款的支付采取下述第_____种方式：

①一次性付款：
乙方应在本协议生效之日起_____工作日内向甲方一次性支付股权转让

款。甲方应在乙方支付上述款项之日起的_____个工作日内协助目标公司、乙方办理股权转让变更登记手续。

②分期付款：

第一期：本协议生效后_____个工作日内，乙方向甲方支付股权转让款_____元整（大写：_____）。

第二期：甲方收到上述第一笔款项之日起的_____个工作日内应协助目标公司、乙方到市场监督管理部门办理完毕本协议项下的目标公司股权转让变更登记手续。该股权转让变更登记手续办理完毕之日起_____个工作日内，乙方向甲方支付股权转让款_____元整（大写：_____）。

第三期：下列条件全部满足之日起____个工作日内，乙方向甲方支付尾款____元整（大写：_____）：

A. 乙方已向甲方支付第二期款项。

B. 本次股权转让变更登记手续办理完毕之日起_____工作日内无任何第三方就本次股权转让向乙方主张权利。

③其他方式：_____。

（4）如果甲方有任何违反本协议约定的行为，乙方有权在尚未支付的股权转让价款中扣除因甲方的违约行为给目标公司、乙方造成的任何损失及甲方按本协议约定应支付的违约金。

（5）甲方应在收到各期股权转让价款后向乙方出具正式、合法、有效的发票。

（6）甲方接受上述股权转让款的银行账户信息：

①开户行：

②户名：

③账号：

第三条　目标公司的债务处理

（1）经_____会计师事务所审计，截至_____日，目标公司债权为_____，债务为_____，甲方和乙方对审计结果无异议。

（2）甲乙双方一致同意，截至本协议生效日前的目标公司债权债务由甲方按出资比例承担。甲方并不因转让股权而免除其转让之前的对公司所承担的清偿责任。

第四条　股权交割

（1）甲乙双方股权交割日以市场主体变更登记日期为准。

（2）市场主体变更登记之日，乙方享有股东权利，承担股东义务。

第五条　过渡期安排

本协议生效至股权交割日前，为本次股权转让的过渡期。在此过渡期内：

（1）甲方应善意行使其目标公司股东权利，除目标公司日常管理开支及办理本次股权转让相关事宜外，目标公司不得新增任何债务，以审计截止日为准，否则由甲方承担。

（2）_____。（由当事人添加）

第六条　费用及税费承担

本次股权转让的全部费用及税费，按下列第_____种方式处理：

（1）按相关法律规定由甲方、乙方各自承担。

（2）_____。

第七条　各方陈述和保证

（1）甲方不存在任何虚假出资或抽逃出资的情形。如果存在虚假出资或抽逃出资的情形，甲方承担法律责任。

（2）甲方保证其转让给乙方的股权真实、合法，甲方拥有完全的处分权。甲方保证对所转让的股权没有设置质押等任何权利负担，并免遭任何第三人的追索，不具有司法、行政机关已依法裁定或以其他措施加以限制的情形。

（3）本协议生效后，甲方保证不以任何形式处置目标公司的财产和对该转让的股权进行任何处置或设定质押。

（4）甲方转让股权已取得内部授权与批准，有权签订和履行本协议（详见附件6）。目标公司其他股东已就放弃优先购买权作出书面说明（详见附件7）。

（5）甲方保证除已披露的债务外，目标公司不存在其他债务。甲方未披露的目标公司已有及或有债务一律由甲方按转让股权之前所持股权比例承担。

（6）甲方保证全力配合目标公司、乙方签署市场主体变更的相应法律文件，完成股权转让所需的市场主体变更登记手续。

（7）乙方保证按本协议规定时间及数额向甲方付款。

第八条　通知

双方因股权转让所发生的通知采用书面方式并加盖公章。双方也可以使用电子邮件，各方所预留的工作人员的电子邮件地址，即为各自的邮箱地址。双方所发出的通知应派人送达或特快专递、传真件加盖公章送达，双方所预留的联系地址为各自送达地址。

第九条 违约责任

（1）本协议签订后，如有一方违反，应承担违约责任。

（2）承担违约责任的一方，应向对方支付违约金，违约金数额为股权转让款的_____%。

（3）乙方未按规定付款，每逾期一日，应向甲方支付逾期部分万分之_____的违约金；逾期_____日以上，甲方有权单独解除本协议，在扣除乙方应向甲方支付的本协议标的金额_____%的违约金后，将乙方已支付的股权转让款的剩余部分退还给乙方。(不含利息)

（4）甲方有义务协助乙方办理完股权的市场主体变更登记，如不予配合，除了承担第九条违约责任（2）中规定的数额外，乙方可解除本协议。此时，甲方应退还乙方已经支付的全部股权转让款。如果乙方也有违约，甲方可以根据本协议第九条违约责任（2）中的规定扣除违约金。

（5）如果甲方在本协议中有虚假陈述或违反过渡期安排，乙方有权解除协议，同时应向乙方支付本协议第九条违约责任（2）规定的违约金，并赔偿乙方因此遭受的损失。

（6）本协议任何一方违反本协议约定的其他义务的，违约方应向守约方支付本协议标的金额____%的违约金。

第十条 协议的变更与解除

出现下列情形之一时，本协议可以变更或解除：

（1）变更、修改本协议，应经过双方协商同意。任何一方不可单方变更、修改。

（2）乙方不按协议规定支付股权转让款，且超过协议规定时间二十天时，甲方有权解除本协议。

（3）甲方不配合办理股权转让变更登记，且超过乙方书面通知时间二十天时，乙方有权解除协议。

（4）甲方陈述和保证不真实、有误，乙方有权解除协议。

（5）变更或解除协议应使用书面方式。

(6) 一方发出解除协议通知时，通知到达对方时协议即解除。

(7)《中华人民共和国民法典》规定的解除情形。

第十一条　不可抗力

本协议履行发生不可抗力时，不视为违约，发生不可抗力的一方应及时通知另一方，以便作出合理的安排。

第十二条　保密

在股权转让中所接触到的或知晓的对方的秘密，应给予保密，未经对方允许，不得向任何第三方泄露，否则应承担责任，赔偿对方的损失。

第十三条　争议的解决

双方履行本协议发生纠纷时，应友好协商解决。协商不成时，任何一方均可向____人民法院提起诉讼，由人民法院裁决。

第十四条　缔约过失责任

甲方无权转让股权或没有履行内部优先程序或者乙方无资金受让，导致本次股权转让失效，甲方或乙方应承担缔约过失责任，赔偿对方的实际损失。

第十五条　协议生效的条件

本协议经甲乙双方签字并加盖公章后生效。

第十六条　本协议附件

(1) 目标公司债权债务审计报告；

(2) 目标公司企业法人营业执照；

(3) 目标公司法人组织机构代码证；

(4) 目标公司税务登记证；

(5) 目标公司章程；

(6) 目标公司股东会同意本次股权转让的决议；

(7) 目标公司其他股东放弃优先购买权的书面说明。

第十七条　其他

本协议由甲乙双方于____年____月____日在_____签订。本协议一式____份，甲乙各执____份，报市场监督管理部门____份，目标公司留存____份，均具有同等法律效力。

如果股权变更登记机关需按其提供的文本填写，双方所填写的文本仅为本协议的简易本，本协议规定的各项权利与义务均需不打折扣地履行。

本协议未尽事宜，双方商定后，签订补充协议，补充协议与本协议具有同等法律效力。

（以下无正文，为协议签订页）

甲方（盖章）：
法定（或授权）代表人（签名）：

乙方（盖章）：
法定（或授权）代表人（签名）：
目标公司确认（盖章）：认可本协议并接受本协议对其义务的约定。

21. 推荐公司合同管理规范

为了加强公司合同管理和监督，明确合同岗位责任，减少合同法律风险的发生，实现合同目的，确保合同安全，制定本合同管理规范。

一、规范组成

合同管理规范主要包括：合同签约对象合作制度、合同签批流程、各部门合同岗位责任、合同公章使用保管制度、合同文本使用制度、合同起草审查制度、合同档案保管制度、合同担保制度、合同监督预警机制、合同风险处理制度以及后合同管理制度等。这些制度的建立，共同组成了本公司合同管理规范。

二、适用范围

凡以本公司名义或本公司下属分公司名义签订的各种合同或协议、补充协议等，适用本规定。

三、合同签订与管理流程

本公司对外签订合同实行合同管理流程，其流程为：选择合作伙伴→起草合同或提供文本→审查、修改→法律顾问审阅→业务人员签订→部门负责人签订→主管副总签订→总经理签订→法定代表人签订→合同盖章→合同存档→合同履行监督→合同预警→合同风险处理→后合同管理。

四、签订合同职责分工

销售部：销售合同合作伙伴选择、合同履行。销售、采购合同由主办业务人员与对方当事人商谈，法务部提供合同文本。

法务部：起草合同、提供合同文本、审查修改合同、征得律师书面意见、合同履行监督、合同预警、合同纠纷处理、后合同义务履行、聘请律师参加诉讼。

总经理办公室：合同盖章、合同存档，任何个人不得保管合同。

分管副总：负责合同的签订、履行、监督与管理。

总经理：500万元以下的合同由总经理审批，批准处理合同纠纷方案。

董事会：对外担保合同和1000万元以上的合同由董事会批准。

五、合同主体要求

公司签订合同时，对方必须是独立企业法人，公司不与未注册、未年检或者歇业、吊销、注销、关闭、停产、破产、兼并、撤销以及市场异常的企业签订合同。公司与外部企业分公司、下属部门、个人、一人公司或合伙企业签订合同时，应经过总经理办公会讨论批准。

六、合同形式要求

公司签订借款合同、担保合同、装修合同、广告合同、租赁合同、技术服务合同、买卖合同等一律采用书面形式，除即时清结外，杜绝口头合同形式。书面形式包括合同文本、补充协议、预购合同、意向书、战略合作协议、电子邮件、传真、电子数据交换等。公司可以网签合同。

七、合同文本

合同文本由法务部起草和提供，法务部备用经常使用的买卖合同文本、广告合同文本、担保合同文本、借贷合同文本、装饰装潢合同文本、技术服务合同文本和运输合同文本。对于不常用的合同，法务部负责依据法律规定起草，起草后应征得公司法律顾问书面修改和同意。

各种合同文本应当符合合同结构和条款技术要求，合同结构应当具备合同名称、签约各方全称、住所地和法定代表人姓名、职务、各方电子邮箱、联系人、各方权利义务条款、合同结束语和合同附件。

合同条款应具备商务条款、技术条款、财务条款、法律条款。法律条款应尽量不使用或少使用定金，违约金不得没有约定数量或计算方法，约定数量时也不得超过合同总额的30%，逾期付款滞纳金一律采用银行日5‰的规定。各部门在合同谈判结束后，尽最大努力采用公司合同文本。采用对方合同文本时，应经过总经理同意。

八、签订授权

凡本公司对外签订的合同，应当由董事长（总经理）亲自签字，董事长不能签字时，由总经理签字，必要时董事长可以授权总经理或其他业务人员在合同上签字，授权应当使用书面形式。授权书载明授权范围、起止时间、被授权人员等。凡被授权的公司高管人员、业务人员应在授权范围之内签订合同，未经董事长授权不得在合同上签字。

九、合同审查

公司对合同实行二审制，初审由法务部安排专人负责，初审后由公司法律顾问（律师）进行审查。公司审查合同应注意以下要点：

（1）审查对方企业法人营业执照、企业法人统一社会信用代码。同时审查对方资产能力和信誉状况；

（2）审查合同内容真实性、合法性，确认合同是否有效；

（3）审查合同形式和批准程序是否符合法律要求；

（4）审查合同权利义务条款是否齐全和是否公平；

（5）审查知识产权归属和财产所有权归属是否明确合理；

（6）审查合同是否有霸王条款、陷阱条款或明显不利的条款；

（7）审查合同是否有冲突性规定或不合理限制性规定；

（8）审查文字、标点符号是否存在错误。

十、合同执行

各业务职能部门签订的合同，由本部门负责履行，同时督促对方全面履行。法务部协助履行，法务部负责全部合同履行的管理与监督，各业务部门应将履行情况及时报告给法务部，合同出现风险时，法务部应提交预案。

十一、合同变更与解除

合同签订后如果需要变更或解除，应履行变更或解除手续。合同的变更与解除由业务人员向部门领导汇报，部门领导向主管副总经理汇报，副总经理向总经理汇报。未经公司同意，任何人不得随意变更与解除合同。由于变更与解除合同风险较高，解除合同必须符合法定解除条件或合同约定的解除条件，否则不得随意解除。在变更或解除合同前应得到法律顾问（律师）的确认。

十二、合同争议解决途径

合同争议应在诉讼与仲裁中作出一种选择。凡是对方在本市的，一律选择本市仲裁委员会解决纠纷。凡是对方在本市之外的，先选择本市仲裁委员会作为解决争议的机构，如果无法与对方达成一致，可以选择被告住所地或合同履行地法院管辖。

十三、合同风险处理

合同出现法律风险（我方或对方不履行合同、合同违约、造成损失等）时，合同执行部门应向法务部和主管副总经理报告，副总经理应向总经理汇报，出现100万元以上合同风险，总经理应向董事会汇报，必要时由董事长主持召开董事会。合同出现风险可以采取以下措施：

(1) 与对方协商或谈判；
(2) 双方签订补充协议或备忘录；
(3) 申请撤销合同；
(4) 依法或依约解除合同；
(5) 依法终止履行；
(6) 诉讼或仲裁。

十四、合同诉讼或仲裁

公司发生合同诉讼或仲裁时，20万元以下的案件由本公司法务部办理，但诉讼方案应征得法律顾问（律师）同意或确认。20万元以上案件和涉外案件需聘请律师代理，500万元以上案件实行代理招标程序，由中标的律师事务所指派律师代理。

任何人获知公司将被起诉或被申请仲裁，应立即向公司法务部或公司主管领导汇报。公司接到人民法院或仲裁机构送达的任何法律文书，应立即向公司法务部或公司主管领导汇报。

十五、合同保密责任

本公司对外签订的各类合同，公司所有人员都负有保密义务，非经公司同意，不得对外泄露。对在合同谈判、履行中知晓的对方有关经营信息、技术信息等秘密也不得向第三方泄露。

十六、合同联络与监督

各部门所签订的合同，由各部门负责日常联络，同时对对方履行情况要全面了解和掌握，发现异常情况向法务部或主管领导汇报。

十七、报告

发生合同丢失、遗失重要证据、被诈骗、对方下落不明、破产、兼并、吊销等情况应逐级向总经理报告，标的100万元以上重大合同由总经理向董事会报告。

十八、本规范经总经理办公会讨论通过生效，公司各职能部门和与合同有关人员必须遵守执行。

十九、销售人员或各部门认为需要修改本规范条款，可以口头或书面方式通过法务部向公司提出，以便修订。

二十、本规范从_____年_____月_____日起施行。

附录二　法律规范对照信息表

名称	文号	实施时间	最新修改时间（实行日期）
中华人民共和国民法典	中华人民共和国主席令第 45 号	2021.01.01	无
中华人民共和国民事诉讼法	中华人民共和国主席令第 44 号	1991.04.09	2024.01.01
中华人民共和国刑法	全国人大常务委员会委员长令第 5 号	1980.01.01	2024.03.01
中华人民共和国公司法	中华人民共和国主席令第 16 号	1994.07.01	2024.07.01
中华人民共和国仲裁法	中华人民共和国主席令第 31 号	1995.09.01	2018.01.01
中华人民共和国广告法	中华人民共和国主席令第 34 号	1995.02.01	2021.04.29
中华人民共和国招标投标法	中华人民共和国主席令第 21 号	2000.01.01	2017.12.28
中华人民共和国政府采购法	中华人民共和国主席令第 68 号	2003.01.01	2014.08.31
中华人民共和国建筑法	中华人民共和国主席令第 91 号	1998.03.01	2019.04.23
中华人民共和国商标法	全国人民代表大会常务委员会令第 10 号	1983.03.01	2019.11.01
中华人民共和国专利法	中华人民共和国主席令第 11 号	1985.04.01	2021.06.01
中华人民共和国著作权法	中华人民共和国主席令第 31 号	1991.06.01	2021.06.01
中华人民共和国保险法	中华人民共和国主席令第 51 号	1995.10.01	2015.04.24
中华人民共和国商业银行法	中华人民共和国主席令第 47 号	1995.07.01	2015.10.01

（续表）

名称	文号	实施时间	最新修改时间（实行日期）
中华人民共和国外商投资法	中华人民共和国主席令第26号	2020.01.01	无
中华人民共和国合伙企业法	中华人民共和国主席令第83号	1997.08.01	2007.06.01
中华人民共和国证券法	中华人民共和国主席令第12号	1999.07.01	2020.03.01
中华人民共和国农村土地承包法	中华人民共和国主席令第73号	2003.03.01	2019.01.01
中华人民共和国公证法	中华人民共和国主席令第39号	2006.03.01	2018.01.01
最高人民法院关于适用《中华人民共和国民法典》有关担保制度的解释	法释〔2020〕28号	2021.01.01	无
最高人民法院关于适用《中华人民共和国民法典》合同编通则若干问题的解释	法释〔2023〕13号	2023.12.05	无
最高人民法院关于适用《中华人民共和国民事诉讼法》的解释	法释〔2015〕5号	2015.02.04	2022.04.10
最高人民法院关于审理买卖合同纠纷案件适用法律问题的解释	法释〔2012〕8号	2012.07.01	2021.01.01
最高人民法院关于审理商品房买卖合同纠纷案件适用法律若干问题的解释	法释〔2003〕7号	2003.06.01	2021.01.01
最高人民法院关于审理城镇房屋租赁合同纠纷案件具体应用法律若干问题的解释	法释〔2009〕11号	2009.09.01	2021.01.01
中华人民共和国市场主体登记管理条例	中华人民共和国国务院令第746号	2022.03.01	无
中华人民共和国招标投标法实施条例	中华人民共和国国务院令第613号	2012.02.01	2019.03.02

（续表）

名称	文号	实施时间	最新修改时间（实行日期）
中华人民共和国担保法（已失效）	中华人民共和国主席令第50号	1995.10.01	无
中华人民共和国经济合同法（已失效）	全国人大常务委员会委员长令第12号	1982.07.01	1993.09.02
中华人民共和国民法通则（已失效）	中华人民共和国主席令第37号	1987.01.01	2009.08.27
中华人民共和国民法总则（已失效）	中华人民共和国主席令第66号	2017.10.01	无
中华人民共和国物权法（已失效）	中华人民共和国主席令第62号	2007.10.01	无
最高人民法院关于适用《中华人民共和国担保法》若干问题的解释（已失效）	法释〔2000〕44号	2000.12.13	无
最高人民法院关于适用《中华人民共和国合同法》若干问题的解释（二）（已失效）	法释〔2009〕5号	2009.05.13	无
最高人民法院关于适用《中华人民共和国合同法》若干问题的解释（一）（已失效）	法释〔1999〕19号	1999.12.29	无
中华人民共和国公司登记管理条例（已失效）	中华人民共和国国务院令第156号	1994.07.01	2016.02.06
中华人民共和国中外合资经营企业法（已失效）	全国人大常务委员会委员长令第7号	1979.07.08	2016.10.01
中华人民共和国中外合作经营企业法（已失效）	中华人民共和国主席令第4号	1988.04.13	2017.11.05